코로나 바이러스 알아야 살아남는다

매뉴얼에는 예방할 수 있는 것만 있습니다.

• 매뉴얼을 잘 체크해 보시고 실천해야 합니다 •

생명을 위협하는 바이러스 예방에 관한 모든 것

바이러스 대처 매뉴얼

최용선 · 지영환 지음

모아북스
MOABOOKS

세계가 주목한 K-방역, 바이러스 이겨내는 비결 제시

◆ ◆ ◆

코로나19는 여전히 우리나라를 넘어서 전 인류에게 커다란 짐을 지우고 있습니다. 이 힘든 시기, 전 세계 바이러스 대처에 새로운 역사를 써내려가고 있는 대한민국의 대처는 가히 눈부신 모범이라 생각합니다. 이러한 모범은 우리나라의 첨단 의학, 감염병 대처 능력, 의료 전문가의 헌신적인 노력뿐 아니라 전 국민이 합심하여 공공의 원칙을 잘 준수하고, 코로나19 방역의 올바른 대처법을 숙지하면서 대처해나갔기에 얻은 성과라 생각합니다.

이 책은 코로나19를 중심으로 바이러스 및 기타 감염병에 올바로 대처하기 위한 다양한 내용을 망라한 유용한 생활 지침서입니다. 의학적인 감수를 통해 이 책은 의학적으로 입증된 사항들을 잘 망라한 신뢰할 만한 내용을 담았음을 확인할 수 있었습니다.

코로나 환자를 돌보는 의사들의 시각에서 감염 예방을 위해 지켜야 할 다양한 수칙들, 우리나라의 감염병 위기 관리 시스템, 대응 체계에 대한 올바른 이해, 외국의 코로나 대처 현황 등을 정리했습니다. 나아가 그 동안 몰랐던 다양한 바이러스와 감염병에 대한 상식과 생활 속 여러 위협 요소로부터 안전한 환경을 지켜나갈 수 있는 수칙에 이르기까지 국민 건강을 지켜나갈 수 있는 정보를 한곳에 모은 백과사전입니다. 가능하다면 소장하거나 가까운 곳에 두어 자주 참고할 수 있다면 아주 유익할 것으로 생각합니다.

이번 코로나19와 같은 위험하면서도 확산이 빠른 바이러스에 대처하면서 안전하게 우리 생활을 지키려면 개인 위생, 마스크 착용, 실내 환경, 각종 모임에서의 기본 원칙 등 일상의 모든 영역에서 지켜야 할 방역 수칙을 잘 준수해야 합니다.

이런 의미에서 이 책에 망라되어 있는 다양한 생활 지침은 우리가 일상생활에서 지켜나가야 할 지침을 한눈에 알 수 있게 도움을 줄 수 있을 것이라 생각합니다. 벌써 9개월을 지내면서 바이러스와의 싸움, 생활 방역은 더불어 사는 사회를 지키는 것이 기본입니다.

서구에서 발달한 공리주의가 가장 잘 적용되는 분야가 이러한 바이러스와의 싸움, 방역일 것입니다. 나 자신을 바이러스의 위험에서 지키는 만큼, 내가 끼칠 수 있는 영향을 생각하며 자신의 소중한 사생활 영역 일부를 기꺼이 공유하고 희생해야 공공의 이익을 지킬 수 있습니다. 그런 의미에서 우리 공동체는 이번 코로나19의 팬데믹 시기를 거치면서 더불어 살아가는 사회를 향해 한발짝 더 나아가고 있다고 생각합니다.

모든 일상을 송두리째 바꾸어가고 있는 코로나19의 뉴노멀이 단지 단절과 파괴가 아니라 새로운 미래를 향한 성숙한 과도기가 되기를 바라고, 슬기롭게 이 어려운 시기를 극복해나가기를 바랍니다.

명지병원 병원장 김진구

바이러스 전반에 대해 실용적이며 체계적인 정보를 수록한 가이드북!

◆　◆　◆

　코로나19 바이러스 대유행으로 전 세계와 대한민국 국민의 일상이 무너지고 있다. 이 책은 바이러스 감염 예방이 우리 삶의 안전과 생존의 가장 큰 관건이 된 코로나 팬데믹 시대에 남녀노소 누구나 예외 없이 지켜야 하는 방역 수칙과 바이러스 감염 예방을 위한 대처 법의 모든 것이 담겨 있는 필수 매뉴얼이라 할 수 있다.

　이 책의 내용 감수를 위해 **첫째, 바이러스로부터 안전성을 유지하기 위한 위생과 방역의 기본 매뉴얼이 빠짐없이 수록되어 있는지를 살펴보았고, 둘째, 의료 및 보건 전문 지식에 기반을 둔 정확하고 근거 있는 최신 상식과 정보가 포함되어 있는지를 살펴보았으며, 셋째, 누구나 쉽게 곁에 두고 펼쳐볼 수 있는 매뉴얼 북으로서 풍부한 내용이 보기 좋게 들어 있는지를 꼼꼼히 살펴보았다.**

　이 책은 국내 · 외에서 최근 출간된 그 어떤 바이러스 관련 도서 중에서도 이러한 기준들에 가장 부합하며 방대한 보건 지식과 감염병 관련 상식을 친절하게 소개하고 있을 뿐만 아니라 어린이부터 어른까지 온 가족 누구나 필수 상식으로서 이해하고 습득할 수 있도록 쉽고 편안한 페이지 구성으로 이루어져 있다.

인류를 습격한 신종 바이러스로 인해 모두가 지치고 누구나 위험의 한가운데에 있는 상황이다.

다시 예전처럼 거리와 상점이 인파로 북적이며 서로 마음 놓고 만날 날을 모두가 고대하고 있지만, 정부의 방역 수칙을 따르지 않거나 잠시 방심한 틈을 타 확진자가 다시 증가하여 사회와 경제가 또 다시 마비되는 악순환이 몇 달째 되풀이되고 있는 안타까운 실정이다. 이런 악순환을 막을 수 있는 유일한 방법은 바이러스 감염 예방을 위한 기본 매뉴얼과 방역 수칙들을 모두가 일상 속에서 철저히 지키고 또 지키는 것이다. 이 책의 내용만 숙지하고 실천한다면 장기화될 바이러스 팬데믹을 종식시키고 안전을 지킬 수 있을 것이라 확신한다.

안전·보건경영시스템 심사원 정윤성

매뉴얼만이 생명을 지켜준다

◆　◆　◆

1. 바이러스가 바꿔버린 세상!

"2차 세계대전 이후로 이렇게 사회의 협력과 도움이 필요한 적이 없었습니다."

(메르켈 독일 총리)

2019년 연말 중국 우한시에서 발생한 신종 코로나 바이러스 '코로나19'는 2020년 전 세계에 유래 없는 전 지구적 위기를 가져왔다. 바이러스는 국경과 대륙을 넘어 이제는 지구인의 일상이 되었다 해도 과언이 아니다.

한여름에도 마스크를 쓰는 것이 일상이 되었고 국제공항에서는 비행기가 뜨지 않으며 사람들이 북적이던 시장과 축제장은 거의 폐쇄되다시피 하였다. 내수경제와 세계경제는 멈추었고 사람들의 일상생활은 달라졌다.

전 세계는 백신 개발을 위해 박차를 가하고 있다. 그리고 지금도 각 국가에서 백신을 먼저 개발하여 세계 시장에 내놓기 위해 '우리가 먼저 개발에 임박했다'며 호언장담하고 있다. 그러나 백신 가격이 얼마이며, 어느 국가에서 선점하느냐에 따라 후폭풍이 또 다시 몰아칠 것으로 예상된다. 더구나 백신이 코로나 이후 시대의 유일한 해결책은 될 수 없다.

2. 예방은 습관에서 생겨난다

"코로나19 장기전에 대비해 생활 속 방역수칙 준수가 당연시되는
새로운 일상을 준비해야 합니다."
(정은경 중앙방역대책본부장, 질병관리청장)

코로나19 사태가 예상을 뛰어넘어 장기화되고 있다. 이제 우리나라 국민들은 마스크 착용하기와 손 씻기, 거리두기 같은 일상의 습관으로 방역 매뉴얼을 지키는 것이 감염병 창궐 예방에 얼마나 중요한지를 매일 체감하고 있다.

그리고 이러한 습관이 조금이라도 무너지거나 무시되었을 때, 잠잠해지는 줄 알았던 바이러스가 다시 활발히 전파되며 더 많은 확진자를 양산하게 되는 패턴도 경험하게 되었다.

모든 바이러스에 대한 백신은 치료제가 아닌 예방의 한 방법일 뿐이다. 문제는 바이러스가 끊임없이 변이하여 새로운 종으로 진화하는 바람에 애써 개발한 백신이 소용없어지는 일이 흔하다는 사실이다. 최근에도 코로나19 바이러스가 변이하여, 이제까지 보고된 바가 없는 변종 코로나 바이러스가 새롭게 속속 발견되고 있는 실정이다. 백신이 유일한 해결책이 될 수는 없다는 말이 나오는 이유이다.

전문가들은 백신이 개발되어 대중에게 보급된다 하더라도 그것이 바이러스 위기의 끝이 아니라고 말한다. 당분간은 일상 속에서 방역수칙을 준수하고 감염병에 대한 매뉴얼을 철저히 지키는 것만이 이 위기에 대응하고 살아남는 최선의 방법이라고 강조하고 있는 것이다.

3. 일상 속 방역 매뉴얼이 건강을 지킨다

"한국은 코로나 바이러스 곡선을 평평하게 만드는 데 성공한 몇 안 되는 나라 중 하나이다. 검사, 추적 그리고 폐쇄 없이 치료하는 정책은 널리 찬사를 받았다.

(중략)

코로나 바이러스에 대한 한국의 성공은 공공 서비스를 제공하는 데 충분한 자금과 효율적인 시스템이 있다는 것이다. 이 기본 인프라가 없었다면 검사, 추적 등 치료의 정책은 그것이 가지고 있는 정도까지 지속되거나 확장될 수 없었을 것이다."

('한국은 왜 코로나 바이러스를 이기고 있는가?', 영국 〈가디언〉지)

우리나라가 미국이나 일본, 유럽 등 해외 여러 국가에 비해 성공적인 방역시스템을 구축했다고 인정받게 된 이유는 무엇일까?

다양한 이유가 있지만 가장 중요한 것은 정부가 제시한 방역 매뉴얼을 대부분의 국민이 준수하기 위해 지치지 않고 노력해왔기 때문이다. 감염병 전파 초기부터 사회적 거리두기와 마스크 쓰기, 자가 격리, 감염자 접촉 동선 제공, 개인위생 지키기 등 불과 1년 전까지만 해도 익숙하지 않았던 일상 속 방역 매뉴얼이 이제는 어린 아이들까지도 누구나 당연히 지켜야 되는 것으로 받아들여졌다.

4. 매뉴얼은 권장 사항이 아니라 의무고 규칙이다

> "이제 우리는 이 바이러스와 함께 사는 법을 배워야 합니다."
>
> (거브러여수스 세계보건기구 사무총장)

이제 감염병 방역에 대한 매뉴얼은 '권장 사항'이 아니라 생존을 위한 '의무'이자 모든 국민이 지켜야 할 '규칙'이 되었다.

일상적인 방역수칙의 습관적인 준수는 '감염병 예방의 기본이자, 처음이자 끝'이라고 해도 지나치지 않다. 이를 생활습관으로써 지키지 않은 국가들은 오늘도 확진자와 사망자 증가 추세가 수그러들지 않는 것을 알 수 있다. 마스크를 쓰지 않겠다며 시위를 하거나, 거리두기 같은 방역수칙을 무시한 채 집회나 대중행사를 지금도 개최하고 있는 미국이나 유럽의 경우 코로나 전파 속도와 심각도는 줄어들지 않고 있다.

전 세계 수많은 언론에서 우리나라의 코로나 방역시스템이 왜 바이러스 대응에 성공했는지 분석하는 논평을 내놓았지만, 결론은 의외로 단순하다. 효과적인 매뉴얼과 방역 협조 시스템, 그리고 그 매뉴얼을 얼마나 시민들이 습관처럼 지키느냐이다.

물론 감염병에 대한 분명한 매뉴얼과 가이드라인을 국민에게 제시하고 권장한 것은 우리나라만이 아니다. 코로나 팬데믹에 대한 매뉴얼을 먼저 만들어 발표한 것은 미국의 질병통제예방센터CDC였다. CDC에서도 코로나 전파 초기에 거리두기를 하라거나 50명 이상 밀집하는 행사를 열지 말라고 권고하는 등 방역 매뉴얼을 내놓았다.

그러나 아무리 훌륭한 매뉴얼이라도 일상에서 활용되고 지켜지지 않는다면 무용지물이다. 매뉴얼이 '권장'에 그쳐서는 안 되는 이유가 여기에 있다.

5. 타인에게 피해를 가하는 행동은 허용할 수 없다

　그렇다면 감염병 매뉴얼을 지키기 위해서는 무엇을 주의해야 할까? 코로나 시대와 포스트 코로나 시대를 맞이하는 이 시기에 전문가들은 다음과 같은 점들을 강조한다.

　첫째, 기본 방역 매뉴얼에서 벗어나는 잘못된 '인포데믹infodemic:잘못된 정보가 바이러스 팬데믹처럼 퍼지는 현상**에 현혹되어 기본 매뉴얼을 무시해서는 안 된다.** 바이러스에 오염된 지폐를 소독한다며 세탁기나 전자레인지에 돌리거나, 소금물을 뿌리면 바이러스를 죽일 수 있다고 착각하거나, 바이러스 예방을 위해 알코올이나 소독제를 마셨다가 사망하는 웃지못할 해프닝은 기본 매뉴얼이 아닌 근거 없는 잘못된 정보를 믿었기 때문에 발생한 일들이다.

　둘째, 코로나19 사태가 진정된 것처럼 보인다고 해서 방심해서는 안 된다. 방심하는 순간 바이러스 대유행은 언제든 다시 시작된다. 특히 개인의 욕심이나 편리함을 위해 방역수칙을 소홀히 하는 것은 그 순간 타인의 생명과 건강에 치명적인 피해를 입히는 위험한 행동임을 명심해야 한다.

　셋째, 국가, 시민, 행정시스템이 바이러스 감염병 시대의 변화에 적응하고 협조해야 한다. 이를 위해서는 의료 공공서비스의 질과 효과적인 시스템 구축이 중요할 뿐만 아니라, 국가 질병관리본부와 중앙광역대책본부에서 제공하는 소식과 새로운 매뉴얼에 귀 기울이고 함께 협력해야 한다.

이 책은 다음과 같이 구성되어 있다

1장 감염 예방을 위한 행동요령

전 세계는 지금 코로나19라는 전염성 바이러스의 감염 속에서 나와 내 가족의 건강을 지키는 것이 중요한 때이다. 이에 현실적인 대처 정보를 발 빠르게 숙지하고 실행하는 것이 감염을 예방하는 길이며, 가장 먼저 정보를 알아두고 익혀두어 곧바로 실행할 수 있도록 행동요령을 제시하여 준다.

2장 대한민국의 감염병 위기관리시스템

전 세계에서 인정하고 있는 우리나라의 감염병 위기관리시스템에 대하여 알아본다. 질병관리청은 어떤 일을 하며, 감염병 위기대응 정책은 어떤 순서로 실행되는지, 일반 국민들이 가장 많이 사용하는 1339 콜센터와 스마트폰 앱을 알아본다.

3장 전 세계가 참고하는 우리나라의 감염병 대응체계

우리나라에서 감염병에 대응할 때 부서별로 어떤 역할을 하는지를 좀 더 세부적으로 알아본다. 감염병을 신고했을 때 현장 대응체계부터 민관군의 긴급대응, 그리고 코로나 외의 법정 감염병과 집단감염 대응체계를 한눈에 파악해본다.

(4장) 그동안 몰랐던 바이러스와 감염병의 세계

짧은 시간에 전 세계를 초토화시킨 신종 코로나 바이러스의 정체와 전파 양상, 대처법을 구체적으로 알아본다. 신종 바이러스는 코로나 이후에도 또 나타날 것이다. 따라서 바이러스 대처에 대한 매뉴얼은 이제 모두의 상식이 되어야 한다.

(5장) 인류 역사 속 감염병과 팬데믹

2020년의 팬데믹 사태가 인류에게 처음 있는 일이 아니라는 것을 역사적 관점에서 살펴본다. 인간은 왜 바이러스로부터 자유로울 수 없는가? 역사를 알고 나면 바이러스 방역수칙이 왜 일회성이 돼서는 안 되는지 알 수 있을 것이다.

(6장) 전 세계 팬데믹! 국가별 코로나19 대응

현재 각 대륙에서 어떻게 코로나19에 대응하고 있고, 왜 어떤 나라는 걷잡을 수 없이 참패했는지를 현재의 관점에서 알아본다.

(7장) 바이러스만 위험할까? 감염병만큼 위협적인 라돈과 생활화학물질

우리 눈에 보이지 않는 일상 속 위험이 왜 바이러스에 국한되지 않는지 시야를 확장해본다. 원래부터 현대사회에서는 방사능물질과 생활화학물질이 인체의 유전자를 변형시킬 정도로 위협이 되어왔다. 포스트 코로나 시대의 건강한 삶을 위해서는 바이러스뿐만 아니라 이러한 기존의 위협들을 인식하고 통제할 필요가 있다.

차 례

1장 **감염 예방을 위한 행동요령**

4장 **그동안 몰랐던 바이러스와 감염병의 세계**

7장

바이러스만 위험할까?
감염병만큼 위협적인 라돈과 생활화학물질

감염 예방을 위한 행동요령

01

출입 시 체온 체크 꼭 합시다

사람이 많이 방문하는 관공서, 병원, 쇼핑몰, 공항 등 다중 이용 시설에 출입 시 감염 예방을 위해 열화상 카메라 설치를 통한 출입통제와 온도체크를 자동으로 하고 있습니다. 코로나 바이러스는 사람들이 방문하는 장소에서 특히 많이 감염되므로 이러한 장소에 방문 시에는 철저하게 체온 체크에 참여해야 합니다.

체온 체크는 물론 마스크 착용 여부 및 등록된 인적사항을 체크하여 출입통제 가능 여부를 확인하여 줍니다.

28

•감시원이 확인하지 않아도 출입통제가 가능한 시스템

2만개의 얼굴 데이터 베이스지원 Face Library

얼굴 인식속도 〈 1초
Rcognition speed 〈 1 second

얼굴 인식률 〉 99.9%
Rcognition rate 〉 99.9%

라이브 감지 정확도비율 〉 98.3%
Living accuracy rate 〉 98.3%

마스크 착용여부 인식지원
Support mask recognition

마스크 착용알림
Mask wearing reminder

•기능 및 지원 인지 프로그램

1. 2만 명의 얼굴 정보 기반 안면인식
2. 사진과 실물 얼굴 인식
3. 발열 체크
4. 마스크 미착용 여부 인식
5. 빠른 측정
6. 문자 자막 및 음성 지원
7. 간편한 등록자 입력(사진으로 등록 가능)
8. 등록자 인지
9. 네트워크 기반 운영 지원
10. 안드로이드 기반 GUI 지원
11. 방진 방수
12. 스마트폰을 이용한 간편 조작
13. 실내 / 실외 설치 가능

• 작동은 어떻게 이루어지는가!

잠깐 서 있기만 하면,

체온 측정이 되는 초간편 열화상

아주 편하고 좋아요

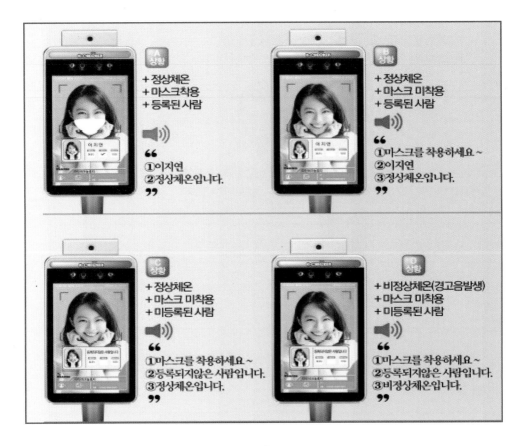

• 설치 장소

학교/병원/식당/공공기관/대단위 사무공간/헬스클럽/골프장/교통시설/종교시설/강연장/호텔/쇼핑몰/대형 할인마트/극장/유치원/그 외 50명 이상이 이용하는 다중 모임 장소.

자료 제공 : 다민테크놀러지 (www.lionsecurity.co.kr)

● AI 감염 예방 게이트와 살균수 장착 프로그램

AI 방역 GATE는 비대면 무인으로 살균 수 공급 장치와 빠른 체온측정, AI 안면 인식, 살균정화 에어커튼, 스마트 환경 센서 및 보안시스템이 장착되어 마스크를 착용하지 않거나 발열이 높을 경우 게이트가 차단되는 기능을 하고 있다.

● 모델 및 타입

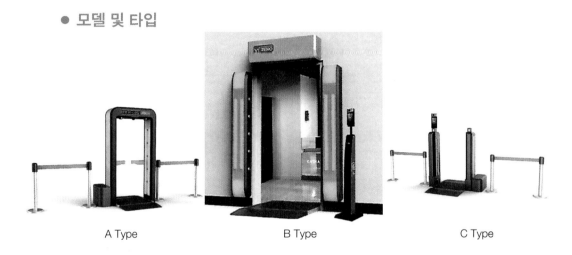

| A Type | B Type | C Type |

● 실시간 모니터링 및 플라즈마 이온 시스템을 통한 공기질 관리 제거 그래프

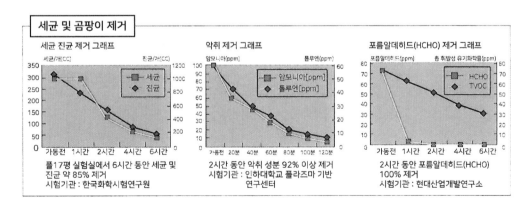

자료제공 : (주)현진금속 www.hyunjinmetal.com
e-mail: hjmco@hyunjinmetal.com

감염병 위험 긴급 콜센터 1339 이용법

365일 24시간 감염병 정보와 실시간 상담 제공

●대한민국 질병관리청 1339 콜센터는 질병정보와 감염병 상담을 365일 24시간 제공합니다. 또한 카카오톡 1339 콜톡으로 코로나19 감염 정보를 확인할 수 있습니다. 콜톡을 사용해도 언제 어디서나 실시간으로 1:1 상담을 받을 수 있습니다. 그리고 코로나 외에도 각종 감염병, 만성질환, 예방접종 등 필요한 건강정보를 볼 수 있습니다.

- **365일**

  언제 어디서나 이용

시간이나 지역과 상관없이
언제 어디서나 전화를 걸어
정보와 안내 제공

- **발신자 부담 없이 이용**

감염병 업무에 관한
민원을 발신자
부담 없이 상담

- **감염병 상담과**

  정보 제공

코로나19 바이러스에 대해
상담 및 조치사항, 예방법과
신고 절차 안내

상담
조치사항
예방법
신고절차

- **카카오톡으로도 이용**

전화보다 메신저 서비스
이용을 선호하는 사람들을
위해 카톡으로도 이용

까톡
까톡
까톡
까톡

코로나 바이러스 증상은 어떻게 나타나는가?

**신종 코로나 바이러스
잠복기는 2~14일**

●신종 코로나 바이러스는 2~14일의 잠복기를 가지고 있습니다. 또한 감염된 1명이 평균 2.2~3.8명을 감염시키게 된다고 알려져 있어 지역감염에 취약합니다.

●14일에 달하는 잠복기를 가지고 있으며, 중증환자부터 무증상 확진자까지 사람마다 증상도 다양하기 때문에 주의해야 합니다.

●고령자, 기저질환자뿐만 아니라 건강한 청년층도 중증이 나타날 수 있습니다.

1. 발열 37.5℃ 이상

주된 증상. 일부 환자는 발열 없이 호흡기 증상만 나타나기도 함.

2. 기침

주로 마른 기침

3. 호흡곤란 및 호흡기 증상

숨이 차거나 인후통. 간혹 콧물, 가래.

4. 폐렴

중증 환자일수록 호흡 곤란이 심해지고 폐렴 증상 발현

5. 근육통

전신피로감, 근육통

6. 오한

고열과 함께 오한 동반, 열 없이 오한이 나타나기도 함

WHO(세계보건기구)에서 발표한 감염 경로

**비말(침방울) 외에
에어로졸로 전염될 수 있다**

●코로나 바이러스는 주로 비말로 감염되지만, 밀폐된 공간, 식당, 카페, 다중시설 등 특수한 환경에서는 감염 위험이 더 높습니다.

비 말	분류	에어로졸
지름 5 μm (마이크로미터) 이상	크기	지름 5 μm 이하
비말(기침, 재채기 시 나오는 침방울)에 바이러스가 묻어 1~2미터 이내 직접 감염	전파력	비말이 작은 입자(에어로졸)로 변하여 더 광범위하게 퍼짐
감염자와 접촉할 경우 전염됨	전염 방식	비말이 에어컨, 환풍기, 인공호흡기 등으로 들어가면서 더 작게 쪼개진 형태가 되어 전파됨

05

꼭 기억해야 하는 행동 수칙

**국민 방역수칙 시키기는
바이러스 예방의 기초이자 핵심**

● 코로나19 예방을 위해 꼭 기억해야 하는 행동 수칙은 일상적인 소독과 거리두기입니다. 그 중 가장 중요한 것은 공공장소에서 마스크 착용입니다.

● 계절과 상황에 맞는 마스크를 착용하도록 하며, 자신과 타인의 분비물과 접촉한 후 곧바로 손을 씻습니다.

● 바이러스 전염 가능성이 높은 장소와 물건에 주의하며, 화장실을 사용한 후 물을 내릴 때는 변기 뚜껑을 닫고 내립니다.

● 오염된 가능성이 있는 손으로 입, 코, 눈을 만지지 않습니다.

- **기침예절 습관화**

옷 소매 위쪽, 손수건,
휴지 등으로 입과 코 막기

- **마스크 착용 생활화**

실내에서 다른 사람들과
있을 때는 마스크 착용

- **만진 후 손 씻기**

여럿이 사용하는 문의 손잡이
화장실 문, 각종 버튼,
세면대 접촉 후 손
씻거나 소독

- **공공장소 피하기**

많은 사람들이 밀집하는
실내 장소 음식점, 술집,
가게, 유흥시설 등에
가지 않기

- **하루 3회 이상
실내 환기**

매일 2~3회 이상 창문을
열고 환기

- **안전거리 2미터**

안전거리 유지, 밀접한 접촉, 즉 포옹, 악수 등 가급적 삼가

2m

- **유증상자 자가격리**

집에서 3~4일 쉬고, 미열, 기침, 인후통, 호흡기 질환이 있을 때 보건기관과 상담, 신고, 검사, 진료 조치

- **마스크 착용 의무화** (2020년 11월 13일 ~ 별도 해제 시 까지)

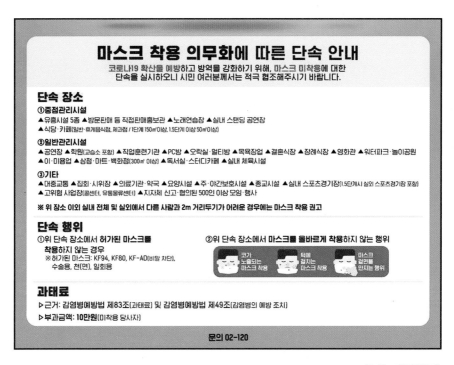

(출처: 서울특별시)

06

개인방역 수칙, 어떻게 지켜야 하는가

공공장소에서의 개인방역 수칙도
예외 없이 지켜야 한다

●손을 자주 씻거나 소독하고, 공공장소에서 사람과 사람 사이의 거리는 2미터, 두 팔 간격으로 유지하는 것이 중요합니다.

●공공장소나 가게를 운영, 관리하는 경우 실내 통풍과 환기가 잘 되도록 문을 항상 열어놓거나 적어도 하루 3번 이상 환기해야 하며, 자주 손닿는 물건을 스스로 소독하는 것도 중요한 개인방역 수칙입니다.

●외출에서 돌아온 후에는 반드시 손을 씻고 옷을 세탁하며, 사용한 마스크는 여러 번 재사용하지 않고 폐기합니다.

개인방역 수칙 따라하기

- **실내 밀집장소
  피하기**

가급적 식당, 카페 등
밀폐된 공공장소 이용 자제

- **좌석간 거리두기**

공공장소에서 식사하거나
활동할 경우 다른
사람들과 간격을
두고 앉기

- **먹을 때, 마실 때만
  잠시 벗고 다시 착용**

식사할 때 대화 최소화.
음료를 마실 때
외에는
마스크 착용

- **개인 식기 사용**

음식은 개인접시에
담아 취식

- **한 방향/ 나란히 앉기**

마주보고 앉기보다
한 방향을 향해 앉기

● **의심증상자 격리**

의심증상자는 다른
사람과 즉시 분리
혹은 격리

● **자주 만질수록**
  자주 소독

자주 만지는 물건,
즉 휴대폰, 책상,
침대, 가구, 의자,
문고리, 손잡이
등을 자주
소독. 욕실, 수도꼭지, 변기
자주 소독

마스크, 준비 하셨나요?

코로나19 예방 마스크 착용
어떻게 해야 하는가?

●마스크 착용에도 방법과 수칙이 있습니다.

●착용 전후에 손을 깨끗이 씻지 않으면 쓰거나 벗을 때 바이러스가 전파되기 쉬우므로 주의해야 합니다.

●사용한 마스크는 가급적 재사용하지 않으며, 여름철에는 하루 이상 착용을 자제하고, 땀을 많이 흘릴 경우 하루에도 여러 번 새 것으로 교체합니다.

● **착용 전후
  손 씻기**

착용하기 전 손 씻기,
벗은 후 손 씻기

● **오염되면
  바로
  폐기하기**

- 마스크가 손상, 변형된 경우
- 땀, 이물질에 젖은 경우
- 마스크 착용 상태에서
  기침, 재채기한 경우
- 먼지에 심하게 오염된
  경우
- 의심환자 접촉한 경우

● **재사용 금지**

부득이하게 재사용을 위해
보관할 때는 반으로
접어서 안쪽이 마주
접히도록 하여 보관

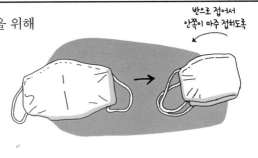

● **계절별
  착용법 숙지**

여름철에는 하루에도
여러 번 새 것으로 교체

마스크 종류와 기능 무엇이 다르나요?

숫자가 커질수록 사단률은 높아지고
호흡하기는 어려워져 진다

● 코로나19에 대한 예방 백신이 없는 상황이고, 백신이 나온다고 하더라도 완벽한 치료까지 가능한 것은 아니므로 최선의 예방 수단은 마스크 착용밖에 없습니다. 마스크에는 여러 가지 종류가 있지만 바이러스 차단 효과를 가지려면 KF 인증 표시가 되어있는 특수 마스크를 착용하는 것이 좋습니다. 다만 호흡기 질환이 있는 경우나 여름철에는 소재가 얇고 통풍이 더 잘 되는 비말 차단 마스크를 착용해도 좋습니다.

KF80 / KF94 / KF99 / N95

: 숫자가 클수록 바이러스 차단률 향상

- KF80 : 지름 0.6 ㎛ 이상의 입자를 80% 차단

- KF94 : 지름 0.4 ㎛ 이상의 입자를 94% 차단

- KF99 : 지름 0.4 ㎛ 이상의 입자를 99% 차단

- N96 : 지름 0.3 ㎛ 이상의 입자를 95% 차단

의료용 마스크 (덴탈 마스크)

: 환자 진료할 때 비말, 혈액, 체액을 막아주는 의료 전용 마스크

- 의료인이 환자를 진료할 때 비말, 혈액, 체액을 막아준다.

- 3중으로 되어 있다.

외부층 = 방수층 : 비말, 체액 등을 막아줌

중간층 = 여과층 : 5 μm 이상의 입자를 90% 막아줌

내부층 : 무균작용을 함

- 일회용으로만 사용한다.

KF-AD = Korea Filter-Anti Droplet : 미세 물방울 차단 (비말 차단용 마스크)

- 코로나19 확산 이후, 2020년 6월 1일 보건용 마스크, 덴탈(수술용) 마스크와 함께 비말 차단용 마스크를 포함시킨 '마스크 및 손소독제 긴급수급조정조치' 고시를 시행하였다. 특히 여름철 일반 국민에게 통기성과 바이러스 차단 기능이 있는 마스크를 공급하기 위해 비말 차단용 마스크를 새로 의약외품으로 지정하였다.
- 의료진들이 착용하는 마스크를 일반인용으로 만든 마스크. KF80, KF94 같은 보건용 마스크를 대신하는 기능.
- KF80, KF94보다는 호흡이 편하다.
- KF 기준 55~80%의 미세입자 및 비말 차단 기능을 갖고 있다. 즉 0.4~0.6 μm 정도의 미세한 입자를 55~80% 정도 걸러낼 수 있다.

일회용 마스크 (부직포)

- 꽃가루, 먼지 등 큰 입자를 차단해 호흡기를 일차적으로 보호한다.
- 미세한 입자, 세균, 바이러스를 여과하지 못하여 감염 예방 효과가 낮다.
- 일회용으로만 사용한다.

면 마스크

- 보온과 방풍 기능을 가진 마스크.
- 분말, 먼지 등 큰 입자를 차단할 수 있으나, 세균과 바이러스를 차단하는 효과는 낮다.
- 세탁하여 여러 번 사용할 수 있다.

※ 주의 : 밸브 달린 마스크는 좋을까?

→ 바이러스를 전파할 수 있으므로 바람직하지 않다.

배기 밸브가 달린 N95 마스크는 마스크 안쪽의 습기와 열을 배출해 주는 효과가 있어, 중증 호흡기 질환자나 심장병 환자 등이 주로 사용할 수 있다. 그러나 배기 밸브로 인해 바이러스가 타인에게 전파될 수 있으므로, 호흡기 감염과 전파를 예방하는 용도로는 권장되지 않는다.

올바른 마스크 착용법

■ 주의사항

착용할 때: 손을 씻는다.	사용 후 벗을 때: 손을 씻는다.
→ 마스크로 입, 코를 가리고, 얼굴과 마스크 사이에 틈이 생기지 않도록 누른다. → 양쪽 끈을 귀에 고정시킨다. → 콧날의 와이어를 밀착시킨다. → 마스크 하단을 턱에 밀착시킨다.	→ 끈을 잡고 벗겨낸다. → 손을 씻는다.

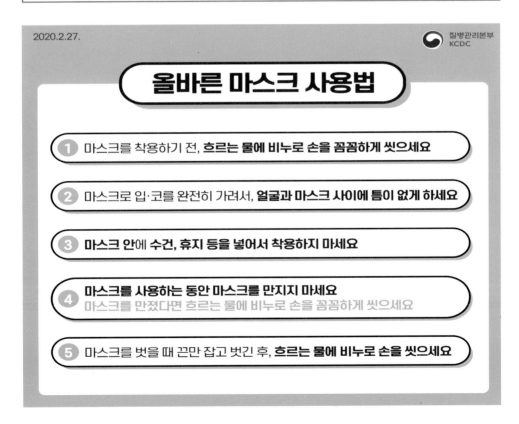

질병관리본부 KCDC

접이형 제품 착용법

마스크 날개를 펼친 후
양쪽 날개 끝을 오므려주세요

고정심 부분을 위로 하여
코와 입을 완전히 가려주세요

머리끈을 귀에 걸어
위치를 고정해주세요

양 손가락으로 코편이 코에
밀착되도록 눌러주세요

공기누설을 체크하며 안면에
마스크를 밀착시켜 주세요

 질병관리본부 KCDC

컵형 제품 착용법

머리끈을 아래로 늘어뜨리고
가볍게 잡아주세요

코와 턱을 감싸도록
얼굴에 맞춰주세요

한 손으로 마스크를 잡고
위 끈을 뒷머리에 고정합니다

아래 끈을 뒷목에 고정하고
고리에 걸어 고정합니다

양 손가락으로 코편이 코에
밀착되도록 눌러주세요

공기누설을 체크하며 안면에
마스크를 밀착시켜 주세요

■ 착용 후 마스크 보관법과 주의사항

보관법

- 반으로 접어서 안쪽이 마주 접히도록 하여 보관하면 내부 오염을 비교적 줄일 수 있다.

폐기하고 새 것으로 교체해야 하는 경우

- 마스크가 손상, 변형된 경우
- 땀, 이물질, 먼지 등으로 심하게 오염된 경우
- 비말, 혈액, 체액에 묻은 경우
- 착용한 상태에서 의심환자/확진환자/자가격리자와 접촉한 경우
- 착용한 상태에서 확진자가 다녀간 공간/자가격리자가 사용한 공간에 방문한 경우

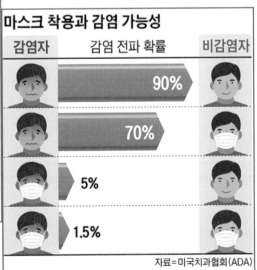

■ 얼마나 오래 착용해도 되나?

- 가급적 1회용으로 사용하는 것이 좋다.
- 2일간 착용했을 때 95% 이상의 차단 효과를 유지했으나, 3일부터는 차단 효과가 감소했다는 연구 결과가 나온 바 있다.
- 여름철에는 하루 이상 착용을 자제하고, 땀을 많이 흘릴 경우 하루에도 여러 번 새 것으로 교체하는 것이 권장된다.
- 다만, 새 마스크를 구할 수 없는 부득이한 상황의 경우, 며칠 사용한 마스크라 하더라도 쓰지 않는 것보다는 쓰는 것이 낫다고 전문가들은 조언한다.

■ 마스크 종류

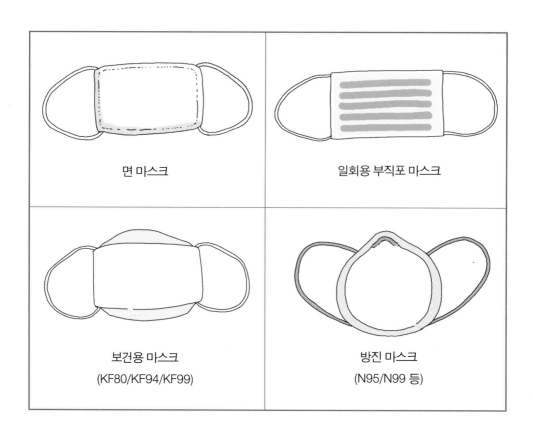

| 면 마스크 | 일회용 부직포 마스크 |
| 보건용 마스크 (KF80/KF94/KF99) | 방진 마스크 (N95/N99 등) |

여름철 마스크 착용법 How To

코로나19 확진자가 서울·수도권을 중심으로 계속 발생하면서 마스크는 이제 생활필수품이 됐다. 그러나 고온다습한 여름과 함께 후텁지근한 장마철이 찾아와 마스크 착용은 적지 않은 고통(?)을 안겨주고 있다. 무엇보다 땀이 차고 숨 쉬기가 불편하다. 수면·식사 시간을 제외하고는 온종일 착용하고 있는 탓에 코, 입 주변을 중심으로 울긋불긋한 피부 트러블마저 생겨난다.

미국 질병통제예방센터CDC나 국내 방역당국은 코로나19 예방을 위해 사회적 거리 두기, 자주 손씻기와 함께 마스크 착용을 적극 권장하고 있다. 전문가들은 무더운 여름철에 마스크를 오랫동안 착용하려면 노하우가 필요하다며

△시원한 재질로 만든 마스크 고르기

△꽉 조이지 말고 약간 느슨하게 착용

△땀이 나면 새것으로 바꿀 여유분 소지

△야외에 혼자 있거나 자가용 혼자 탈 때는 벗기

△피부염이 안 생기게 피부 촉촉하게 유지하기

등을 권고한다.

코·입 감싼 KF94 마스크 '숨이 턱' 막아 피부염 유발 가능성

예방하려면 촉촉한 피부 유지를

마스크 착용은 피부 온도와 습도를 높인다. 이는 피지 분비와 각질 생성, 세균 번식을 촉진시키며 모공을 막아 각종 염증을 유발한다. 대표적인 피부 트러블은 모낭염, 여드름 악화 등이다. 특히 마스크를 구성하는 합성섬유나 고무줄, 코 받침에 들어 있는 금속 등은 피부를 직접적으로 자극해 접촉성 피부염을 유발할 수 있다. 이수지 경희대한방병원 교수는 "체온이 1도 상승하면 피지 분비가 10%씩 증가한다는 말이 있듯이 더운 여름에는 자연스레 피지 분비가 증가한다"며 "땀이 많이 나는 상황에서 마스크까지 오랜 시간 착용하면 피부 트러블이 새로 생기거나 기존에 앓고 있던 피부질환 증상이 더욱 악화될 수 있다"고 지적했다.

2시간 마스크 착용했다면 15분간 벗어야

미 CDC는 식음료 판매점, 식당, 사무실 등 사회적 거리 두기 유지가 어려운 공공장소에서는 마스크 착용이 필요하다고 권고한다. 하지만 미국 펜실베이니아대학병원 의료진은 "마스크 착용이 필요한 때와 필요하지 않은 때를 생각해서 결정하라"며 "혼자 자가용을 운전하거나 적정한 사회적 거리 두기가 유지되는 공공장소에 혼자 앉아 있다면 마스크를 착용하지 않아도 된다"고 조언한다. 또한 마스크 착용을 최소화하고 싶다면 외출할 때 사람이 많지 않은 노선과 함께 최단 거리를 택해서 방문 목적지를 찾아가는 계획을 세워야 한다.

여름철에는 천으로 만든 마스크는 좋지 않다. 땀이 나거나 비에 젖으면 수분을 흡수하지 못하기 때문이다. 만약 덴탈 마스크를 구하지 못했다면 오히려 면 마스크가 낫다. 면 마스크는 수분을 잘 흡수하지 못하지만 호흡하기에는 좋다. 다만 면 마스크는 수시로 바꿔 착용할 수 있도록 깨끗한 여유분을 가지고 다녀야 한다. 폴리에스터 원단으로 만든 마스크는 호흡하기에 적당하지 않다. 필터가 장착된 마스크 역시 마찬가지다. 주로 인조합성 재질로 만든 필터는 마스크를 착용할 때 온도를 높이고 호흡을 더욱 곤란하게 한다.

펜실베이니아대학병원 의료진은 "무더운 여름에는 마스크 한 개만 달랑 가지고 다니면 곤란하다. 땀이나 수분이 차면 교체할 추가 마스크가 필요하다. 의료종사자는 얼굴 피부를 보호하기 위해 2시간 동안 마스크를 착용했다면 약 15분간 마스크를 벗고 시원한 공기를 쐬야 한다"며 "이는 하루에 마스크 몇 개가 추가로 필요하다는 얘기"라고 설명했다. 마스크 교체는 사람이 없는 장소나 집에서 하는 게 좋다. 그리고 마스크를 교체·착용할 때는 반드시 비누로 손을 깨끗이 씻고 만져야 한다. 마스크는 불편하거나 숨을 쉬기 곤란할 정도로 너무 꽉 조이게 착용해서는 안 된다. 자신의 얼굴 형태에 맞는 마스크를 착용하라는 뜻이다. 그러려면 몇 종류의 마스크를 착용해보고 적당한 것을 골라야 한다. 마스크 끈도 귀에 자극을 주지 않는 것으로 골라야 한다.

◆ 여름철엔 덴탈 마스크가 가장 효율적

마스크 종류와 기능			
분류	**종류**	**예시**	**기능**
의약외품	**보건용 마스크**		・호흡기 질병 감염·악취·매연에서 호흡기 보호 ・미세먼지 차단 X·특수 필터 X
	수술용 마스크		・의료기관에서 진료, 치료, 수술 시 감염 예방 ・미세먼지 차단 X·특수 필터 X
	방역용 마스크 (N95 등)		・전염성 질병 감염에서 호흡기 보호 ・미세먼지 차단 O·특수 필터 O
	황사 차단 마스크 (KF94·80 등)		・황사 또는 미세먼지 인체 유입 방지 및 호흡기 보호 ・미세먼지 차단 O·특수 필터 O
산업용	**방진 마스크**		・산업현장에서 미세 분진 등에서 호흡기 보호 ・미세먼지 차단 O·특수 필터 O
공산품	**방한 마스크**		・추위에서 얼굴 보호 ・미세먼지 차단 X·특수 필터 X

마스크는 크게 공산품방한 마스크, 산업용방진 마스크, 의약외품보건용·수술용·방역용·황사차단 마스크 등 3가지로 나뉜다.

보건용 마스크는 호흡기 질병 감염이나 악취, 매연에서 호흡기를 보호하기 위한 것이지만 특수 필터가 장착되지 않아 미세먼지 차단이 안 된다. 의료기관에서 진료·치료·수술 시 감염 예방을 위해 사용하는 수술용덴탈 마스크도 특수필터가 없어 미세먼지 차단이 안 된다. N95 등 방역용 마스크, KF94·KF80 등 황사 차단 마스크는 특수필터가 장착돼 있어 미세먼지와 바이러스 차단이 된다.

일반인이 마스크를 쓰는 이유는 자신이 감기나 독감에 걸렸을 때 다른 사람에게 비말을 퍼뜨리지 않고, 오염된 손으로 자신의 얼굴을 만져서 감염되지 않도록 하기 위해서다. 김미나 서울아산병원 진단검사의학과 교수는 "코로나19 유행이 장기화하는 상황에서 KF94, N95 등 방역용·황사 차단 마스크보다 덴탈 마스크로 불리는 '수술용 마스크'가 공중 보건을 유지하는 데 훨씬 더 적합하다"고 강조한다. 습기가 차기 쉽고 무더위로 호흡이 곤란한 여름철에도 덴탈 마스크가 가장 좋다는 데 공감한다. 바이러스를 차단하겠다고 고가 마스크를 착용했기 때문에 안전한 줄 알고 종일 썼다 벗었다 하면 오히려 위험하다. 오염된 손이 마스크를 오염시키고, 결국 오염된 마스크를 통해 얼굴이 오염될 위험이 높아진다.

2시간 착용했다면 15분간 벗어야
여분 2~3개 소지하고 수시교체를

오랫동안 전문가들과 관련 논문은 덴탈 마스크 사용을 적극 권장해왔다. 병원에서는 호흡기 감염 환자도 덴탈 마스크를 착용하게 하고, 2015년 메르스 사태 대응 지침 또한 환자는 덴탈 마스크를 착용하도록 명시하고 있다. 덴탈 마스크는 바이러스 감염에 노출될 수 있지만 환자와 보호자에게 권장하는 이유는 득得이 훨씬 많아서다.

N95, KF80 등 방역용 · 황사 차단 마스크는 호흡 곤란과 폐 기능이 떨어진 환자와 노인들이 오래 착용하면 문제가 생길 수 있다. 감염자를 치료하는 의료진에게는 최고 등급 마스크가 필요하지만 일상 생활에서는 일반 덴탈 마스크로도 충분하다. 실험 조건에 따라 차이가 있지만 덴탈 마스크는 비말을 95% 이상 걸러낼 수 있다고 검증됐다. N95 마스크는 숨이 차 20분 이상 쓸 수 없다.

김 교수는 "덴탈 마스크는 최적의 마스크로, 필요할 때 한 번 쓰고 버릴 수 있어서 효과적"이라며 "마스크의 필터 기능은 중요하지 않아 면 마스크 또한 깨끗이 빨아서 자주 교체하면 충분하다. 면 재질은 피부과적으로 훨씬 좋고, 공기가 잘 통해 호흡이 약한 아이들이나 노약자들에게도 안전하다"고 강조한다.

마스크를 사용할 때는 착용하기 전에 손을 비누와 물로 씻거나 알코올 손 소독제로 닦아야 한다. 입과 코를 완전히 가리도록 마스크를 착용한 후 얼굴과 마스크 사이에 틈이 없는지 확인해야 한다. 마스크에 수건이나 휴지로 덧대지 말아야 한다. 마스크를 착용하는 동안 마스크를 만지지 않도록 주의해야 하고, 만졌다면 손을 비누와 물로 씻어야 한다.

◆ 식사 후 입 주변 깨끗이 하고 마스크 착용을

여름철 효율적인 마스크 착용법

❶ 시원한 재질로 만든 마스크를 골라라

❷ 꽉 조이지 말고 약간 느슨하게 착용

❸ 통풍 좋고 가벼운 덴탈 마스크로도 충분

❹ 땀이 나면 새 것으로 바꿀 여유분 소지

❺ 야외 혼자 있거나 자가용 혼자 탈 때 벗음

❻ 마스크 착용 전후 손 깨끗이 씻거나 소독

❼ 피부염이 안 생기게 피부 촉촉하게 유지

❽ 음식 먹은 후 입 주면 깨끗이 하고 착용

덴탈마스크 비말 95% 이상 차단, 꽉 조이지 않는 얇은 소재가 적절
아이들은 통기성 좋은 면 100%

마스크를 쓰면 피부 습도와 온도가 올라가기 때문에 세균이나 진균 번식이 쉬워질 수 있다. 특히 피부가 약한 어린이는 마스크를 쓴 후 모낭염이나 입 주위에 피부염이 발생하는 경우가 많다. 특히 구강호흡을 하는 경우 마스크 내 습도가 높아지고 침으로 축축해진 마스크를 쓰면 뾰루지가 생기기 쉽다. 모낭염은 모낭 주위의 염증성 피부질환을 말하는데, 농포 결절 따가움 화끈거림 가려움증 등 증상이 발생한다. 입 주변 모낭염을 예방하려면 마스크 안쪽 면에 침이나 음식이 묻지 않도록 조심하고 식사 후 입 주변을 청결하게 한 후 마스크를 착용해야 한다. 이미 입 주위에 뾰루지가 발생했을 때에는 피부과에 내원해 질병을 확진받은 후 원인에 따라 치료하면 대부분 1~2주 후에 호전된다.

마스크 착용 후 나타나는 피부염은 습진으로 자극접촉피부염, 알레르기접촉피부염 등이 생긴다. 김혜원 한림대 강남성심병원 피부과 교수는 "피부염에 걸리면 피부가 가렵거나 따가우며 붉어지고 각질이 생기는 증상이 나타난다"며 "심하면 진물이 나다가 자꾸 반복되면서 피부가 거북

등처럼 두꺼워지는 상태가 될 수도 있다" 고 말했다.

자극접촉피부염은 마스크 귀에 거는 고무줄 부분이나 눈 아래나 턱의 마찰이 되는 부위에 피부가 거칠어지고 각질이 일어나면서 가려울 수 있다.

이를 예방하려면 평소 피부에 자극이 적은 세안제를 사용한 후 피부보호 성분이 있는 보습제를 충분히 바르고, 가능한 한 마스크 자국이 심하게 남지 않는 제품을 사용하도록 한다. 손을 자주 씻어서 생기는 습진도 자극접촉피부염인데, 손을 씻을 때마다 특히 손등 쪽에는 핸드크림을 잘 바르되 너무 가벼운 제형보다는 세라마이드, 콜레스테롤, 지방산 등 피부지질이 포함된 제품이 더 좋다.

알레르기접촉피부염은 마스크 코 부분에 있는 금속 와이어에 의해 발생할 수 있다. 직접 닿지는 않더라도 밀폐돼 땀이나 입김에 의해 습기가 생기면 금속 성분이 유출되면서 코와 코 주변이 붉어지고 각질이 일어날 수 있다.

〈출처: 매일경제 2020.6.17. [Health Journal] 인류 첫경험 '찜통 마스크' …준비, 되셨나요?
여름철 코로나19 예방 마스크 착용 어떻게, 이병문 의료선임기자〉

코로나가 바꾼 여름철 마스크 일상 : 하루 이상 쓰지 마라

온도 · 습도 모두 높은 여름철, 하루 정도 사용한 마스크 안쪽 세균은 얼마나 자랄까.

지난 24일 SBS '뉴스8' 은 KF94와 비말 차단, 면, 덴탈 등 4종류의 마스크에 대한 실험 결과를 토대로 마스크 안쪽에서 다량의 세균이 발견됐다고 보도했다. 보도에 따르면 4종류의 마스크를 각각 쓰고 1킬로미터를 걷게 한 뒤 100미터 단위로 마스크 안쪽 습도를 측정한 결과 4종류 모두 80%를 웃돌았다. 이는 대기 중 습도의 2배에 가까운 수준이다.

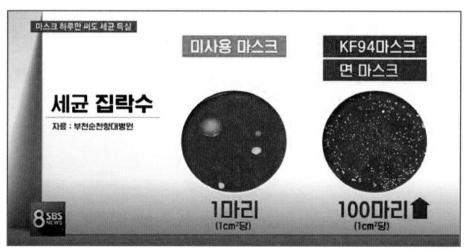

출처:SBS뉴스

마스크 안쪽의 온도 역시 피부 표면보다 최고 2도 이상 높았다. 불편감은 필터 기능이 뛰어난 KF94 마스크를 착용할 때 가장 컸다. KF94 마스크를 착용한 피실험자는 "땀이 송골송골 맺히고 있다" 며 "KF94는 진짜 답답하고 덥다" 고 말했다.

문제는 마스크 안쪽의 습도와 온도가 높다 보니 세균이 쉽게 자랄 수 있다는 점이다.

'뉴스8' 이 하루 정도 사용한 4종류의 마스크로 세균 배양 실험을 한 결과 모든 마스크에서 피부와 입안에서 서식하는 균들이 검출됐다. 특히 면 마스크와 KF94 마스크에서 가장 많은 세균이 나왔고 일부 마스크에서는 슈퍼박테리아라 불리는 항생제 내성균도 검출됐다.

신희봉 순천향대 부천병원 진단검사의학과 교수는 "KF94 마스크의 특성상 다른 마스크에 비해 상대적으로 통기성이 떨어져 균이 더 많이 검출됐을 가능성이 하나 있다"고 '뉴스8' 측에 설명했다.

전문가들은 무더운 여름철 야외에서는 가급적 통기성이 좋은 마스크를 쓰고 마스크 종류와 상관없이 자주 갈아줘야 한다고 강조했다.

김호중 순천향대 부천병원 응급의학과 교수는 "면역력이 떨어진 분들한테는 포도상구균, 연쇄상구균 같은 경우가 굉장히 치명적 결과를 초래하기 때문에 내가 쓴 마스크는 절대 다른 사람한테 쓰게 해서는 안 되고, 가능한 하루 정도 넘어가는 마스크 사용은 최대한 자제하는 게 좋다"고 말했다.

〈출처 : 이데일리 2020.7.25. '마스크 하루 썼는데 세균 득실득실? 검사해 보니…'〉

: 10

마스크 못 벗는데 어떻게 예방해야 하나요?

한여름 더위에 과도한 마스크 착용
온열질환 일으키지 않도록 주의

● 여름에는 뜨거운 열과 햇볕에 장시간 노출되고 수분 공급이 되지 않을 때 뜨거운 열로 인해 발생하는 급성질환인 온열질환에 걸릴 수 있습니다.

● 온열질환의 주요 증상으로는 두통, 어지러움, 근육경련, 피로감, 의식 저하, 빠른 맥박 등이 있습니다. 그런데 코로나 사태로 인하여 마스크 착용이 필수적인 상황에서 여름철에는 장시간의 특수마스크 착용이 호흡기 질환이나 온열질환을 악화시킬 수 있으므로 주의해야 합니다.

온열질환 종류

열사병 : 땀이 나지 않고 체온이 40도 이상 오름. 심할 경우 의식을 잃음

일사병 : 더운 공기와 직사 광선을 오래 받아 생김

열탈진 : 땀을 많이 흘린 후 두통, 어지럼증, 구토 등이 나타남

열경련 : 팔다리 근육에 경련이 일어남	열실신 : 어지러움을 느끼고 일시적으로 의식을 잃음	열부종 : 손발이나 발목이 붓는 증상

마스크를 벗지 못해 온열질환 나타날 때 대처법

물을 자주 마셔 수분 섭취	통풍이 잘 안 되는 KF94, KF80 대신 비말 차단 마스크나 덴탈 마스크 착용
	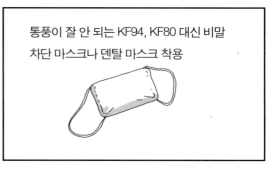
아침저녁으로 가벼운 운동	충분한 휴식과 숙면

실외, 2미터 이상 거리유지 시 마스크 잠시 벗기

60

여름철 마스크, 어떻게 착용하나요?

**여름철 마스크 착용법
이렇게 하세요**

●여름에는 비말차단용 마스크나 덴탈 마스크처럼 통풍이 잘 되고 재질이 시원한 마스크를 착용합니다.

또 아무리 통풍이 잘 되는 마스크라 할지라도, 여름에는 땀을 많이 흘려 마스크가 금세 체액에 오염될 수 있으므로, 늘 여유분을 소지하고 다니면서 자주 새 것으로 교체하는 것이 좋습니다.

- **이럴 때는 잠시 벗어두세요!**

  - 통풍이 되는 야외에서
  - 사람들이 적고 사람들 간 거리가 2미터 이상인 경우
  - 자가용 안에 혼자 있을 때

- **2시간 연속 착용 + 15분 휴식**

  2시간 이상 연속 착용했을 경우, 사람이 없는 곳이나 야외에서 마스크를 벗고 최소 15분간 신선한 공기 흡입

- **여유분 여러 개**

  늘 새 마스크 여유분을 소지하고 다니며, 땀에 많이 젖었을 경우 새 것으로 교체

- **입 주변 청결**

  마스크로 인해 밀폐된 입 주변에 세균이 번식하거나 피부질환이 생기지 않도록 양치질 등 청결 유지

- **약간 느슨하게 착용**

여름에는 마스크 안쪽에 땀이 많이 차지 않도록
끈을 당겨 약간 느슨하게 착용

- **착용 전후 손 씻기**

마스크를 착용하기 전과 벗고 난 후에는 반드시
손을 씻거나
손 소독제 사용

: 12

내 가족의 감염에 어떻게 대비하겠습니까?

나와 가족을 위한 감염병 대비
이것만은 반드시 지킵시다!

● 내 가족의 바이러스 감염에 대비하기 위해서는 가족 구성원 모두가 개인의 위생 원칙과 방역 수칙을 철저히 지켜야 합니다. 마스크 착용을 생활화하고, 가족끼리 있을 때라도 기침 예절은 습관화되어야 합니다.

● 또한 가정, 학교, 회사, 의료기관과 서로 긴밀하게 연계할 수 있도록 대처하고, 가족 중 의심 증상이 있거나 확진자가 다녀간 장소에 방문한 적이 있을 경우 반드시 1339 콜센터에 연락하여 상담을 받고 정보를 얻습니다.

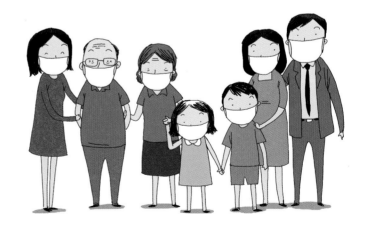

- **고위험군 체크**

- 만성질환자 - 60세 이상
- 어린이 - 영유아
- 신생아
- 임산부

- **매일 모니터링할 증상**

발열, 기침

- **개인위생은 집안에서도 철저히**

- 평소 귀가 후
  손 씻기부터 하기
- 개인위생 철저히

- **면역력 유지**

평소 규칙적인 식사, 충분한
수면 등으로 면역력 유지

- **감염 의심 시 격리**

- 감염 의심이 있을 시 즉각 자가격리
- 코로나 관련 진료기관에 신속하게 연락
- 검사와 진료

13

모든 개인의 대비사항

코로나19 시대 장기화
예방을 위한 전국민 3대 대비사항

● 바이러스 침입은 주로 입, 코와 같은 호흡기를 통해 이루어집니다.

● 따라서 사람이 둘 이상 있는 곳에서는 항상 마스크를 착용합니다. 또 집에는 늘 여분의 마스크를 상비하고, 외출 시 여러 개 예비용으로 가지고 다니는 것이 가장 최선의 대비사항이라 할 수 있습니다.

● 발열과 기침 등의 증상이 있으면 1339 콜센터에 상담하거나 진료기관으로 연락합니다.

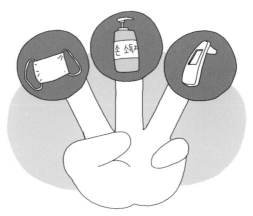

● **코와 입**
  주변 차단

- 항상 마스크를 착용하여 호흡기(코, 입) 차단
- 여분의 마스크를 상비,
  외출 시 예비용 소지
- 기침 예절 준수

● **손 씻기**

- 수시로 손 씻기
- 물이 없을 때 손 소독제 사용
- 손 씻기 전에 눈, 코, 입
  만지지 않기

● **매일**
  발열 체크

- 코로나19의 가장 주된
  증상인 고열 섭씨 37.8도
  이상 여부 체크
- 마른기침, 인후통,
  호흡 곤란,
  가슴 답답 여부 확인
- 가정에 체온계를
  마련하고 자주 체크

14

손 씻기 예방법

바이러스 창궐의 시대
반드시 익혀야 할 손 씻기 6단계

● 바이러스 감염 위험이 일상화된 시대에 앞으로는 누구나 올바른 손 씻기 습관을 몸에 익혀야 합니다. 6단계 손 씻기 순서대로 손을 씻으면 30초 이상 충분히 손의 바이러스를 씻어낼 수 있습니다. 씻은 손으로 다시 수도꼭지나 손잡이를 만지지 않도록 주의하며, 손 씻은 후 다른 사람들과 공용으로 쓰는 수건은 사용하지 않습니다. 또한 물로 손을 씻지 못하는 경우를 대비해 손 소독제를 상비하고 다녀야 합니다.

반드시 손 씻어야 하는 상황

- 외출에서 귀가한 직후
- 공용시설 이용이나 방문시
- 많은 사람이 사용하는 문 손잡이, 엘리베이터 버튼 등을 만진 직후
- 화장실 사용 전후
- 변기 손잡이와 수도꼭지를 만진 후
- 날고기나 날생선을 만진 직후
- 대중교통 이용 직후

손 씻은 후 유의사항

- 씻은 손으로 다시 수도꼭지나 손잡이를 만지지 않기
- 물로 손을 씻지 못하는 경우를 대비해 손 소독제 상비
- 손 씻은 후 공용수건으로 물기 닦지 않기

1830 손 씻기 = 하루 8번, 한 번에 30초 이상

모두 올바른 손 씻기 6단계로
구석구석 깨끗한 손 씻기를 실천해요!

올바른 손 씻기 6단계

1 손바닥

1. 손바닥과 손바닥을
   마주대고 문지른다.

2 손등

2. 손바닥과 손등을
   마주대고 문지른다.

3 손가락 사이

3. 손바닥을 마주대고
   깍지를 끼고 문지른다.

4 두 손 모아

4. 손가락을 마주잡고
   문지른다.

5 엄지 손가락

5. 엄지손가락을 다른편
   손바닥으로 돌리면서
   문지른다.

6 손톱 밑

6. 손가락을 반대편
   손바닥에 놓고 문지
   르며 손톱 밑을
   깨끗하게 한다.

15

손 소독제와 비누의 사용법

● 코로나19 바이러스는 기본적으로 산성과 알칼리성에 취약하며, 특히 에탄올 75%의 소독제에서는 바이러스가 비활성화되어 예방 효과가 있다. 그렇다면 비누와 소독제는 어떻게 다를까?

비누

: 계면활성제 성분

→ 바이러스를 파괴하고, 죽은 바이러스를 제거한다.

- 비누의 계면활성제 성분은 바이러스의 막을 녹여 형태를 파괴한다.
- 비누의 계면활성제는 친수성, 즉 물과 친하다.
- 비누로 손을 닦고 물로 씻을 때 죽은 바이러스도 함께 씻어낼 수 있다.
- 비누로 손을 씻으면 약 80% 이상의 병원균이 사라진다.
- 고체 비누로 15초간 손을 씻으면 80%의 병원균을, 30초간 손을 씻으면 90%의 병원균을 제거할 수 있다.
- 친수성의 계면활성제가 들어 있는 비누로 손을 닦은 후 깨끗한 흐르는 물에 씻어내면 바이러스를 파괴할 뿐만 아니라 완전히 제거하는 효과가 높아진다.

손 소독제

: 에탄올 성분

→ 바이러스가 비활성화된다.

- 코로나19 바이러스는 에탄올에서 대부분 비활성화된다.
- 75%의 에탄올, 염소계 소독제, 과산화수소 소독제, 클로로포름, 에테르 성분 등을 사용한 용매에서 대부분의 바이러스가 비활성화된다.
- 알코올 계열 손소독제를 사용하면 99.99%의 살균 효과를 볼 수 있다.

⇨ 즉 소독제나 비누로 바이러스의 감염성을 없애는 것뿐만 아니라 흐르는 물에 씻어내는 것도 중요하다.

손 소독제 vs. 손 세정제 구별법

손 소독제	손 세정제
식약처에서 허가받은 제품.의약외품. 살균 소독과 항균이 주 목적.	손 전용 액체형 비누. 화장품. 세정과 보습이 목적.

16

가족 중 환자가 생겼을 경우 대처법

내 가족 중 의심/확진환자 생겼을 때
이렇게 대처하세요

● 이제 코로나 바이러스는 주변 이웃은 물론 내 가족 중의 누군가도 언제든지 감염될 수 있는 일상 속의 감염병으로 자리 잡았습니다.

● 예방을 위해 최선을 다하되, 의심 증상 여부를 매일 점검하는 것이 좋습니다. 가정에 체온계를 마련해놓고 매일 발열 여부를 측정합니다.

● 특히 영유아, 어린이, 고령자, 만성질환자, 기저질환자, 임산부가 있는 가정의 경우 매일 수시로 발열 체크를 합니다.

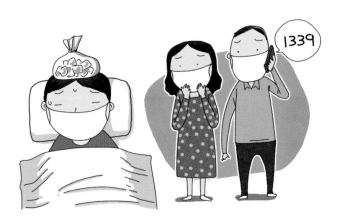

- **즉시 신고, 격리**

의심환자 발생시 즉시 보건소에 신고하고, 자가격리

- **출근, 등교 금지**

환자가 직장에 출근하거나, 학교에 등교하거나, 어린이집에 등원하지 않도록 각별히 유의

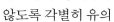

- **증상 없어도 검사**

의심/확진환자와 동거하는 구성원들은 증상이 없더라도 검사 받기

- **집안 소독**

수시로 집안 전체를 가정용 소독제로 소독

- **공동공간
집중 소독**

화장실, 거실, 주방 등 가족이
공동으로 사용하는 공간과
동선 위주 철저히 소독

- **다른 가족과
격리**

환자가 머무는 공간을
다른 가족과
구분하여 사용

- **식기,
수건 분리**

환자가 사용하는 식기,
수건 등을 가족이
함께 사용 금지

- **돌봄
가족은 1명**

환자를 주로 간호하는
가족구성원을 1명으로 제한

17

고위험군의 가족이 있을 때 대처요령

감염병 전파시 고위험군은
평상시 각별히 대비

● 만성질환과 기저질환이 있는 사람은 바이러스 감염병의 고위험군에 속합니다. 이러한 환자가 있을 때는 감염 위험지역에 방문하지 않았거나 의심환자와 접촉한 적이 없더라도 평소 매일 수시로 발열 체크를 합니다. 무엇보다 비상상황을 대비해 만성질환 악화 시 필요한 상비약과 처방약을 항상 구비해둡니다. 평소보다 건강관리에 신경 쓰고 의심증상이 있을 시 관할 보건소에 신고합니다. 특히 진료나 검사 시 평소 만성질환 여부 및 투약하는 약물 종류를 반드시 알립니다.

감염병 고위험군 종류

- 호흡기와 폐질환 환자
: 만성 기관지염, 천식, 폐기종, 폐쇄성 폐질환, 기관지 확장증, 진혜증, 기관지폐형성이상 등

- 만성 간질환 환자
: 간경변, 간염 등

- 만성 심혈관질환 환자
: 심장질환, 심부전, 허혈성 심질환, 고혈압

- 신장질환 환자
: 만성신부전, 신장이식 환자, 신증후군

- 당뇨병 환자
: 인슐린이나 혈당강하제가 필요한 당뇨병

18

가족 중 임산부가 있을 경우 대처법

**임산부는 기저질환이 없더라도
모든 감염병의 고위험군**

● 임신부와 산모는 평소 건강하거나 기저질환이 없더라도 바이러스 감염병에 각별히 유의해야 합니다.

● 코로나19 바이러스는 호흡기로 감염되는 질병으로 임신부와 태아 간의 수직감염 여부는 확실하지 않습니다. 다만 임신부의 감염으로 인해 고열 증상이 나타나면 태아의 신경 손상에 영향을 줄 수 있으므로 주의합니다.

● 평소 기본적인 방역수칙을 잘 지키되, 감염병으로 인한 불안감이 임신부나 산모의 건강에 영향을 끼치지 않도록 가족의 적극적인 배려가 필요합니다.

- 임신부와
  산모는
  외출 자제

가급적 외출을 삼가고, 외출 후
귀가시, 사람이 많이 있는
공공장소에 다녀온 후,
반드시 손 씻기

외출 후 귀가시

- 대형
  산부인과에서
  진료

고령임신, 만성질환자,
조기진통, 유산위험

산부인과

- 산모가
  확진 판정
  받은 경우

- (아기가 확진되지 않았을 경우)
  산모와 아기의 즉시 격리
- 모유 대신
  우유 수유로 대체

- 수유 전
  위생수칙

수유하기 전에 손을 깨끗이 씻고 마스크
를 착용한 상태에서
수유 및 돌봄

19

어린이나 노인이 있는 경우 대처법

**신생아, 만 5세 이하, 60세 이상은
면역력 유지에 각별히 신경**

● 영유아와 어린이, 60세 이상의 경우 면역력이 약하므로 평소 건강 관리를 통해 면역력이 떨어지지 않도록 합니다.

● 신생아, 유아, 어린이의 경우, 다른 가족구성원 중 코로나19에 감염된 구성원에 의해 바이러스가 전염되는 경우가 많으므로, 외부 접촉이 잦은 성인들의 건강과 감염예방에 주의합니다.

● 또한 60세 이상의 경우 면연력 저하에 의해 감염병에 취약해질 수 있으므로 평소 발열과 호흡기 증상 등을 체크합니다.

- **영유아가
  갑자기 열이
  날 경우**

  - 코로나보다는 대부분 감기
    바이러스 때문일 가능성 높음
  - 발열 및 평소와 다른 증상
    예의주시

- **실내 환기**

  어린이와 노인이 있는 집일수록
  실내 환기 3회 이상 하기

- **실내 건강
  유의**

  노인이 외출을 하지 않고
  실내생활만 할 경우
  활력이 떨어질 수
  있으므로 가정의
  실내에서 할 수 있는
  운동과 스트레칭
  등을 자주 하기

- **질 좋은 식사**

  어린이와 노인이 균형 잡힌
  식사를 할 수 있도록
  식단 구성

- **어린이도
  방역 수칙
  익히기**

  어린이들도 마스크 착용과
  손 씻기가 습관화되도록
  교육

20

학교에서의 예방 수칙과 대처법

학교, 어린이집, 유치원, 아동보호시설
감염병에 가장 취약한 공간

● 학생과 어린이들 개개인의 발열 등 이상증상을 면밀히 관찰하고, 의심증상 발생시 보호자와 보건소에 알립니다.

● 학교와 어린이집, 유치원, 아동시설 등은 감염병 전파에 가장 취약한 집단시설이므로 관리자와 책임자가 예방과 방역을 철저히 해야 합니다. 교사와 학생 모두 손 씻기와 마스크 착용 등 위생 수칙을 철저히 지키고, 발열과 호흡기 증상을 보이는 학생이 있을 경우 즉시 격리조치를 취합니다.

● **공용 비품 소독**	모두가 사용하는 문구, 기자재, 비품, 장난감 소독 철저히 하기
● **손 씻기**	비품, 장난감, 기자재를 만지기 전후, 화장실 다녀온 직후 교사와 학생 모두 손 씻거나 손 소독하기 
● **실내 환기**	실내 밀폐 금지, 수시로 환기하기 
● **감염병 장기화 대비**	코로나 사태 장기화에 따라 휴업, 휴교, 휴원에 대비한 계획 세우기 
● **수건 공동 사용 금지**	손 씻은 후 수건을 공동으로 사용하지 않기 
● **식당 거리 두기**	공용식당 사용 시 거리 두고 앉기
● **학생 지도**	원격수업으로 인해 등교하지 않은 경우 학생들이 PC방 등 공공장소에 가지 않도록 지도 

21

직장에서의 예방 수칙과 대처법

집단감염의 최대 위험지역
위생과 방역이 최우선

● 여러 사람이 모이는 회사나 사업장에서 집단감염이 확산되는 것을 예방하려면 모든 직원과 종사자가 개인위생을 철저히 해야 할 뿐만 아니라, 책임자가 방역과 소독을 철저히 관리해야 합니다.

● 직원들 간 거리를 두도록 자리 배치를 바꾸고, 발열, 호흡기 증상 발생시 즉시 퇴근 조치하며, 다른 직원과의 접촉을 피하도록 합니다.

● 증상으로 인한 퇴근이나 결근 시 불이익이 가해지지 않도록 합니다.

- **출입구
발열 체크**

출근 시 전직원이
출입구에서 발열 체크

- **손 소독**

손 소독 후 건물
입장, 손 소독제
곳곳에 비치

- **마스크
착용**

근무 시 항시
마스크 착용

- **실내 환기**

사무실 전체의 환기
하루 3회 이상

- **공동기기와
비품 소독**

전화기, 헤드폰, 키보드, 컴퓨터, 책상,
정수기, 엘리베이터 버튼, 복사기,
팩스기, 화장실 손잡이,
공용 냉장고, 휴게실 비품

- **격리공간**

의심환자가 진료기관 이송
전까지 있을 수 있는
격리공간 마련

- **재택, 온라인
근무**

가급적 재택근무, 온라인
회의 등으로 전환

22

공공기관에서의 예방 수칙과 대처법

**공공기관은 감염병 방역의
안전지대가 되어야 한다**

● 공공기관은 기관 종사자는 물론이고 다수의 방문자와 자원봉사자 등 수많은 사람들이 항시 드나들어 감염에 취약해질 수 있습니다.

● 기관 이용객, 종사자, 방문자, 자원봉사자 모두 개인위생을 철저히 지킬 수 있도록 기관에서 관리해야 합니다.

● 종사자와 이용자 모두 수시로 손을 소독하며, 관계자나 종사자 중 만성질환자, 노약자, 호흡기 질환자, 당뇨병, 임산부 등 고위험군이 있을 경우 발열과 호흡기 질환 여부를 관찰하고 위급시 바로
진료와 검사를 받을 수 있
도록 대비합니다.

- **건물 출입시 발열 체크**

  건물에 드나드는 모든
  인원의 명부 확인,
  발열 체크

- **손 소독제, 체온계, 소독기구, 일회용 마스크**

  출입구에 발열측정기,
  손 소독제, 비접촉
  체온계, 소독기구,
  일회용 마스크 비치

- **손 소독제 비치**

  기관 내부 곳곳에
  손 소독제 비치

- **개인물품 사용**

  수건, 식기, 컵
  등은 반드시
  개인용을 사용

- **비상 조치**

  발열 및 호흡기 증상이 있는
  사람이 발견될 시
  접촉자 수를
  최소화하고 바로 격리,
  신고, 진료 조치

23

행사장 및 다중 집합 시설에서의 예방 수칙과 대처법

집합 행사는 연기나 취소
개최 시 인원 규모를 최소로 축소

● 50명 이상 다수의 인원이 집합하는 행사장이나 집합시설은 바이러스 집단감염의 온상이 될 수 있습니다.

● 부득이하게 행사를 개최해야 할 경우 관할 보건소에 통지하고, 규모는 최소화합니다. 또한 참가자, 운영자, 주최측 모두 개인위생을 철저히 하고, 참가 인원은 전원 철저히 마스크를 착용합니다.

● 각종 만성질환자, 호흡기 질환자, 당뇨병 환자, 임산부, 노약자는 참가를 자제합니다.

- **위생수칙**
  안내문 부착

  방역 수칙에 대한
  안내문과 포스터
  곳곳에 부착

- **발열 체크**

  모든 참가자의 인원을
  정확히 기록하고,
  전원 발열 체크를 합니다.

- **손 소독제,**
  휴지통 비치

  행사장 곳곳에
  손 소독제, 휴지통,
  여분의 일회용 마스크 마련

- **발열 수시 확인**

  발열감지기구를 설치하거나,
  발열 체크 담당자가
  수시로 점검

- **격리장소 마련**

  발열과 호흡기 증상이 있을 시 바로 격리 조치,
  진료기관으로
  보낼 수 있도록 대비

24

대중교통 이동 시 주의사항

**탑승자의 개인위생과
사업주의 철저한 방역**

● 자가용을 사용하는 경우, 차에 승차하기 전에는 손 소독제로 손을 소독하고, 문 손잡이, 핸들, 기어 등 자주 사용하는 곳의 표면을 소독용품으로 닦습니다.

● 이동 중이나 정차 중에 창문을 자주 열어 환기를 시킵니다.

● 버스, 고속버스, 기차, 선박 등의 장거리 대중교통을 이용할 때는 기본적인 위생수칙을 지키고, 대면을 최소화하도록 온라인으로 예매하며 좌석간 거리 두기를 지킵니다.

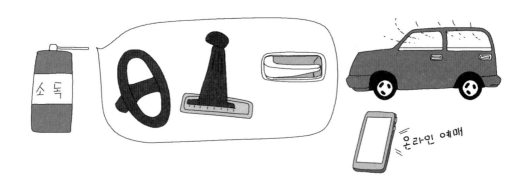

■ **대중교통 : 마스크 착용 의무화**

- 반드시 마스크 착용 (2020.5.26.부터 의무화)
- 버스 / 기차 좌석 예약시 타인과 떨어진 좌석 예약
- 현장발매보다 자동발매기 사용, 온라인 예매
- 탑승 후 가급적 동행인과 대화나 전화통화 자제
- 선박 탑승 시 두 팔 간격의 거리 유지

■ **고속도로 휴게소 : 거리 두기**

- 반드시 마스크 착용
- 무인주문용 기계 사용, 적정 거리 유지하고 주문
- 손 소독제 사용
- 식사 시 타인과 안전거리 유지

■ 사업주가 지켜야 할 주의사항

- 매일 정기적으로 소독과 방역

- 손잡이 등을 수시로 소독

- 운행 전후 창문을 열어 환기

- 여름철 차량 에어컨을 가동할 경우, 정차 중에 반드시 환기

- 탑승 인원 제한

음식점 이용 시 지켜야 할 주의사항

카페와 식딩에서는
마시고 먹을 때 외에는 마스크 착용

●최근 카페 이용객들이 위생 수칙을 지키지 않자 확진자가 증가하는 현상에서 알 수 있듯이, 카페에서 장시간 마스크를 계속 벗은 채 이야기를 나눌 경우 비말을 통해 바이러스가 불특정 다수에게 전파될 수 있습니다.

●카페나 식당은 장시간 머무르기보다 가급적 테이크아웃을 이용하고, 이용할 때는 마스크 착용, 거리 두기 등의 기본적인 방역 수칙을 준수해야 합니다.

■ 카페 : 음료 마실 때 외에 마스크 착용

- 실내에 머무르기보다 테이크아웃
- 다른 이용객들과 거리 두고 앉기
- 출입 전후 손 소독제 사용

■ 식당 : 거리 두기, 짧게 머무르기

- 식당 입장시 손 소독제 사용, 식사 전 물과 비누로 손 씻기
- 가급적 사전예약으로 대기시간 줄이기
- 혼잡한 시간대 피하여 방문
- 출입문 수시로 환기하는 식당 이용
- 계산 후 종이영수증은 폐기 요청하여 종이를 통한 접촉 최소화

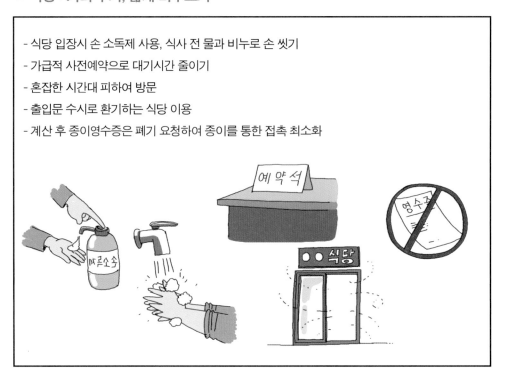

■ 사업주의 주의사항 : 방역과 환기

- 출입문을 상시 열어두고 환기

- 수저통, 수저, 가위, 집게, 머그컵, 접시, 포크, 쟁반 등을 철저히 소독

- 문 손잡이, 의자, 테이블 등 자주 만지는 부분과 공용도구 철저히 소독

- 수저는 종이 포장하여 비치

- 대기자에게 번호표를 제공하거나, 안전거리 지키며 대기하도록 안내

- 테이블 간격을 넓게 조정하여 배치

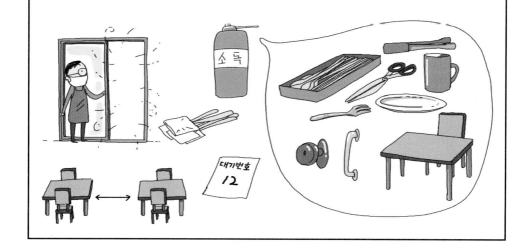

26

쇼핑몰 및 전통시장 방문 시 주의사항

대면보다 비대면 쇼핑
접촉과 만져보기는 최소화

● 다중이용시설인 쇼핑몰, 백화점, 시장 방문 시 반드시 마스크를 착용하고 손 소독제를 사용합니다.

● 난간 등을 가급적 만지지 않고, 상품을 만져보거나 테스트해보는 행위도 자제합니다. 사업주는 출입문을 항상 열어두어 환기를 시키고, 사람들이 자주 만지는 곳은 수시로 소독 및 매일 방역하며, 사람들이 한꺼번에 몰릴 수 있는 이벤트나 호객행위를 하지 않습니다.

● 손 소독제 사용

출입시 손 소독제 사용

● 접촉 자제

- 난간, 손잡이 등 접촉 자제,
  접촉 후 손 소독
- 공산품, 농산품, 해물,
  식재료 등 모든 상품을
  손으로 만지지 않기
- 화장품 테스트 시 입술,
  얼굴 등에 직접 테스트하지 않기

● 온라인 / 비대면
구매

- 온라인 쇼핑몰을
  사용해 온라인으로 구매
- 비대면 전자결제를 사용

● 안전거리 유지

타인과 두 팔
간격의 거리(2미터)

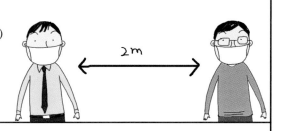

● 혼잡 시간
피하기

혼잡한 시간대나
밀집된 공간 피하기

27

호텔 및 숙박업소 방문 시 주의사항

타인과 접촉 최소화
다중이용시설 사용 자제

●호텔, 펜션 등의 숙박업소는 다중이용시설 중의 하나로, 개인의 위생 수칙과 사업주의 방역 수칙이 지켜지지 않을 때 바이러스 전파의 매개장소가 될 수 있습니다. 이용객은 손 소독제를 수시로 사용하고, 수건이나 잠옷 등은 가급적 개인용으로 따로 준비하는 것이 권장됩니다. 사업주의 경우 이용객 체크인 시 발열 체크 및 객실과 다중이용시설 소독을 철저히 합니다.

■ 이용객 : 사람, 공용물건 접촉 최소화

- 체크인 시 손 소독제 사용
- 문 손잡이, 엘리베이터 버튼 등을 접촉한 후 손 소독
- 객실 자주 환기
- 객실 내부 집기 사용 전후 소독
- 룸서비스나 포장 서비스 사용
- 수건, 가운, 잠옷 등은 가급적 개인용품 준비
- 수영장, 사우나 등 다중이용시설 사용 자제
- 개인용 컵, 식기 준비

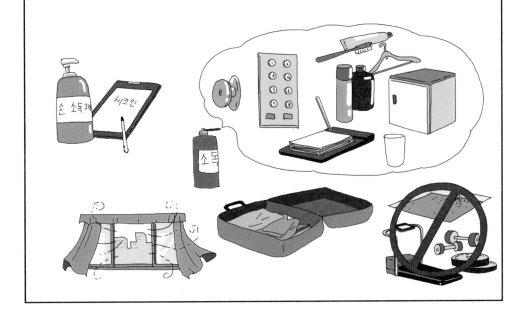

■ 사업주 : 이용객 동선 철저 방역

- 체크인 시 발열 체크와 호흡기 증상 확인
- 손 소독제 비치
- 체크아웃 직후 객실 소독
- 안내 데스크, 엘리베이터, 복도, 객실 등 공용 이동 동선을 철저 소독
- 사우나, 수영장 등 공용이용시설 출입 인원 제한
- 수건, 가운 등 다회 용품의 제공을 제한
- 공용이용시설 거리 두기 안내

28

전시관 관람 시 지켜야 할 사항

실내 안전거리 철저 유지
관람객이 지켜야 할 사항

● 전시관은 다중이용시설이면서 사업주와 관리자가 어떻게 관리하느냐가 중요한 공간입니다.

● 방역 수칙과 안전거리 유지를 소홀히 할 경우 한꺼번에 많은 이용객이 몰리면 바이러스 감염에 취약한 곳이 될 수 있지만, 이용객과 관리자가 수칙을 철저히 지킬 경우 얼마든지 안전하게 이용할 수 있습니다.

● 입장 인원을 적절히 제한 및 조절하고 이용객들도 거리 두기 원칙을 지켜야 합니다.

■ 관람객 이용 수칙 : 안전거리 유지

- 전시관 입장시 손 소독제 사용, 발열 체크

- 타인과 두 팔 간격 2미터 거리 유지

- 전시관 이동시 밀폐된 엘리베이터보다 계단 이용

- 대면 전시해설보다 비대면 오디오가이드 이용

- 체험활동 공예, 악기, 요리 등 기구나 도구 공용사용 금지

- 모든 도구 이용 전후 손 소독제를 이용하거나 손 씻기

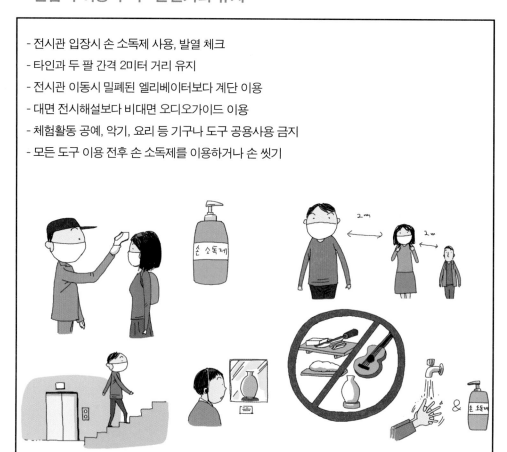

■ 사업주 이용 수칙 : 인원 제한, 실내 방역

- 시간대별 관람인원 제한

- 총 이용인원 제한

- 구역별 입장인원 조정

- 이용객 안전거리 유지하도록 안내

- 실내를 수시로 소독, 방역

- 밀폐공간인 경우 자주 환기

- 공간 내부, 손잡이, 관련 도구를 상시 소독

- 현장발매보다 사전예매로 비대면 유도

- 기념품점, 카페 등 이용객이 밀집될 수 있는 시설 수시 방역

- 손 소독제, 쓰레기통 충분히 비치

29

여행 시 지켜야 할 사항

혼잡한 곳의 여행 자제
개인 방역 지침 지키기

● 코로나 사태로 인하여 해외여행에 제한이 따르자 국내여행을 하는 사람들의 수가 늘어나고 있습니다. 그러나 여행 시 방역 수칙을 무시하거나 방심하는 순간 방문지역이 바이러스 전파의 매개장소가 될 수 있습니다.

● 여행지에 있는 카페, 음식점, 가게, 공용구역, 공용시설 등 밀집된 공간이나 밀폐공간은 가급적 최소한으로 방문하고, 사람들 간 2미터 이상의 거리를 유지할 수 없는 모든 곳에서는 마스크를 착용해야 합니다. 휴대용 손 소독 용품은 항상 충분히 소지합니다.

- **안전거리 유지**

공공장소에서 이동
시, 대기 시,
공공좌석 사용 시
두 팔 간격으로
타인과 거리 유지하기

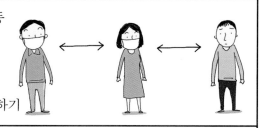

- **개인용 물품 준비**

식기, 수저, 수건,
잠옷, 물컵 등은
개인용으로 준비

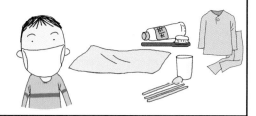

- **방역 협조**

지자체나 기관의 방역과
소독 활동(발열 체크,
신원 확인 등)에 협조

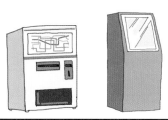

- **무인 매표기 사용**

표를 구매해야 하는
상황에서는 가급적
무인 매표기 이용

- **전자결제 이용**

가급적이면 모바일 페이,
QR코드 등 전자
결제방식 이용하여
결제

- **휴대용 손
  소독용품**

야외활동, 공공장소
활동시 휴대용
손 소독제나
용품으로 손 소독

30

방역과 소독의 대처법

〈방역 대상 지역〉

— 하수구 및 비위생적인 지역
— 쓰레기 매립장, 늪, 장기간 고인물이 있는 곳 등 비위생적인 지역
— 집단수용시설, 항, 포구, 관광유원지
— 홍수, 침수지역 등 재해지역
— 검역구역 내 취약지역국립검역소장이 관할 보건소장 등과 협의를 통해 선정
— 대규모 전국대회 및 국제대회 행사장 및 선수단 이용시설 등
— 기타 다수인이 이용하는 시설

〈감염병 예방관리활동 추진〉

— 동계(10월~3월): 2주 1회 이상
— 하계(4월~9월): 주 1회 이상

〈감염병 창궐시 더 중요한 식수 관리〉

— 급수원 소독 강화
— 오염 우려가 있을 시 관말 수도전에서 채취한 식수의 유리잔류 염소량이 0.4㎎/

l (ppm) 이상 유지하고, 0.4ppm 미만의 경우 즉시 관련 기관에 통보
- 지역 내 급수 해결이 불가능시 대체 급수원 지정 또는 관계부서와 협조하여 급수차 동원
- 우물 등 급수시설의 침몰 시에는 물을 퍼내고 염소 소독 후 안전을 확인하고 음용토록 관계 부처와 대책 마련

〈감염병 예방관리 활동 강화〉

- 화장실, 하수구, 쓰레기처리장 등 취약지역에 대하여 살충제 살포
- 살균 소독을 순회 실시
- 재해지역과 이재민 수용시설은 반복 소독 실시

〈소독 의무 시설〉

- 연면적, 정원, 객실 수, 객석 수, 급식인원 등 해당 영업에 신고된 사항을
  기준으로 대상 시설을 판단
- 그 기능을 시작한 날(입주일, 영업개시일 등) 기준으로 소독횟수 산정
- 휴업 신고 등 시설을 운영하지 않음이 명백할 경우 해당 기간 동안 소독의무 제외
  가능
- 소독업자가 해당 시설 또는 건축물 중 소독이 필요한 부분을 판단하여 적정한
  방법을 선택하여 실시

〈소독 범위와 방법〉

소독의 범위
  : 살균, 살충, 구서 및 레지오넬라증 예방을 위한 저수탱크 및 냉각탑에 대한 소독 등
    포함

소독의 방법
  : 청소, 소독, 질병매개곤충 방제, 쥐의 방제

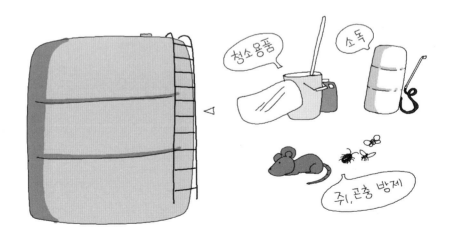

31

검사 결과 및 환자 분류는 이렇게

- 양성/환자

: 확진 검사 결과가 양성이면서 임상소견에 부합하는 경우

- 양성/병원체 보유자

: 확진 검사 결과는 양성이나 증상이 없는 경우

- 진행중/의사환자

: 임상적으로 감염병이 의심되며, 확진 검사 진행중인 경우

- 미실시/의사환자

: 임상적으로 감염병이 의심되나, 감염병의 진단기준에 명시된 검사를 시행하지
  않은 경우

- 음성/의사환자

: 확진 검사 결과가 음성이나 임상적으로 감염병이 의심되는 경우

- 미실시/환자

: 확진 검사를 실시하지 않았으나 임상증상이 환자에 부합되는 경우. 파상풍만 해당됨

자가 격리 대상자가 지켜야 할 사항

〈자가 격리 대상자 생활 수칙〉

- 감염 전파 방지를 위해 격리장소 바깥 외출 금지
- 독립된 공간에서 혼자 생활하기
- 방문 닫은 채로 창문을 열어 자주 환기시키기
- 식사는 혼자서 하기
- 가능한 혼자만 사용할 수 있는 화장실과 세면대가 있는 공간 사용하기
- 공용 화장실, 세면대를 사용한다면, 사용 후 소독락스 등 가정용 소독제하고 다른
  사람이 사용하도록 하기

- 진료 등 외출이 불가피할 경우 반드시 관할 보건소에 먼저 연락하기
- 가족 또는 함께 거주하는 분과 대화 등 접촉하지 않기
- 불가피한 경우, 얼굴을 맞대지 않고 서로 마스크를 쓰고 2미터 이상 거리 두기
- 개인용품개인용 수건, 식기류, 휴대전화 등으로 사용하기 의복 및 침구류는 단독 세탁
- 식기류 등은 별도로 분리하여 깨끗이 씻기 전에 다른 사람이 사용하지 않도록 하기

- 건강 수칙 지키기
- 비누로 30초 이상 흐르는 물에 손 씻기
- 기침 등 호흡기 증상이 있을 경우 마스크 착용하기
- 마스크가 없으면 소매로 가려 기침하기
- 기침, 재채기 후 손 씻거나 손 소독 실시하기

〈자가 모니터링 방법〉

  - 매일 아침, 저녁으로 체온을 측정
  - 호흡기 증상 등 감염 증상이 나타나는지 스스로 건강 상태를 체크
  - 보건소에서 하루에 1회 이상 연락드릴 때, 감염 증상이 있으면 알리기

〈3대 감염 증상〉

  1. 발열 (37.5 ℃ 이상)
  2. 호흡기 증상(기침, 인후통 등)
  3. 폐렴 증상

〈자가 격리 대상자의 가족 및 동거인을 위한 생활 수칙〉

- 최대한 자가 격리 대상자와 접촉하지 않도록 하기
- 특히 노인, 임산부, 소아, 만성질환, 암 등 면역력이 저하된 분은 접촉 금지하기
- 외부인의 방문 제한하기
- 자가 격리 대상자와 불가피하게 접촉할 경우 마스크를 쓰고 서로 2미터 이상
  거리 두기
- 자가 격리 대상자와 독립된 공간에서 생활하기
- 공용으로 사용하는 공간은 자주 환기 시키기
- 비누 또는 손세정제를 이용하여 흐르는 물에 30초 이상 자주 손 씻기
- 자가 격리 대상자와 생활용품을 구분하여 사용하기 식기, 물컵, 수건, 침구 등
- 자가 격리 대상자의 의복 및 침구류는 단독 세탁하기
- 자가 격리 대상자의 식기류 등은 별도로 분리하여 깨끗이 씻기 전에 다른 사람이
  사용하지 않도록 하기
- 테이블 위, 문 손잡이, 욕실기구, 키보드, 침대 옆 테이블 등 손길이 많이 닿는 곳의
  표면 자주 닦기
- 자가 격리 대상자의 건강 상태를 주의 깊게 관찰하기

(출처 : 질병관리청)

자가 격리 14일 기준?

의심환자/접촉자를 14일간
관찰 혹은 격리해야 하는 이유는?

→ 현재까지 알려진 코로나19 바이러스의 최대 잠복기가 14일이기 때문

- 최대 잠복기를 참고한 관찰기간은 14일이다.
- 단, 자가 격리 상태에서 의학적 상태를 관찰해야 한다고 확정하였다.
- 보건 당국에서는 밀접 접촉자의 체온과 건강 상태를 주기적으로 관찰해야 한다.

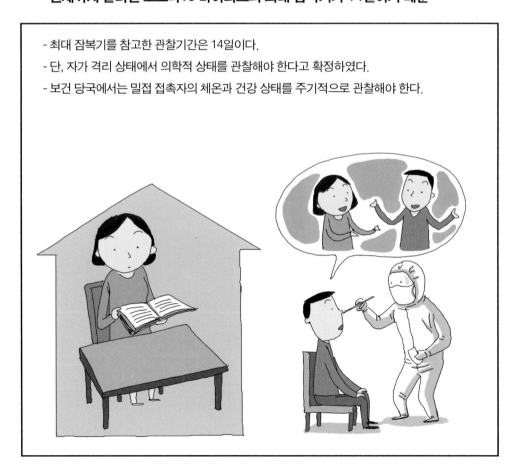

격리 해제 기준은?

코로나19 격리 후
해제 혹은 입원 후 퇴원할 수 있는 기준

- 발열이 나타나지 않고 정상체온을 유지한다.
- 정상체온으로 회복된 지 3일 이상 지났다.
- 호흡 기능이 안정적이고 정상적이다.
- 병원체 검사 결과 음성으로 판명이 났다.
- 각종 장기 기능이 정상적이다.
- 흉부 영상 촬영상 호전이 관찰되었다.

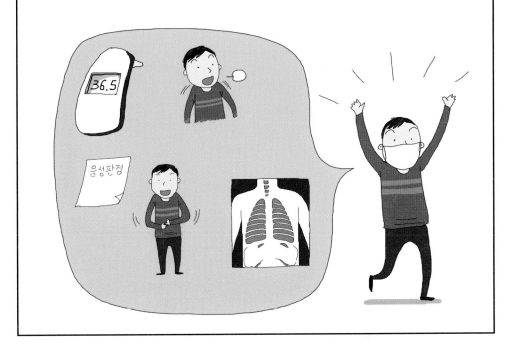

언제 완치 판정하나?

- 최소 24시간 간격으로 실시한 두 번의 rRT-PCR 검사 결과상 음성으로 나온 경우
  완치 판정한다.

35

내 몸의 건강을 유지하기 위한 생활 예방 대처법

●코로나19 시대에 자신의 생활 습관과 예방을 위해서는 '**균형 잡힌 영양 섭취, 양질의 수면, 적절한 운동과 휴식**'을 통해 건강을 유지하는 것이 매우 중요하다. 이러한 것들은 간단해 보이지만 제대로 실천하기란 결코 쉽지 않다. 한꺼번에 다 하려 하지 말고 할 수 있는 것부터 천천히 시작하면 좋다.

양질의 수면

잠을 자는 동안에는 몸과 마음의 휴식을 통해 우리 몸의 세포 재생에 관여하는 호르몬이 나와 피로 회복, 면역력 향상, 스트레스 해소에 도움을 준다. 이에 충분한 수면을 취하면 피로가 남아 있지 않아 다음 날 활동에 지장을 주지 않는다.

코로나 시대에 건강을 지키는 3가지 예방 대처법

균형 잡힌 영양 섭취

내 몸이 피로해지는 이유는 에너지가 부족하고 피로 물질이 쌓여 있기 때문이다. 뇌와 몸의 에너지원인 탄수화물, 그리고 이것을 에너지로 바꾸어 주는 비타민B군, 스트레스로부터 몸을 회복시켜주는 천연비타민C를 균형 있게 섭취하여 면역력을 키워준다.

적절한 운동과 휴식

평소 규칙적으로 운동을 하면 신체 각 조직이 발달해 각종 질병으로부터 잘 견딜 수 있다. 휴식과 함께 가벼운 스트레칭을 통하여 피로를 풀 수 있도록 실내에서 쉽게 할 수 있는 운동을 하루 30분 이상 한다.

여름철 감염병을 예방하기 위한 기본 수칙

1. 여름철 감염병 예방하기 위한 수칙

- 흐르는 물에 30초 이상 손 씻기
- 생수, 끓인 물 등 안전한 물 마시기
- 음식은 먹을 만큼만 준비, 오래 보관하지 않기
- 증상 있다면 음식 조리는 금물, 타인과 접촉 주의

2. 식중독 예방을 위한 식품 취급, 어떻게?

- 상하기 쉬운 음식은 조리 후 1시간 내 냉장 보관
- 조리한 음식과 익히지 않은 음식 섞지 않기
- 행주는 매일 바꾸고 삶아서 사용하기
- 도마는 철저히 닦아 건조하기

3. 여름철 운동 시 주의사항

- 운동 강도를 평소보다 낮추어 1시간 이내로
- 틈틈이 휴식시간을 갖는 것이 중요
- 만성질환자는 의사와 상담 후 운동하는 것이 바람직
- 갈증이 생기지 않아도 자주 전해질·수분 보충
- 운동 강도를 평소보다 10~20% 낮춘다

[출처: 〈매일경제〉 2020.08.12.]

의료진의 사투와 사명감이 말해주는 것들

"의사는 아픈 사람들이 있다면 그 누구든 어디에 있든 달려가야 하고, 그들의 처지에서 치료를
 해야 합니다."

(홍창의 서울의대 명예교수)

"감염병이 상존하는 '뉴 노멀' 시대가 도래했다. 의료시스템은 장기전 태세로 재편해야 한다."

(이왕준 대한병원협회 코로나19 비상대응본부 실무단장, 명지의료재단 이사장)

장기화 되는 코로나 감염병 시대
한국 의료진이 신뢰받은 이유

"한국 의료진의 인상적인 진단 속도와 진단 범위, 의료당국의 성실성과 투명성"

(미국〈 ABC뉴스〉보도 내용)

"정보 전달의 투명성, 뛰어난 의학적 진단능력, 자유로운 언론과 민주적인 시스템"

(독일〈프랑크푸르터 룬트샤우〉보도 내용)

"한국 의료진의 '드라이브 스루' 검사는 의료진과 환자 사이의 접촉을 최소화하면서도 감염자 조
기 발견이 가능했다."

(영국〈BBC뉴스〉보도 내용)

위 보도 내용은 전 세계 코로나19 확산 초기 한국 의료진의 대응 방식에 대한 주요 외신의 평가
내용 중 일부이다.
드라이브 스루 검사=승차검사, Drive-thru를 통해 감염병 진단을 신속하게 하면서도, 조기에 확
산을 방지하고, 확진환자를 치료하기 위해 사투를 벌인 한국 의료진의 대처 방식과 정부의 방역
정책은 전 세계적으로 감염병 대응 모범 사례로 평가받았다. 또한 국내에서도 설문 조사 결과 한
국 코로나 방역 의료진에 대한 신뢰도가 90%, 정부의 방역 대응에 대한 신뢰도가 69%에 달하
는 등 국내외의 호평을 받아왔다.

코로나 선별진료소와 격리병동의 의사와 간호사 등 코로나 의료진은 시약을 통한 바이러스 검사부터 위급환자 응급 조치와 격리환자 진료, 중증환자 회복에 이르기까지 전 과정에서 철저한 소독과 방역은 물론이고, 의료진 본인의 휴식과 가족생활을 모두 반납한 채 바이러스와 사투를 벌이는 것으로 잘 알려져 있다.

코로나 병동의 의료진은 얼굴에 밀착되는 방역마스크와 고글, 마치 두꺼운 담요를 온몸에 덮고 있는 것과 같은 방호복을 장시간 착용한 채 3교대 근무로 병동을 지킨다. 일반인은 흔히 접해보기 어려운 의료진의 '레벨D' 방호복은 착용하는 절차 자체가 오래 걸리고 까다로울뿐더러 한번 착용하면 화장실을 자주 가기 어렵고 동작이 둔해져 일상적인 진료 행위에도 어려움을 겪는다. 특히 한여름에는 방호복과 고글 안으로 땀과 김이 서려 의료진이 고역을 겪는다. 식사를 제때 하지 못함은 물론이고 격리를 위해 가족과 만나지 못한 채 최전방에서 사투를 벌이는 것이다.

국민 참여로 이루어진 '덕분에 챌린지'
감염병 시대 의료진의 역할과 파급력

의료진의 이러한 의무와 그에 따른 실무 현장이 일반인에게 널리 알려지면서, '의료진 덕분에 챌린지'가 국민참여 캠페인이 되었다. 이는 감염병 시대 의료진의 역할이 어떤 파급력을 갖는 것인지를 보여주는 하나의 사회현상이라 할 수 있다.

'덕분에 챌린지'란 코로나19 진료를 위해 혼신의 힘을 다하는 의료진을 격려하는 차원에서 시작된 국민 참여형 캠페인으로, 의료진에 대한 고마움과 자부심을 뜻하는 수어를 SNS에 사진이나 영상으로 표현한 뒤 '#덕분에캠페인', '#덕분에챌린지', '#의료진덕분에' 등 해시태그를 붙이는 캠페인이다(시사상식사전 인용).

지난 2020년 4월 27일에는 문재인 대통령이 '덕분에 챌린지'에 동참해 페이스북에 메시지를 올리고, 인기 캐릭터 '아기상어'와 배구선수 김연경, 수어통역사 권동호 3명을 다음 참여자로 지목한 바 있으며, 2020년 5월 18일 기준으로 이미 2만 4,000여명의 국민이 캠페인에 참여하였다.

전 세계 2차 대유행 징조와
실제 방역 매뉴얼을 지키는 것만이 살 길

당초 정은경 질병관리청장 등 여러 전문가들이 2020년 가을 2차 대유행 위험을 예고했던 상황에서, 실제로 국내에서 2020년 8월 교회 등 종교집단과 대형 프랜차이즈 카페, 마을행사 등을 중심으로 감염 사례가 동시다발적으로 다시 속출하여 범국가적인 위기에 처하였다.

그러자 정부와 방역당국도 코로나 방역 수칙과 매뉴얼을 전 국민이 지킬 것을 다시금 강조하였다. 바이러스 변이가 예측되면서 전파력과 감염 속도가 더욱 빨라졌기 때문이다. 이러한 상황에서 선별진료소 및 확진자 진료 현장에서 코로나 의료진 및 일반 의료진이 감염되는 사례도 증가하여 위기가 고조되고 있다.

바이러스 감염병 환자의 치료 및 확진자 중 중증환자 치료를 원활히 하기 위해 전문가들은 바이러스와 병원체의 흐름을 원천 차단하는 음압격리병실의 확대와 감염병 대응을 위한 체계적인 의료시스템 구축이 필요하다고 지적한다. 음압병실이란 기압의 차를 이용해 병실 내부 공기가 외부로 빠져나가지 못하도록 하여 바이러스가 외부로 유출되는 것을 방지하는 특수 병실이다. 우리나라의 경우 전국 29개 병원에 국가가 지정한 음압격리병실이 운영되고 있다.

2020년 2월 기준으로는 국내에 755실(1027병상)의 음압병실이 있고, 이 중에서 바이러스 감염병 환자 치료를 위해 운영하는 국가 지정 치료병실은 161실198병상로, 감염병 장기전에 대비하기 위해서는 매우 부족하므로 장차 더욱 충분한 음압병실이 확보되어야 한다는 것이다.

음압병실을 갖춘 국내 병원 중 하나인 명지병원의 경우 2020년 1월 국내에서 첫 코로나 확진자가 발생한 바로 이튿날 코로나 대응 상황실을 국내 병원 최초로 갖추었다. 이후 보통의 병원들과 미국의 병원에서도 거부하는 코로나 감염자의 위급수술을 성공적으로 마친 여러 차례의 전력이 있다. 코로나19 비상대응본부 실무단장이자 명지병원의 코로나 대응시스템 구축을 이끈 이왕준 이사장은 "큰 변수가 들어오면 예측 모델도 소용없다. 의료 환경 개선과 기술 개발에서 답을 찾아야 한다" 고 강조한 바 있다.

우리나라뿐만 아니라 전 세계적으로 코로나 2차 대유행이 현실화되었다. 전문가들은 의료시스템이 붕괴되지 않도록 의료진과 당국의 철저한 대처는 물론이고 일반 국민들의 방역 수칙 준수가 그 어느 때보다도 지켜져야 한다고 입을 모은다. 바이러스가 일상화된 시대가 되면서 전문가들이 "평소처럼 기본 매뉴얼을 지키는 게 가장 중요하다. 마스크 쓰기, 손 씻기를 잘하면 충분히 막을 수 있다" 김신우 경북대병원 감염내과 교수고 거듭 강조하는 이유다.

"소를 잃었더라도 외양간만 튼튼하게 고친다면 다가올 감염병 확산에 잘 대비할 수 있다. (중략)

공공의료 인프라를 확충하고 감염병 확산에 대비한 보건의료체계를 갖춰 시민들의 생명과 건강을 굳건히 지켜낼 수 있을 때 진정한 '메디시티 대구' 로 거듭날 수 있을 것이다. 돈보다 생명이다."

(의사 김동은, 《당신이 나의 백신입니다》 저자)

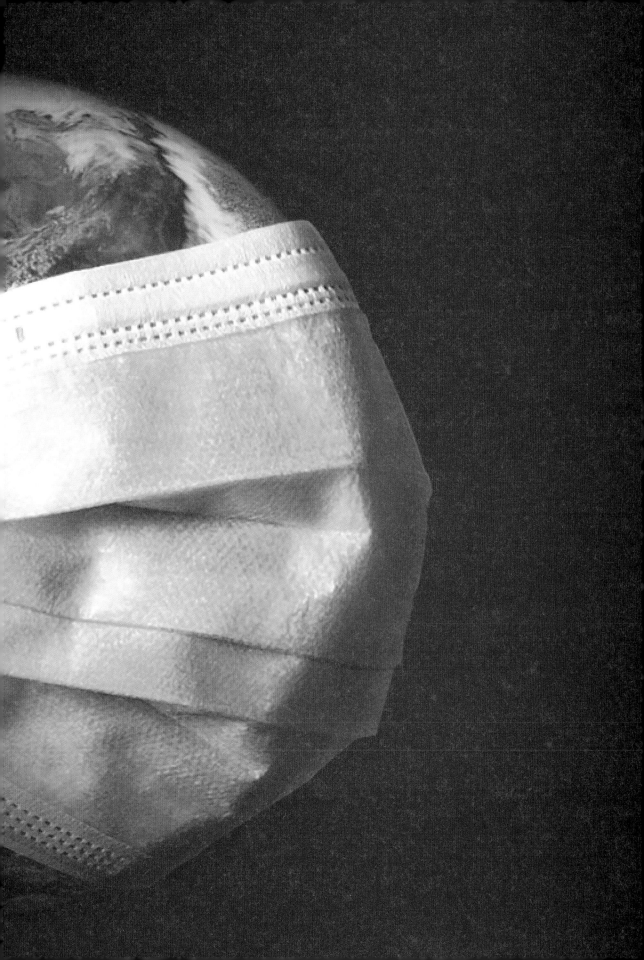

대한민국의 감염병 위기관리시스템

01

2020년 9월 질병관리청 신설

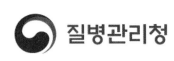

질병관리본부 ➪ 질병관리청

2020년 9월에 질병관리본부가 질병관리청으로 승격되었다. 기존의 보건복지부 산하 기관에서 중앙행정기관으로 승격되는 것이다. 이는 2004년 국립보건원에서 질병관리본부로 확대된 후 16년 만의 개편이다.

대한민국 정부 조직도 변동

18부 5처 17청 → 18부 5처 18청

: 질병관리청 신설 질병관리본부에서 승격

승격 전 : 질병관리본부 보건복지부 산하 기관

독립적 인사, 조직, 예산권 없음

질병 관리사업을 보건복지부로부터 위임받아 수행

감염병 방역시 장기대책 부족, 인력 부족

승격 후 : 질병관리청 중앙행정기관

독립적 예산편성, 인사관리, 조직운영

질병 관리사업을 독자적으로 추진

감염병 방역에 대한 중장기 대책 수립과 충분한 인력 투입

감염병 관리의 독자성, 전문성, 신속한 의사결정체계 수립

질병관리청의 변천사

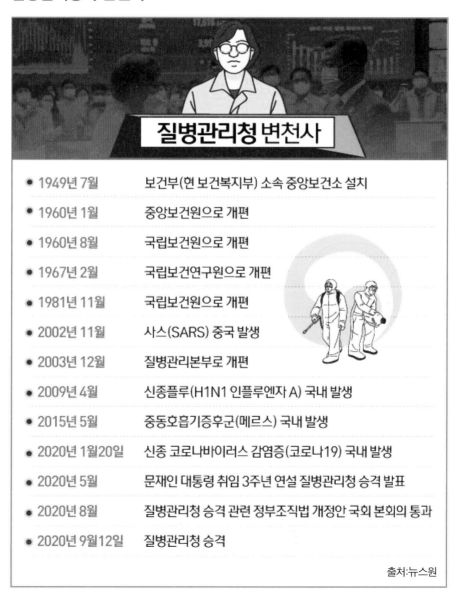

질병관리청 변천사

1949년 7월	보건부(현 보건복지부) 소속 중앙보건소 설치
1960년 1월	중앙보건원으로 개편
1960년 8월	국립보건원으로 개편
1967년 2월	국립보건연구원으로 개편
1981년 11월	국립보건원으로 개편
2002년 11월	사스(SARS) 중국 발생
2003년 12월	질병관리본부로 개편
2009년 4월	신종플루(H1N1 인플루엔자 A) 국내 발생
2015년 5월	중동호흡기증후군(메르스) 국내 발생
2020년 1월 20일	신종 코로나바이러스 감염증(코로나19) 국내 발생
2020년 5월	문재인 대통령 취임 3주년 연설 질병관리청 승격 발표
2020년 8월	질병관리청 승격 관련 정부조직법 개정안 국회 본회의 통과
2020년 9월 12일	질병관리청 승격

출처:뉴스원

보건복지부 – 질병관리본부 조직개편 전 · 후 달라지는 점

현 재	구 분	조직개편 후
질병관리본부(보건복지부 소속기관) 보건복지부(단일차관)	조직	질병관리청(중앙행정기관) 보건복지부(복수차관)
보건복지부는 정책, 질병관리본부는 집행 기능 수행	감염병 의사결정구조	질병관리청으로 정책 · 집행 일원화
별도 조직 없음	지역체계	자치단체 방역을 지원하는 권역별 질병대응센터 신설
국립보건연구원 내 감염병 연구센터	감염병R&D	국립감염병연구소로 확대 개편

(출처: 행정안전부)

- ## 대한민국 정부 조직도 gov.kr/portal/orgInfo참고

02

정부의 감염병 위기대응 정책

위기경보 심각 단계

● 2020년 2월 23일 대한민국 정부는 코로나19 감염병 위기경보를 '심각' 단계로 격상하고 중앙안전대책본부(중대본)를 설치하여 총괄 대응하고 있다.

위기경보 단계
관심(Blue) → 주의(Yellow) → 경계(Orange) → 심각(Red)

● 중대본은 본부, 경찰청, 행정안전부, 보건복지부 등 25개 주요 대응 부처의 장을 위원으로 하여 구성되었다. 대한민국 정부는 2020년 2월 위기경보 '심각' 단계를 발동하였으며, 코로나19의 해외 유입을 차단하고 지역사회 확산 차단 · 최소화를 위한 전략을 지속하고 있다.

● 사회적 거리두기 단계별 행동 지침 사항

거리두기 단계별 기준 및 방역 조치(요약)

구분	1단계	1.5단계	2단계	2.5단계	3단계
	생활방역	지역 유행 단계		전국 유행 단계	
개념	생활 속 거리두기	지역적 유행 개시	지역 유행 급속 전파. 전국적 확산 개시	전국적 유행 본격화	전국적 대유행
상황	통상적인 방역 및 의료체계의 감당 가능한 범위 내에서 유행 통제 중	특정 권역에서 의료체계의 통상 대응 범위를 위협하는 수준으로 1주 이상 유행 지속	1.5단계 조치 후에도 지속적으로 유행 증가 양상을 보이며, 유행이 전국적으로 확산되는 조짐 관찰	의료체계의 통상 대응 범위를 초과하는 수준으로 전국적 유행이 1주 이상 지속 또는 확대	전국적으로 급격하게 환자가 증가하여 의료체계 붕괴 위험에 직면
기준	주 평균 일일 국내 확진자 발생 확진자 수 수도권 100명 충청·호남·경북·경남권 30명 강원·제주 10명 미만	주 평균 일일 국내 발생 확진자 수 수도권 100명 충청·호남·경북·경남권 30명 강원·제주 10명 이상 60대 이상 주 평균 일일 확진자 수 수도권 40명 충청·호남·경북·경남권 10명 강원·제주 4명 이상	다음과 같은 세가지 중 하나 충족 ①유행권역에서 1.5단계 조치1주 경과 후, 확진자 수가 1.5단계 기준의 2배 이상 지속 ②2개 이상 권역에서 1.5단계 유행이 1주 이상 지속 ③전국 확진자 수 300명 초과 상황 1주 이상 지속	전국 주평균 확진자 400~500명 이상이거나, 전국 2단계 상황에서 더블링 등 급격한 환자 증가 상황 ※격상시 60대 이상 신규확진자 비율, 중증환자병상수용 능력 등 중요하게 고려	전국 주평균 확진자 800~1,000명 이상이거나, 2.5단계 상황에서 더블링 등 급격한 환자 증가 ※격상시 60대 이상 신규확진자 비율, 중증환자 병상 수용 능력 등 중요하게 고려
핵심 메시지	일상생활과 사회경제적 활동을 유지하면서 코로나19 예방을 위해 방역수칙 준수	지역유행 시작. 위험지역은 철저한 생활방역	지역유행 본격화.위험지역은 불필요한 외출과 모임자제, 사람이 많이 모이는 다중이용 시설 이용 자제	전국 유행 확산. 가급적 집에 머무르며 외출·모임과 다중이용시설 이용을 최대한 자제	전국적 대유행. 원칙적으로 집에 머무르며 다른 사람과 접촉 최소화

(자료: 중앙재난안전대책본부)

주요 방역조치 일상 및 사회 경제적 활동

구분	1단계	1.5단계	2단계	2.5단계	3단계
	생활방역	지역 유행 단계		전국 유행 단계	
마스크 착용 의무화	중점 · 일반관리시설,대중교통,의료기관,약국, 요양시설, 주야간보호시설,집회 · 시위장,실내 스포츠 경기장,고위험 사업장 등	1단계에 실외 스포츠 경기장 추가	실내 전체, 위험도 높은 실외 활동	실내 전체,2m 이상 거리 유지가 어려운 실외	
모임 · 행사	500명 이상 행사는 지자체 신고 · 협의 필요, 방역수칙 의무화	1단계 조치 유지, 축제 등 일부 행사는 100인 이상 금지	100인 이상 금지	50인 이상 금지	10인 이상 금지
스포츠 관람	관중 입장(50%)	관중 입장(30%)	관중 입장(10%)	무관중 경기	경기 중단
교통시설 이용	마스크 착용 의무화		교통수단(차량)내 음식 섭취 금지 추가 (국제항공편 제외)	KTX, 고속버스 등 50% 이내로 예매 제한 권고(항공권 제외)	KTX, 고속버스 등 50% 이내로 예매 제한(항공권 제외)
등교	밀집도 2/3원칙, 조정 가능	밀집도 2/3 준수	밀집도 1/3원칙 (고등학교 2/3)최대 2/3내에서 운영 가능	밀집도 1/3준수	원격수업 전환
종교 활동	※단계 조정 시 방역 및 집단감염 상황에 따라 종교계와 협의하여 구체적 조치 내용 및 대상 결정				
	좌석 한 칸 띄우기모임 · 식사 자체 권고(숙박행사 금지)	정규예배 등 좌석 수의 30% 이내로 제한모임 · 식사 금지	정규예배 등 좌석 수의 20% 이내로 제한	비대면, 20명 이내로 인원 제한모임 · 식사 금지	1인 영상만 허용모임 · 식사 금지
직장 근무	기관 · 부서별 적정 비율 재택근무 등 실시 권고 (예:1/5 수준)	기관 · 부서별 재택근무 등 확대 권고 (예:1/3 수준)		인원의 1/3이상 재택근무 등 권고	필수인력 이외 재택근무 등 의무화
	고위험사업장 마스크 착용 의무화	고위험사업장 마스크 착용, 환기 · 소독, 근로자 간 거리두기 등 의무화			

(자료: 중앙재난안전대책본부)

사회적 거리두기 3단계 조치내용

집합·모임·행사
10인 이상 금지

스포츠 행사
경기 중지

유치원·초·중·고등학교
원격수업 또는 휴업. 전국단위 조정(원칙)
상황에 따라 차등 적용

기관 및 기업
공공: 필수인원 외 **전원 재택근무**
민간: 필수인원 외 **전원 재택근무 권고**

다중시설
공공: 운영 중단
민간: 고·중위험 시설 운영 중단
그 외 다중 시설 방역수칙 준수 강제화

위기경보 4단계 이해하기

1. 관심(Blue)

• 유형

- 해외에서의 신종 감염병의 발생 및 유행
- 국내 원인불명 혹은 재출현 감염병의 발생

• 주요 대응 활동

- 감염병별 대책반 운영
- 위기징후 모니터링 및 감시 대응 역량 정비
- 필요 시 현장 방역 조치 및 방역 인프라 가동

2. 주의(Yellow)

• 유형

- 해외에서의 신종 감염병의 국내 유입
- 국내 원인불명 혹은 재출현 감염병의
  제한적 전파

• 주요 대응 활동

- 중앙방역대책본부(질본) 설치 및 운영
- 유관기관 협조체계 가동
- 현장 방역 조치 및 방역 인프라 가동
- 모니터링 및 감시 강화

3. 경계(Orange)

- 유형
- 국내 유입된 해외 신종 감염병의
  제한적 전파
- 국내 원인불명 혹은 재출현 감염병의
  지역사회 전파

- 주요 대응 활동
- 중앙방역대책본부(질본) 운영 지속
- 중앙사고수습본부(복지부) 설치 및 운영
- 필요 시 총리 주재 범정부 회의 개최
- (행안부) 범정부 지원본부 운영 검토
- 유관기관 협조체계 강화
- 방역 및 감시 강화 등

4. 심각(Red)

- 유형
- 국내 유입된 해외 신종 감염병의 지역
  사회 전파 또는 전국적 확산
- 국내 원인불명 혹은 재출현 감염병의
  전국적 확산

- 주요 대응 활동
- 범정부적 총력 대응
- 필요시 중앙재난안전대책본부 운영

대한민국 질병관리본부(KCDC)의 역할

※ 2020년 9월부터 질병관리청으로 승격됨

감염병으로부터 국민보호 및 안전사회 구현

- 신종 및 해외 유입 감염병에 대한 선제적 위기 대응 체계 강화
- 결핵, 인플루엔자, 매개체 감염병 등 철저한 감염병 관리 예방
- 국가예방접종 지원 확대 및 이상 반응 감시 등 안전 관리
- 고위험 병원체 안전 관리를 통한 생물 안전 보장
- 의료감염 관리 및 항생제 내성 예방

효율적 만성질환 관리로 국민 질병 부담 감소

- 만성질환 예방과 건강행태 개선을 위한 건강통계 생산 및 근거 정보 지원

- 고혈압, 당뇨병 등 심뇌혈관질환, 알레르기질환 등 만성질환 예방관리
- 국가 금연정책 지원을 위한 조사 및 흡연 폐해 연구
- 국가관리 대상 희귀질환 지정 지원
- 장기기증자 등 예우 지원 강화와 생명 나눔 인식 제고
- 미세먼지 건강 영향 감시, 취약계층 보호 대책 마련
- 기후변화(폭염, 한파 등) 건강 피해 예방

보건 외료 R&D 및 연구 인프라 강화로 질병 극복

- 감염병 R&D를 선도하는 컨트롤 타워
- 건강수명연장을 위한 만성질환 연구 강화
- 보건 의료 연구 자원 공유 · 개방
- 4차 산업혁명 대비 첨단 의료 연구 강화

감염병 위기대응체계 한눈에 알아보기

긴급상황센터

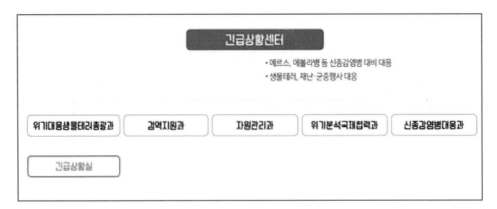

긴급상황실

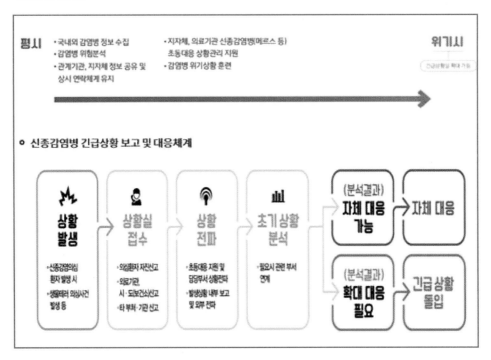

감염병 위기시 대응체계

자체위기평가회의 결과에 따른 위기경보 발령

| 중동호흡기증후군(MERS),에볼라병 등의 신종 감염병 확진환자 발생 시 | 생물테러 감염병 발생 시 | 원인불명 감염병이 발생하여 긴급 대응이 필요한 경우 | 재난·군중행사 대응 시 국내감염병 유행확산시 등 |

과거 운영 사례 ➡

| 지카바이러스 대책반('16) | 중앙시인체 감염대책반('17) | 평창동계올림픽 노로 바이러스대책반('18) | 메르스 중앙방역 대책반('18) |

코로나바이러스감염증-19 예방
꼭! 기억해야 할 행동수칙

국민 예방수칙

흐르는 물에 비누로 꼼꼼하게 손씻기

기침이나 재채기할 때 옷소매로 입과 코 가리기

씻지 않은 손으로 눈·코·입 만지지 않기

특히 임산부, 65세 이상, 만성질환자 외출 시 꼭 준수

발열, 호흡기 증상자와의 접촉 피하기

의료기관 방문 시 마스크 착용하기

사람 많은 곳 방문 자제하기

유증상자* 예방수칙 *발열, 호흡기 증상(기침, 목아픔 등)이 나타난 사람

등교나 출근을 하지 않고 외출 자제하기

3~4일 경과를 관찰하며 집에서 충분히 휴식 취하기

38℃ 이상 고열이 지속되거나 증상이 심해질 경우
콜센터(☎1339, 지역번호+120), 관할보건소 문의 및 선별진료소 우선 방문 후 진료받기

의료기관 방문 시 마스크 착용 및 자차 이용하기

진료 의료진에게 해외여행력 및 호흡기 증상자와의 접촉여부 알리기

국내 코로나19 유행지역에서는
외출, 타지역 방문을 자제하고 격리자는 의료인, 방역당국의 지시 철저히 따르기

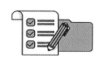

해외감염병 NOW 1339 질병관리본부 콜센터

 꼭!

코로나바이러스감염증-19 예방
기억해야 할 의료기관수칙

진료 시

**마스크 등
보호구 착용**

문진 시

**환자의 해외여행력,
의심환자 접촉력 등 반드시 확인**

조사대상 유증상자

코로나19 발생 국가·지역 방문 후
14일 이내 발열 또는
호흡기 증상이 나타난 환자

의사 소견에 따라
코로나19가 의심되는 환자

의심환자 발생 시

STEP1 선제적 격리

STEP2 코로나19 검사 실시

*관할 보건소 신고 필수

⚠ 발열 또는 호흡기 질환자 진료구역 및 진료절차 구분하여 운영 ⚠

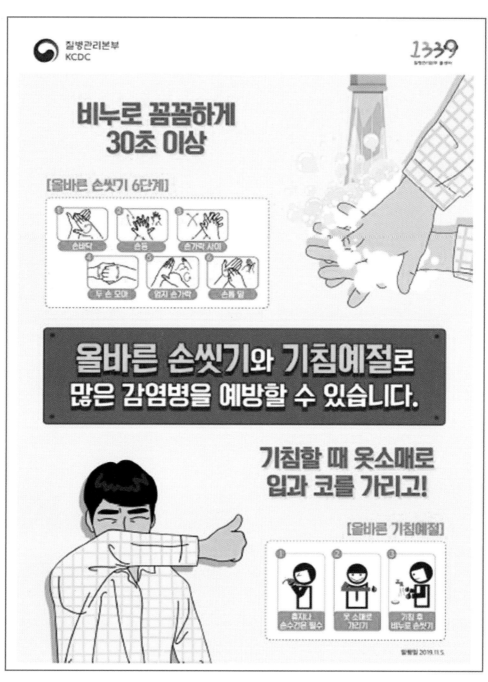

(그림 출처: 질병관리본부 [코로나19 집단시설 다중이용시설 대응지침(2판_0226)])

05

감염병 위험 긴급 콜센터 1339 이용법

질병 및 감염병 정보 24시간 제공

1339 콜센터는 질병 정보와 감염병 의심 상담을 365일 24시간 제공한다.

- 주요 감염병(메르스, 지카바이러스 등) 상담 및 조치사항 안내
- 해외여행 입 · 출국자에 대한 감염병, 필수 예방접종, 예방법 등 안내
- 법정감염병 예방법, 발생 신고 기준 및 절차 등 안내
- 결핵 안심국가 잠복 결핵 관련 치료 권유 및 상담 안내
- 질병관리본부 업무에 관련한 민원 상담 및 담당자 연결

카카오톡을 통한 질병 정보 및 실시간 1:1 상담

- 감염병, 만성질환, 예방접종 등 실생활에 필요한 질병 · 건강 정보 제공
- 언제 어디서나 카카오톡을 통한 실시간 1:1 상담 서비스

06

코로나 관련 유용한 스마트폰 어플리케이션 Top 6

1. 코백 플러스

코로나19 전파 초기, 정부에서 제공하는 공적 마스크에 대한 정보를 알림하던 서비스에서 이제는 코로나19 국내외 현황을 실시간 업데이트하여 알려주는 앱이다.

제공 정보 : 확진자 방문위치 알림, 코로나 국내 · 외 현황

① 확진자 방문 위치 알림

확진자 방문 위치 100미터 이내 인접하면 푸쉬 알림 메시지. 내 위치와 확진자 방문 위치 지도에 표시

② 국내외 코로나 현황

국내 및 세계 코로나19 현황 제공, 실시간 업데이트

③ 마스크 판매처

주변 마스크 판매처 정보 제공

2. 우리 동네 백신

우리 동네 현재 날씨부터 코로나19 상황, 이동 동선, 지역상품권 사용처, 재난문자, 마스크 현황까지 꼭 필요한 정보를 담은 앱이다.
제공 정보 : 내 주변 코로나19, 미세먼지, 지역정보

 ① 코로나19 관련 최신 정보

시/도별 코로나19 진료소 정보 및 위치, 코로나19 관련 뉴스, 시/군별 코로나19 발생 동향 및 확진자 동선, 나의 현재 위치의 확진자의 이동 동선, 코로나19 상황판 정보 실시간

② 재난 정보

시/도별 재난문자 현황, 내 주변의 지역상품권 사용처 정보 및 위치

③ 미세먼지 정보

나와 가장 가까운 측정소를 기반으로 미세먼지 정보 알림, 내 주변 대기오염 정보, 미세먼지 예보

3. 행정안전부 자가격리자 안전보호

자가격리자용, 전담공무원용으로 개발되어, 자가격리자의 건강 상태를 스스로 진단하여 통보하고 격리장소 이탈시 알림을 송출하는 등 지자체의 자가격리자 모니터링을 지원하는 앱이다.
제공 정보 : 자가격리자의 건강 상태 자가진단, 생활수칙 안내, 비상연락망 조회

① 자가격리자 등록

자가격리자 등록 기능(인적사항, 자가격리 위치 정보 등)

② 자가격리자 진단자

자가격리자 진단 기능(진단 시간 알림, 진단 결과 제출)

③ 자가격리 안전 수칙

자가격리자 안전 수칙 정보 제공(격리자, 동거인 생활수칙, 앱 활용 방법 등)

④ 비상연락망

자가격리자 비상연락망 기능(전담공무원 전화번호, 1339 등)

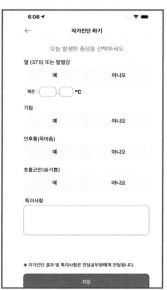

4. 안전디딤돌

행정안전부에서 만든 정부 대표 재난 포털 앱으로, 비상 재난시 각종 대처 및 안전에 관한 정보를 제공하고 국민행동요령 매뉴얼을 제공한다.
제공 정보 : 재난 정보, 국민행동요령, 재난문자와 뉴스, 대피소, 시설물 정보, 민방위 교육일정

① 재난문자

재난발생 정보, 기상특보 등 재난문자 수신

② 국민행동요령

재난문자와 관련된 국민행동요령 제공. 지진, 태풍, 홍수, 호우, 대설, 한파, 폭염 등 재난유형별 국민행동요령, 심폐소생술 등 응급상황 대처 방법 제공.

③ 재난안전 정보

다양한 재난안전 정보 제공. 교통 정보, 기상 정보, 물놀이 정보, 방사선 정보, 산사태 정보, 소방 정보, 하천강우 정보, 전력수급 정보, 급경사지 정보, 가뭄예 경보 등 각종 재난안전 정보 추가 제공. 재난안전 콘텐츠를 사용자 맞춤설정을 통해 필요한 부분만 볼 수 있는 기능.

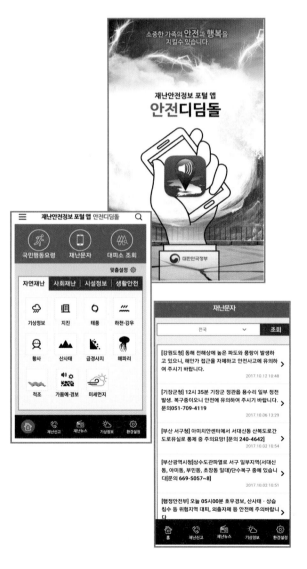

5. 코로나19 지침

코로나19 감염 확산이 장기화됨에 따라 신속한 현장 대응을 지원하기 위한 모바일 앱으로 서울시 공공보건의료재단이 제공한다.

제공 정보 : 코로나19 현장대응 지침, 최신 업데이트 지침

① 코로나19 현장대응

중앙방역대책본부 등 정부에서 제공하는 코로나19 대응 관련 30여 개 지침. 28개 주제별 대응지침.

- 대상자 분류 정의
- 의사, 확진환자 발생시 대응
- 격리해제 기준
- 검체 채취
- 소독, 폐기물 처리
- 개인보호구 사용

② 대응 지침

제공되는 키워드를 통해서 원하는 항목을 빠르게 검색. 해당 주제에 대한 버튼을 클릭하면 최신 버전에 해당하는 지침을 확인. 가장 최근 올라온 지침 리스트 확인

6. KCDC 질병관리본부 카카오톡 채널

질병관리본부에서 제공하는 코로나19 관련 정보 및 각종 감염병, 만성질환, 예방 접종 등 실생활에 필요한 질병과 건강 정보를 제공한다. 질병관리본부 채널을 추가하면 국민 건강과 감염병 정보를 빠르게 받아볼 수 있다.
제공 정보 : 감염병, 선별진료소, 예방 수칙, 건강 정보, 전화 상담 안내, 1:1 상담 채팅

① 코로나19 정확한 정보

정확한 예방 수칙, 주요 증상, 예방에 대한 정보, 코로나 외의 건강 및 질병 정보, 자주 묻는 질문

② 코로나19 국내 · 외 발생 현황

국내 · 외 발생 현황과 확진자 이동경로, 주변 선별진료소 찾기, 해외방문자 안내

③ 채팅 상담

전화 상담 안내 및 24시간 챗봇 상담

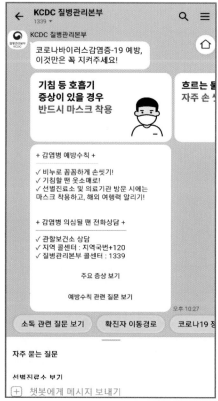

감염병 관련 불법행위 무엇이 있나?

〈대표적인 불법 행위〉

- 방역물품 매점매석
정부가 한시적으로 발동한 긴급 수급조정 조치에 따라 보건용 마스크나 손 소독제를 판매하지 않고 보관하여 급격한 가격 상승을 노리거나, 제품의 수량·가격을 신고하지 않는 방식으로 국민건강을 저해하고 유통질서를 교란하는 위법 행위

- 감염병 예방법 위반 행위
격리조치 위반·역학조사 중 거짓자료 제출·방역조치 위반·입원 거부 등의 방법으로 감염병의 예방과 확산 방지를 위한 정부의 업무를 방해하거나, 지자체의 집회금지 행정명령을 준수하지 않는 행동.

- 방역물품 등 판매 빙자 사기
중고 거래 사이트에서 불량 제품을 정상으로 속여 판매하거나 돈만 받고 물건을 보내주지 않는 행위, 제조업체를 사칭하여 납품 대금을 편취하는 사기 범죄

- 허위 조작 정보 생산 및 유포 행위
감염병에 관련한 허위 정보가 유포되어 사회적 혼란이 현저히 야기될 우려가 있는 경우
① 관련 부처에 통보하여 게시물의 삭제·차단을 요청
② 사안의 중대성에 따라 허위 정보의 생산·유통 경로까지 수사

※ 사회적 혼란을 초래하는 허위사실은 질병 관련 근거 없는 의혹 제기, 감염자 등을 특정한 명예훼손, 관련자 개인정보 유출, 병원 폐쇄 허위정보로 업무방해 등으로 한정하고 있으며, 단순한 의혹, 의견 게시 및 정부 정책 비판 등은 대상에서 제외하여 국민 기본권인 표현의 자유를 보장하고 있다.

경찰은 이런 일을 한다

- 코로나19와 같은 감염병 재난 위기상황에서 범죄 예방 활동 등 치안질서 유지
- 정부의 감염병 예방 · 관리를 위한 경찰력 지원
- 사회 혼란 속 발생하는 각종 범죄 행위 단속 · 수사
- 국가 필수시설 경비 등 사회질서 유지를 위한 역량 집중
- 환자 격리 및 출입 통제 등을 지원
- 비축 물자 보관시설 등 국가 필수 시설을 경비
- 감염병의 예방과 관리에 경찰력을 지원
- 환자 등 추적 관리대상자의 위치 정보를 파악하여 제공

전 세계가 참고하는
우리나라의 감염병 대응체계

01

국가부서별 대응, 이렇게 한다

1) 한눈에 보는 감염병 신고 시 현장 대응체계

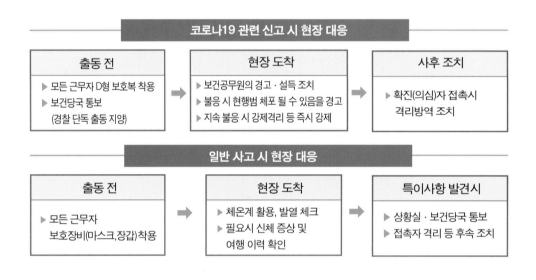

코로나19 관련 신고 시 현장 대응

출동 전	현장 도착	사후 조치
▶ 모든 근무자 D형 보호복 착용 ▶ 보건당국 통보 (경찰 단독 출동 지양)	▶ 보건공무원의 경고 · 설득 조치 ▶ 불응 시 현행범 체포 될 수 있음을 경고 ▶ 지속 불응 시 강제격리 등 즉시 강제	▶ 확진(의심)자 접촉시 격리방역 조치

일반 사고 시 현장 대응

출동 전	현장 도착	특이사항 발견시
▶ 모든 근무자 보호장비(마스크,장갑)착용	▶ 체온계 활용, 발열 체크 ▶ 필요시 신체 증상 및 여행 이력 확인	▶ 상황실 · 보건당국 통보 ▶ 접촉자 격리 등 후속 조치

2) 방역 조치는 어떻게?

〈공공기관 필수 조치 3가지〉

1. 개인별 위생 수칙 강조 및 지침 준수
2. 시설 방역 조치
3. 다중운집 행사 및 대면 접촉 자제

〈사람에 대한 방역 조치〉

- 상시 출입자들에게 감염병 예방 수칙, 상황별 자가격리 수칙, 마스크 사용 지침 등 안내 사항을 전파
- 다수 접촉자(배달원 등)의 공공기관 출입 금지
- 외부인 초청 자제 권고 등의 대책 시행
- 확진자와 접촉했을 경우 14일간 자가격리
- 발열 또는 호흡기 증상이 있는 경우 소속 기관에 즉시 신고
- 콜센터(선별 진료소)에 문의하여 진료를 받은 후 검사 결과가 나올 때까지 자가 격리 조치

〈장소에 대한 방역 조치〉

- 기관 출입구에 손 세정제·체온계·예방 수칙 안내판을 비치
- 모든 차량 및 도보 출입자를 대상으로 마스크 착용을 확인
- 체온 측정을 시행한 뒤에 출입을 허용
- 37.5℃ 이상 발열 또는 호흡기 증상이 확인될 경우, 해외 여행력 등을 확인하여 출입 제한
- 확진자가 발생한 사무실 또는 확진자(접촉자)가 다녀간 사무실은 임시 통제하여 필요한 방역 조치를 시행한 후 1일이 지난 뒤에 사용
- 엘리베이터 버튼에 항균 필름을 부착
- 출입 시 지문인식 방법은 중단하는 등 접촉으로 인한 감염 가능성 최소화

〈행사에 대한 방역 조치〉

- 행사의 시급성 · 감염 전파 가능성 · 참석대상의 취약성 등을 고려
- 필요성이 미흡하거나 위험성이 큰 행사는 연기(취소)를 권고
- 회의는 화상·서면 회의로 대체
- 필요 불가결한 회의는 사전에 방역 조치를 철저히 하고 마스크 착용한 뒤 실시

- 단체 직장교육 · 무도훈련 등 많은 사람이 모여 진행하는 교육은 사이버 교육으로
  대체

경찰 비상인력, 이렇게 움직인다

- 경찰서는 지방청에서 지정한 인접서가 업무를 대행, 지구대 · 파출소는 '감염병 확산 시 지역
  경찰 인력운용 방안'에 따라 업무를 수행함.
- 경찰서 계 · 팀 단위로 격리될 경우, 소속된 부서 안에서 업무를 대행하되, 부서 전체가 격리될
  경우 해당 관서에서 업무대행 부서를 지정하여 운영함.
- 소규모 단기격리 상황(2일 이하)에는 현재 체계인 4교대를 유지하고 인접 지구대 · 파출소(이하
  지역관서)에 분산 배치 · 합동 근무하여 112신고를 처리함.
- 경찰서 내 3개 이상의 지역 관서가 동시에 단기격리(2일 이하) 되거나 1~2개의 관서가 장기
  격리(14일 이상)될 때는 3교대로 전환하고, 격리 대상 지역 관서에 인력을 지원하며 필요시
  지방청에서 경찰서 간 인력을 재배치함.
- 경찰서 내 3개 이상의 지역 관서가 장기격리 되거나 지방경찰청의 가용 인력이 70% 수준일
  때는 모든 지역 관서를 3조 2교대로 전환하고 지방 경찰청에서 경찰서 간 인력을 재배치함.
- 확진 및 격리 등으로 지방경찰청 가용인력이 50% 수준인 경우, 모든 지역 관서를 주간에는
  독립적으로 운영하다가 야간에는 통합 운영하는 유연 파출소형으로 전환하고, 중심파출소에
  서 인력 · 장비 등을 통합 운영하도록 조치.
- 확진 및 격리가 발생한 지역 관서나 인접한 지역 관서의 경우, 다른 지역 관서의 자원 근무를
  허용하며, 치안 유지에 필수적인 112신고 출동 외 활동은 최소화함.

3) 감염병 심각 단계! 국가기관별 임무는?

관련기관	역 할
보건복지부 (중앙사고수습본부)	• 중앙사고수습본부 운영 지속 • 위기경보 발령 및 상황 전파 • 범정부적 총력 대응 지원 • 중앙- 지자체 실무 협의체 구성 · 운영 • 중앙방역대책본부 활동 지원(방역조치에 따른 지원) • 감염병 재난 대응 및 수습 관련 부처 간 협의 • 입원 · 치료, 생활지원, 피해 보상, 심리지원 등 • 대국민 위기소통지원(질병관리본부로 소통 창구 일원화)
질병관리본부 (중앙방역대책본부)	• 중앙방역대책본부 운영 지속 • 역학조사 실시 및 방역 등 현장 조치 지원(고위험군 및 중환자 위주로 전환) • 위기상황 모니터링 및 평가 강화 • 24시간 긴급상황실 운영 강화 • 검역 강화 등을 통한 추가 유입 방지 등 • 거점병원 기능을 외래진료에서 입원 및 중환자 관리로 전환 • 사망자 등 중증환자 감시체계 운영 • 유관기관 상호협력, 조정 체계 운영 • 언론소통(브리핑, 보도자료, 취재지원), 민원 대응 및 국민소통 관리 • 필요시 재난문자 발송 요청
시 · 도 시 · 군 · 구	• 전국 모든 시 · 군 · 구 지역방역대책반 운영 • 발생지역 시 · 도 및 관할 시 · 군 · 구 지역재난안전대책본부 운영 • 중앙-지자체 실무협의체 운영 협조 • 전국 모든 시 · 도 환자관리반 운영(중증도 분류팀, 병상배정팀) • 지역 환자 감시체계 강화 • 지역 방화 인프라 가동 • 지역 역학조사, 현장 방역 조치, 환자 이송, 접촉자 파악 지원, 환자 및 접촉자 관리, 격리 해제 등 • 지역 유관기관과의 협력체계 강화 • 지역 주민 대상 교육 • 홍보 등 소통 강화

	• 지역 내 격리병상, 격리시설 관리 및 추가 확보계획 마련 • 방역업무 중심 보건소 기능 개편 및 검사인력 보강
보건환경연구원	• 시 · 도 단위 코로나19 병원체 실험실 검사
감염병관리지원단	• 시 · 도 코로나19 감시 · 역학조사 · 자료분석 등 기술지원 • 시 · 도 단위 지역별 맞춤형 코로나19 관리 기술지원
의료기관	• 코로나19 환자 등 진단 및 치료 • 코로나19 신고 · 보고(발생, 사망, 퇴원) • 코로나19 환자 발생 시 역학조사 및 감염병 관리 협조 • 코로나19 환자 선별진료소 운영

(출처: 질병관리청)

02

법정 감염병, 어떻게 대응하나?

1) 한눈에 살펴보는 법정 감염병 신고와 관리체계

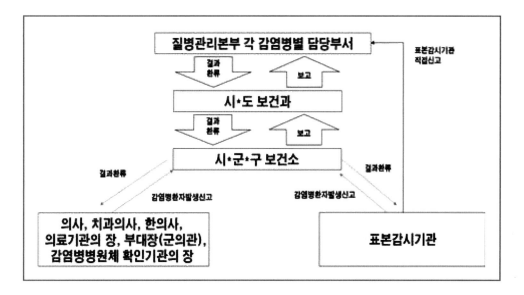

2) 법정 감염병이란 무엇?

법정 감염병의 종류

제1급 : 생물테러감염병 또는 치명률이 높거나 집단 발생의 우려가 커서 발생 또는 유행 즉시
신고하여야 하고, 음압 격리와 같은 높은 수준의 격리가 필요한 감염병

제2급 : 전파가능성을 고려하여 발생 또는 유행 시 24시간 이내에 신고하여야 하고, 격리가
필요한 감염병

제3급 : 그 발생을 계속 감시할 필요가 있어 발생 또는 유행 시 24시간 이내에 신고하여야 하는
감염병

제4급 : 제1급 감염병부터 제3급 감염병까지의 감염병 외에 유행 여부를 조사하기 위하여 표본
감시 활동이 필요한 감염병

구분	제1급 감염병	제2급 감염병
특성	생물테러감염병 또는 치명률이 높거나 집단 발생의 우려가 커서 발생 또는 유행 즉시 신고. 음압격리와 같은 높은 수준의 격리가 필요한 감염병 (17종)	전파가능성을 고려하여 발생 또는 유행 시 24시간 이내에 신고. 격리가 필요한 감염병 (20종)
종류	가. 에볼라바이러스병 나. 마버그열 다. 라싸열 라. 크리미안콩고출혈열 마. 남아메리카출혈열 바. 리프트밸리열 사. 두창 아. 페스트 자. 탄저 차. 보툴리눔독소증 카. 야토병 타. 신종감염병증후군[1] 파. 중증급성호흡기증후군(SARS) 하. 중동호흡기증후군(MERS) 거. 동물인플루엔자 인체감염증 너. 신종인플루엔자 더. 디프테리아	가. 결핵 나. 수두 다. 홍역 라. 콜레라 마. 장티푸스 바. 파라티푸스 사. 세균성이질 아. 장출혈성대장균감염증 자. A형간염 차. 백일해 카. 유행성이하선염 타. 풍진 파. 폴리오 하. 수막구균 감염증 거. b형헤모필루스인플루엔자 너. 폐렴구균 감염증 더. 한센병러. 성홍열 머. 반코마이신내성황색포도알균 (VRSA) 감염증 버. 카바페넴내성장내세균속균종 (CRE) 감염증
감시 방법	전수감시	전수감시
신고[5]	즉시	24시간 이내
신고[6]	즉시	24시간 이내

구분	제3급 감염병	제4급 감염병
특성	발생 또는 유행시24시간 이내에 신고하고 발생을 계속 감시할 필요가 있는 감염병 (26종)	유행 여부를 조사하기 위해 표본감시 활동이 필요한 감염병 (23종)
종류	가. 파상풍 나. B형간염 다. 일본뇌염 라. C형간염 마. 말라리아 바. 레지오넬라증 사. 비브리오패혈증 아. 발진티푸스 자. 발진열 차. 쯔쯔가무시증 카. 렙토스피라증 타. 브루셀라증 파. 공수병 하. 신증후군출혈열 거. 후천성면역결핍증(AIDS) 너. 크로이츠펠트-야콥병(CJD) 및 변 종크로이츠펠트-야콥병(vCJD) 더. 황열 러. 뎅기열 머. 큐열 버. 웨스트나일열 서. 라임병 어. 진드기매개뇌염 저. 유비저 처. 치쿤구니야열 커. 중증열성혈소판감소증후군 (SFTS) 터. 지카바이러스 감염증	가. 인플루엔자 나. 매독(梅毒) 다. 회충증 라. 편충증 마. 요충승 바. 간흡충증 사. 폐흡충증 아. 장흡충증 자. 수족구병 차. 임질 카. 클라미디아감염증 타. 연성하감 파. 성기단순포진 하. 첨규콘딜롬 거. 반코마이신내성장알균(VRE) 감염증 너. 메티실린내성황색포도알균(MRSA) 감염증 더. 다제내성녹농균(MRPA) 감염증 러. 다제내성아시네토박터바우마니균 (MRAB) 감염증 머. 장관감염증[2] 버. 급성호흡기감염증[3] 서. 해외유입기생충감염증[4] 어. 엔테로바이러스감염증 저. 사람유두종바이러스 감염증
감시 방법	전수감시	표본감시
신고[5]	24시간 이내	7일 이내
보고[6]	24시간 이내	7일 이내

1) 신종감염병증후군

: 급성출혈열증상, 급성호흡기증상, 급성설사증상, 급성황달증상 또는 급성신경증상을 나타내는 신종감염병증후군

2) 장관감염증

: 살모넬라균 감염증, 장염비브리오균 감염증, 장독소성대장균(ETEC) 감염증, 장침습성대장균(EIEC) 감염증, 장병원성대장균(EPEC) 감염증, 캄필로박터균 감염증, 클로스트리듐 퍼프린젠스 감염증, 황색포도알균 감염증, 바실루스 세레우스균 감염증, 예르시니아 엔테로콜리티카 감염증, 리스테리아 모노사이토제네스 감염증, 그룹 A형 로타바이러스 감염증, 아스트로바이러스 감염증, 장내아데노바이러스 감염증, 노로바이러스 감염증, 사포바이러스 감염증, 이질아메바 감염증, 람블편모충 감염증, 작은와포자충 감염증, 원포자충 감염증

3) 급성호흡기감염증

: 아데노바이러스 감염증, 사람 보카바이러스 감염증, 파라인플루엔자바이러스 감염증, 호흡기세포융합바이러스 감염증, 리노바이러스 감염증, 사람 메타뉴모바이러스 감염증, 사람 코로나바이러스 감염증, 마이코플라스마 폐렴균 감염증, 클라미디아 폐렴균 감염증

4) 해외유입기생충감염증

: 리슈만편모충증, 바베스열원충증, 아프리카수면병, 샤가스병, 주혈흡충증, 광동주혈선충증, 악구충증, 사상충증, 포충증, 톡소포자충증, 메디나충증

5) 신고

: 의사, 치과의사, 한의사, 의료기관의 장 → 관할 보건소로 신고

6) 보고

: 보건소장 → 특별자치도지사 또는 시장 · 군수 · 구청장 → 특별시장 · 광역시장 · 도지사 → 질병관리본부로 보고

(출처 : 질병관리본부)

3) 법정 감염병 환자 구분, 어떻게?

〈감염병 환자〉

- 감염병의 병원체가 인체에
  침입하여 증상을 나타내는 사람
- 의사, 치과의사 또는 한의사의
  진단이나 보건복지부령으로
  정하는 기관의 실험실 검사를
  통하여 확인된 사람

〈감염병 의사환자〉

- 감염병 병원체가 인체에 침입한
  것으로 의심이 되나 감염병
  환자로 확인되기 전 단계에 있는
  사람
- 의심 환자 : 임상증상 및 역학적
  연관성을 감안하여 감염병이
  의심되나 진단을 위한 검사 기준에 부합하는 검사결과가 없는 사람
- 추정 환자 : 임상증상 및 역학적 연관성을 감안하여 감염병이 의심되며,
  추정 진단을 위한 검사기준에 따라 감염이 추정되는 사람

〈병원체 보유자〉

- 임상적인 증상은 없으나 감염병
  병원체를 보유하고 있는 사람

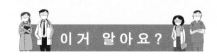

감염병 병원체 신고 범위

- 감염병의 진단을 위한 검사기준상 확인 진단만 해당
- 확인 진단 : 감염병 환자에 해당하는 병원체를 분리 동정하거나, 유전자 검사결과 특이 유전자 검출, 항체, 항원 검사결과 특이 항체 등을 검출한 경우

감염병 병원체 신고 범위 (2020년 1월) (O: 신고대상, X: 신고대상 아님)

제1급 감염병	환자	의사 환자	병원체 보유자
에볼라바이러스병	O	O	X
마버그열	O	O	X
라싸열	O	O	X
크리미안콩고출혈열	O	O	X
남아메리카출혈열	O	O	X
리프트밸리열	O	O	X
두창	O	O	X
페스트	O	O	X
탄저	O	O	X
보툴리눔독소증	O	O	X
야토병	O	O	X
신종감염병증후군[1]	O	O	X
중증급성호흡기증후군 (SARS)	O	O	X
중동호흡기증후군 (MERS)	O	O	O
동물인플루엔자 인체감염증	O	O	X
신종인플루엔자[2]	O	O	X
디프테리아	O	O	X

제2급 감염병	환자	의사 환자	병원체 보유자
결핵	O	O	X
수두	O	O	X
홍역	O	O	X
콜레라	O	O	O
장티푸스	O	O	O
파라티푸스	O	O	O
세균성이질	O	O	O
장출혈성대장균감염증	O	O	O
A형간염	O	O	O
백일해	O	O	X
유행성이하선염	O	O	X
풍진	O	O	X
폴리오	O	O	X
수막구균 감염증	O	O	X
b형헤모필루스 인플루엔자	O	O	X
폐렴구균 감염증	O	O	X
한센병	O	X	X

성홍열	○	○	×
반코마이신내성 황색포도알균(VRSA) 감염증	○	×	○
카바페넴내성장내 세균속균종(CRE) 감염증	○	×	○

제3급 감염병	환자	의사 환자	병원체 보유자
파상풍	○	×	×
B형간염	○	×	×
일본뇌염	○	○	×
C형간염	○	×	○
말라리아	○	○	○
레지오넬라증	○	○	×
비브리오패혈증	○	○	×
발진티푸스	○	○	×
발진열	○	○	×
쯔쯔가무시증	○	○	×
렙토스피라증	○	○	×
브루셀라증	○	○	×
공수병	○	○	×
신증후군출혈열	○	○	×
후천성면역결핍증(AIDS)	○	×	○
크로이츠펠트-야콥병 (CJD) 및변종 크로이츠 펠트-야콥병(vCJD)	○	○	×
황열	○	×	○
뎅기열	○	×	○
큐열	○	○	○
웨스트나일열	○	○	○
라임병	○	○	×

진드기매개뇌염	○	×	×
유비저	○	○	○
치쿤구니야열	○	×	○
중증열성혈소판 감소증후군(SFTS)	○	○	○
지카바이러스감염증	○	○	○

제4급 감염병	환자	의사 환자	병원체 보유자
인플루엔자	○	○	×
매독[3]	○	×	×
회충증	○	×	×
편충증	○	×	×
요충증	○	×	×
간흡충증	○	×	×
폐흡충증	○	×	×
장흡충증	○	×	×
수족구병	○	○	×
임질	○	×	×
클라미디아감염증	○	×	×
연성하감	○	×	×
성기단순포진	○	○	×
첨규콘딜롬	○	○	×
반코마이신내성장 알균(VRE) 감염증	○	×	○
장관감염증	○	×	×
급성호흡기감염증	○	×	×
해외유입기생충감염증	○	×	×
엔테로바이러스감염증	○	×	×
사람유두종 바이러스 감염증	×	×	○

메티실린내성황색 포도알균(MRSA) 감염증	○	×	○
다제내성녹농균(MRPA) 감염증	○	×	○
다제내성아시네토박터 바우마니균(MRAB) 감염증	○	×	○

○1)
급성출혈열증상, 급성호흡기증상, 급성설사증상, 급성황달증상 또는 급성신경증상을 나타내는 신종
감염병증후군

2) 신종인플루엔자
 : 2009~2010년 대유행한 인플루엔자 A(H1N1)pdm09가 아닌 향후 등장할 가능성이 있는 새로운 타
입의 인플루엔자를 의미함(인플루엔자 A(H1N1)pdm09는 신종인플루엔자 신고대상이 아님)

3) 매독 신고범위
 : 1기 매독, 2기 매독, 선천성 매독(소아)

4) 감염병 전수감시 절차, 알아두면 좋은 상식 5가지

1. 전수감시 대상 질병은?

제1급 ~ 제3급 감염병

2. 감염병 신고의무자는 누구?

○ 의사, 치과의사, 한의사, 의료기관의 장

   * 의료기관에 소속되지 아니한 의사, 치과의사, 한의사는 관할 보건소장에게 신고

○ 부대장

○ 감염병 병원체 확인기관의 장

- 질병관리본부
- 국립검역소
- 보건환경연구원
- 보건소
- 의료기관 중 진단검사의학과 전문의가 상근하는 기관
- 의과대학
- 대한결핵협회(결핵환자의 병원체를 확인하는 경우만 해당)
- 한센병환자 등의 치료, 재활을 지원할 목적으로 설립된 기관
  (한센병환자의 병원체를 확인하는 경우만 해당)
- 인체에서 채취한 검사물에 대한 검사를 국가, 지방자치단체, 의료기관 등으로부터
  위탁받아 처리하는 기관 중 진단검사의학과 전문의가 상근하는 기관

○ 그 밖의 신고의무자

- 일반 가정에서는 세대를 같이하는 세대주
- 세대주가 부재중인 경우에는 그 세대원

- 학교, 병원, 관공서, 회사, 공연장, 예배장소, 선박 항공기 열차 등 운송수단, 각종 사무소, 사업소, 음식점, 숙박업소 또는 그 밖에 여러 사람이 모이는 장소.
- 보건복지부령으로 정하는 장소의 관리인, 경영자 또는 대표자
- 약국, 사회복지시설, 산후조리원, 목욕장업소, 이용업소, 미용업소

3. 그 밖의 신고의무자의 신고대상 감염병 종류 및 신고 방법

- 대상 감염병: 제1급 감염병부터 제3급 감염병까지에 해당하는 감염병 중 보건복지부령으로 정하는 감염병이 발생한 경우(결핵, 홍역, 콜레라, 장티푸스, 파라티푸스, 세균성이질, 장출혈성대장균감염증, A형간염)
- 신고 방법: 의사, 치과의사 또는 한의사의 진단이나 검안을 요구하거나 관할 보건소장에게 신고함

4. 언제 신고하나?

- 제1급 감염병은 즉시 신고
- 제2급 및 제3급 감염병은 24시간 이내 신고

5. 신고 방법 어떻게?

- 감염병발생신고서 등을 질병관리본부장에게 정보시스템을 이용하여 제출
- 감염병환자등 또는 신고인의 소재지를 관할하는 보건소장에게 정보시스템을 이용 또는 팩스를 통하여 제출
- 단, 감염병 병원체 확인기관의 장은 해당 감염병 병원체 확인을 의뢰한 기관의 관할 보건소장에게 신고함
  ○ 정보시스템을 이용하여 신고할 경우

- 질병관리본부 질병보건통합관리시스템(http://is.cdc.go.kr)에서 사용자 가입 및
  관련 업무에 대한 권한을 신청, 승인받은 이후 '감염병관리 통합정보지원시스템〉
  감염병웹신고_{병의원}'를 통해 신고

- 병원내 의료정보시스템과 질병관리본부 자동신고지원시스템이 연계된 의료기관
  의 경우 자체 전산시스템에서 법정감염병 상병 입력 시 안내되는 신고절차에 따라
  감염병환자등 신고☞ 전산시스템을 이용하려면 반드시 질병보건통합관리시스템
  에 먼저 가입 및 권한신청 승인하여야 하며, 최초 1회 인증서 암호 입력 필요함
  (이후부터는 인증서 암호 입력없이 자동으로 신고 가능)

○ 제1급 감염병 신고서 제출 알림
- 제1급 감염병의 경우 신고서를 제출하기 전에 관할 보건소장 또는 질병관리본부장
  에게 구두, 전화 등의 방법으로 알려야 함.
  (질병관리본부 긴급상황실(043-719-7979))
- 이후 신고서를 작성하여 정보시스템 또는 팩스의 방법으로 관할 보건소로 신고

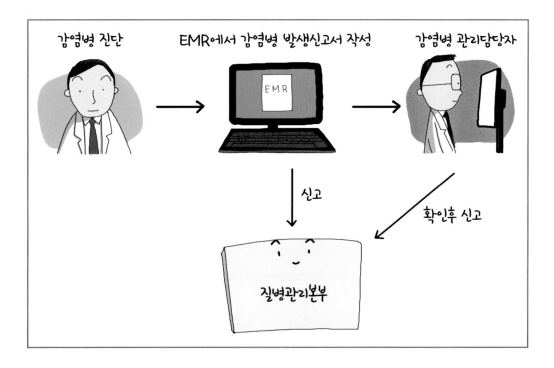

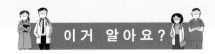

감염병 신고의무 불이행 시 벌금은 얼마?

○ 감염병의 예방 및 관리에 관한 법률 제11조에 따른 보고 또는 신고 의무를 위반하거나
   거짓으로 보고 또는 신고한 경우, 신고의무자의 보고 또는 신고를 방해한 경우
- 제1급 및 제2급 감염병 : 500만 원 이하의 벌금
- 제3급 및 제4급 감염병 : 300만 원 이하의 벌금

○ 감염병의 예방 및 관리에 관한 법률 제12조 제1항에 따른 신고를 게을리 한 자, 세대주,
   관리인 등으로 하여금 감염병 신고를 하지 아니하도록 한 경우
- 200만 원 이하의 벌금

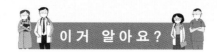

호흡기바이러스 병원체 감시, 이렇게 한다

코로나 바이러스, 리노 바이러스, 보카 바이러스 등 호흡기 바이러스 및 기타 인플루엔자 바이러스 병원체는 다음과 같은 체계로 감시하고 관리한다.

〈인플루엔자 및 호흡기바이러스 감시 체계〉

```
┌──────────────────────────────────────────────────────────────────────────┐
│  협력병의원                    검체 수집                 검체운송기관        │
│  36개 소아과/내과(1차의료기관)  ───────────────────→                        │
│  • 환자 검체 채취                                       • 검체 수집 및 이송   │
│  • 환자 영상 기록 조사          결과 송부    검체 이송   • 전산 입력 및 결과 통보│
│                                                        • 소모품 관리        │
│                                                                            │
│  의료기관 관리        보건환경연구원                                         │
│                      17개 기관(경기 북부 포함)                              │
│  임상감시                                   결과보고     용역사업 관리       │
│  결과환류            • 바이러스 검사         검체송부                        │
│                     • 의료기관 관리                                         │
│  감염병총괄과        • 검사결과 보고                     검체운송기관        │
│                                                        • 감시사업 총괄      │
│  • 임상감시체계 운영   임상감시 결과 환류              • 바이러스 확보       │
│  • 임상감시 결과 제공                                   • 바이러스 분리 및 특성 분석│
│                                                        • 바이러스 내성 분석 │
│                                                        • 바이러스 유행 분석 │
│                                                        • 감별진단법 개선    │
│                                                        • WHO 인플루엔자 감시 참여│
│                                                        • 주간자료 제공      │
│                                                        • 분리주 특성 분석   │
│                                                        • 웹사이트 운영      │
└──────────────────────────────────────────────────────────────────────────┘
```

누구에게 채취하나?

- 당일 내원한 인플루엔자 의사환자 및 호흡기바이러스 유증상자 중 발병 후 3일 이내의
  전형적인 증상을 나타내는 환자 중 주 8명 내외
- 당일 내원한 인플루엔자 의사환자 및 호흡기 환자 중 발병 후 3일 이내의 전형적인 증상을
  나타내는 환자의 검체 채취(월, 화요일에 채취, 주 8건 내외)
- 검체보관: 4℃ 냉장보관
- 검체수송기관을 통해 해당 지역 시·도 보건 환경연구원으로 검사 의뢰(주1회)

병원체 검출 방법

- 실시간 유전자 분석법(Real-time RT-PCR)을 이용한 바이러스 특이 유전자 검출

5) 지속적인 위험! 해외유입 감염병 감시 방법

〈추적조사 대상〉

- 검역 감염병 오염지역에서 입국하는 승객, 승무원 및 운송수단의 오수 등 가검물에서 콜레라균 및 수인성 식품매개감염병, 원인균이 검출된 경우(콜레라, 장티푸스, 파라티푸스, 세균성이질, 장출혈성대장균감염증)
- 오염지역 입국자 중 2인 이상의 집단 설사환자가 발견(확인)된 경우
- 입국시 모기매개 감염병 유증상자(말라리아 및 뎅기열 치료이력 자진신고자 포함)가 발견(확인)되는 경우
- 「제1급 감염병 중동호흡기증후군(MERS) 대응지침」, 「해외감염병 검역대응 표준매뉴얼」, 「제1급 감염병 바이러스성 출혈열 대응지침」 등에 따른 환자, 의사환자가 발견(확인)된 경우
- 에볼라바이러스병 위험지역에서 최대 잠복기(21일) 이내에 입국한 경우

〈역추적 조사대상〉

- 입국 당시 증상이 없었으나, 귀가 후 증상이 발현되어 국내에서 추적조사 대상 감염병의 환자(의심)로 확인된 경우

〈추적조사 방법〉

○ 국립검역소
- 추적조사 대상 감염병 환자(의사환자)를 발견한 경우
: 해당 감염병 지침에 따라 역학조사 또는 검체 채취 등을 실시하고, 추적조사 대상 입국자 명단을 거주지 관할 시, 도 통보 및 질병관리본부에 보고

- 집단 설사환자를 발견(확인)한 경우

: 유증상자 조사 또는 검체 채취 등을 실시하고, 추적조사 대상 입국자 명단을 거주 지 관할 시, 도 통보 및 질병관리본부에 보고

- 2인 미만의 단순설사환자를 발견(확인)한 경우
: 검역감염병 또는 해외유입감염병 감염이 의심될 경우 검체 채취 등을 실시하고, 설사증상자 명부 및 검체 채취 사실 등 필요한 사항을 거주지 관할 시, 도 통보 및 질병관리본부에 보고
- 모기매개 감염병 유증상자(말라리아 및 뎅기열 치료이력 자진신고자 포함)를 발견 (확인)한 경우
: 추적조사 대상 입국자 명단을 거주지 관할 시 · 도 통보 및 질병관리본부에 보고
- 지자체로부터 역추적조사대상자를 통보받은 즉시 환자의 동행자 명부를 파악하여 추적조사 대상 입국자 명부를 작성 후 거주지 관할 시, 도에 통보 및 질병관리본부 에 발생사실 보고

○ 시, 도, 군, 구
- 관할 거주지 입국자에 대해 신속하게 설사 등 이상 여부 유무를 확인(전화 등)
- 추적조사 결과 이상이 있는 경우에는 즉시 보건소 역학조사반이 출동하여 본인 및 필요시 접촉자에 대한 채변검사 실시(균 음성검사 시까지 관찰한 후 추적조사 결과 보고)
- 특별한 이상이 없는 경우에는 증상 발현시 조속히 보건소에 방문하여 채변검사를 받도록 당부하며, 입국일로부터 5일 후 전화 추적을 통해 이상이 없을 경우 추적조 사 완료 결과 보고 실시
- 감염병 환자로 확인 시 격리조치 등 필요한 조치를 취하고, 환자신고 여부 확인, 역학조사 및 추적관리 실시
- 역추적 조사대상이 되는 감염병(의심)환자를 발견(확인)한 경우 해당 (의심)환자가 입국한 공항, 항만 관할 검역소에 즉시 통보
- 설사증상자 외 추적조사 대상자 조사내용은 해당 감염병 대응 지침 또는 매뉴얼에 따름

〈보고 및 통보 방법〉

○ 검역소

: 질병보건통합관리시스템을 통해 보고 및 통보

○ 시, 도, 군, 구

: 감염병 의심 입국자 추적 관리 시스템을 통해 보고 및 통보

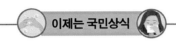

감염병 관리시설이란?

〈감염병 관리시설이란?〉

감염병을 예방하고 감염병 환자 등을 진료하는 시설

〈감염병 관리시설 설치 기준은?〉

① 음압병상

: 15㎡ 이상의 면적을 확보할 것

② 전실

: 음압병상이 있는 음압구역과 비음압구역을 물리적으로 구분할 수 있는 장소에 설치할 것

③ 화장실

: 음압병상이 있는 공간에 설치할 것

④ 음압용 공급, 배출 시설

: 다른 공급, 배출 시설과 구분하여 설치하고, 헤파필터(HEPA filter)를 설치할 것

⑤ 음압용 역류방지시설

: 음압병상이 있는 공간의 배관에 설치할 것

⑥ 음압용 배수처리집수조 시설

: 다른 배수처리집수조 시설과 구분하여 설치할 것

〈운영 기준〉

① 음압병상이 있는 공간과 전실 간에, 전실과 비음압구역 간의 음압차를 각각 -2.5 pa(-0.255 mmAq) 이상 유지할 것

② 음압병상이 있는 공간과 전실은 1시간에 6회 이상 환기할 것

③ 배수처리 집수조에 있는 물은 소독하거나 멸균한 후 방류할 것

- 감염병위기 시에는 지정된 감염병 관리기관이 아닌 의료기관을 일정 기간 동안 감염병 관리기관으로 지정 가능함.

보건소에 감염병 예방물품이 비축되어 있다?

〈재해 대비 감염병 예방물품 비축해두는 이유는?〉
재해로 인한 감염병의 발생을 대비한 감염병 예방물품의 비축 및 관리계획을 수립하여 신속하고 효율적인 감염병 예방관리 업무를 수행하기 위해.

〈비축 방침〉
- 감염병 예방 물품 및 방역 물품은 상시 비축한다.
- 지역 실정에 따라 보건소에 비축하며, 각 시도에서도 비축량을 확보하여 재해 시 필요한 시, 군, 구에 지원한다.

〈관리 방법〉
- 일반 감염병 예방물품과 재해대비용 감염병 예방 물품은 구분 없이 동일 장소에 보관 및 관리하되 최소한의 재해대비용 비축량을 유지, 관리한다.
- 감염병 예방물품의 적절한 관리를 위해 지원방식은 선입선출식으로 하고 특히 유효기간이 있는 물품은 유효기간이 초과되지 않도록 조치한다.

〈기본 품목〉

품목		용량 / 단위
손 세정제	고체비누	100g/개
	액체비누	250ml/개
손 소독제		50~75ml(휴대용), 500ml/개
차아염소산나트륨제제		1L, 500ml/개
살충제	유충구제용, 분무용, 연막용	450ml, 500ml, 1L/개

집단감염 예방관리체계

1) 집단시설과 다중이용시설에는 무엇이 있나?

〈집단시설이란?〉

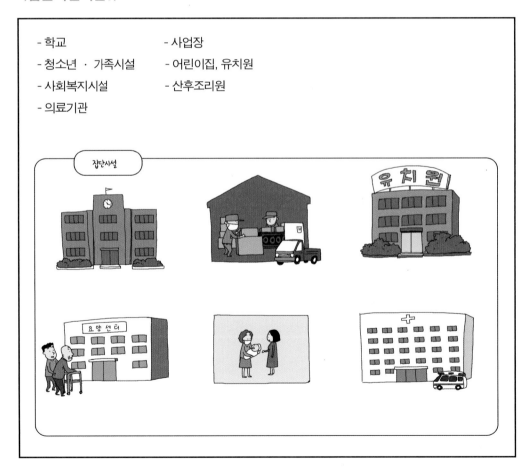

- 학교
- 청소년 · 가족시설
- 사회복지시설
- 의료기관
- 사업장
- 어린이집, 유치원
- 산후조리원

〈다중이용시설이란?〉

- 도서관, 미술관, 공연장
- 체육시설
- 버스 · 철도 · 지하철 · 택시 등 대중교통
- 쇼핑센터(대형마트 · 시장 · 면세점 · 백화점 등)
- 영화관
- 대형식당
- 대중목욕탕

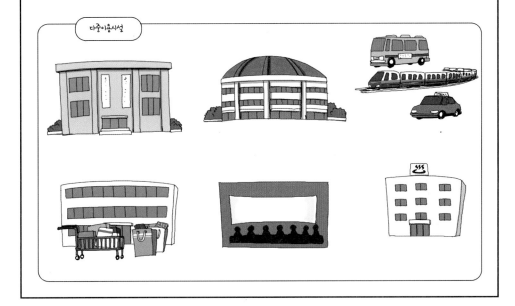

다중이용시설 분류체계

구 분	대상 시설
중점관리시설 (9종)	유흥시설 5종(클럽 · 룸살롱 등 유흥주점, 단란주점, 감성주점, 콜라텍, 헌팅포차)/노래연습장/실내 스탠딩공연장/방문판매 등 직접판매홍보관/ 식당 · 카페(일반음식점 · 휴게음식점 · 제과점영업)
일반관리시설 (14종)	PC방/결혼식장/장례식장/학원(교습소 포함)/작업훈련기관/목욕장업/공연장/영화관/놀이공원 · 워터파크/오락실 · 멀티방 등/실내체육시설/이 · 미용업/상점 · 마트 · 백화점/독서실 · 스터디카페
기타시설	중점 · 일반관리시설 23종 외 실내 시설

(자료: 중앙재난안전대책본부)

2) 집단감염 예방을 위한 관리 지침

〈기본 관리 지침〉

- 감염관리를 위한 전담직원 지정 배치
- 출입 시 사전위생 확인 등 전담직원 배치하여 관리 책임성 부여
- 시설출입 시 방역 관리 강화
- 시설 종사자 등은 개인위생 준수(마스크 착용, 손 씻기) 후 출입 안내
- 시설 관리자의 판단에 따라 시설 종사자 등에 대한 1일 2회 발열 또는 호흡기
  증상 확인(체온 확인 등 사전 체크)

〈다음과 같은 직원 또는 이용자는 출근 또는 이용을 중단〉

① 발열 또는 호흡기 증상이 나타난 직원 또는 이용자
- 증상이 나타나지 않을 때까지 출근 또는 이용을 중단할 것
- 발열 및 호흡기 증상이 나타나면 타인과의 접촉 및 외출을 자제하고, 자택에서 3~4
  일간 경과 관찰하도록 함

② 코로나19 발생국가 · 지역 여행력 있는 직원 또는 이용자

- 2주간 출근 또는 이용을 중단할 것

* 증상이 심해지면 ⇨ 콜센터, 보건소(☎1339, ☎지역번호+120)로 문의, 선별진료소
  를 우선 방문 진료

〈고용주 또는 시설관리자의 주의사항〉

- 위 ①, ② 조건에 해당하는 직원에 대하여 휴가를 주거나 휴업 조치를 할 때 불이익
  을 주지 않도록 주의
- 상기 조건에 해당하는 직원 또는 이용자에 대하여 발열 또는 호흡기 증상이 있는
  경우 출근 또는 이용을 하지 않도록 사전에 적극적으로 안내하고 관리할 것
- 가능한 영유아, 노인, 임신부, 장애인 등 취약계층의 이용 자제를 안내하고 관리할 것
- 시설 이용자에 대하여 발열 또는 호흡기 증상이 있거나 코로나19 관련 여행력이
  있는 경우 이용이 제한될 수 있음을 고지하고 주요 장소에 안내
- 직원 대상으로 코로나19 예방 수칙, 손 씻기, 기침예절 등 감염병 예방 교육 실시
- 손 씻기, 기침 예절, 코로나 예방을 위한 예방 수칙 등 각종 홍보물을 시설 내 주요
  장소에 부착

3) 집단시설, 다중이용시설 위생 관리 수칙

- 직원 또는 이용자가 밀폐된 공간에서 밀접하게 모이는 시설
  : 종사자에 대해 마스크를 착용시키고, 증상의 발생 여부를 철저하게 감독
- 시설 내 화장실 등에 개수대, 손 세척제(비누, 손 소독제 등)와 휴지 등을 충분히
  비치하기
- 손 씻기 및 세안 후에는 종이타월이나 개인용 수건 등으로 깨끗이 닦도록 하기
- 시설 내 휴지를 비치하여 즉시 사용할 수 있도록 하기

- 기침 시 사용한 휴지를 바로 처리할 수 있도록 쓰레기통을 곳곳에 비치하기
- 버스, 철도, 지하철, 택시 등은 개찰구, 손잡이, 화장실 등 소독 철저히 하기
- 시설 내 주요 공간의 청소와 소독을 강화
- 밀집도가 높은 장소와 고위험군 사용 공간에 대한 청결을 강화
- 시설 내 마스크, 체온계 등 감염예방을 위한 필수물품을 충분히 비치
- 이용객 중 희망자에게 마스크 배포
- 의심환자 발생시, 관할 보건소의 조치가 있기 전까지 의심환자가 대기할 수 있도록
  시설 내 격리공간을 확보
- 격리공간은 문을 닫을 수 있고 환기가 잘되는 공간으로 지정. 보건용 마스크를
  착용한 사람만 격리공간을 출입할 수 있도록 제한

돌봄 종사자의 집단감염 예방 사항

〈돌봄 종사자란?〉
- 요양보호사, 간병인, 가사도우미 등

〈돌봄 종사자 예방 조치사항〉
- 발열, 호흡기 증상 시 업무 배제 및 출근 금지
- 코로나19 환자가 아닌 것이 확인되면 업무 배제 해지 및 출근

〈의심환자 발견 시 조치〉
- 시설 내 의심환자 발견 시 관할 보건소에 즉시 신고
- 보건소에서의 조치가 있기 전까지, 의심환자에 대해서는 마스크를 씌우고, 확보된 격리공간에
  서 대기하도록 함
- 보건소 도착 전, 환자와 접촉하는 담당자도 마스크 착용
- 임시 격리공간 확보가 불가능한 경우, 시ㆍ도 (보건소) 지시 사항에 따라 수행
- 즉시 진료를 받도록 이송하거나, 보건소로 내소토록 함
- 이송시 타인에게 전파되지 않도록 의심환자가 마스크를 착용하도록 함
- 의심환자의 보건소 이송 이후에는 알코올, 락스 등의 소독제를 이용하여 환자가 머물렀던 격리
  장소를 청소

〈업무 주의사항〉
- 중국을 다녀온 직원 및 이용자는 입국 후 14일간 한시적 업무 배제 또는 이용(등원) 중단
  (예시) 2월 6일 15:00 입국자는 2월 20일(D+14)까지 업무 배제.
- 어린이집, 유치원, 학교 등은 결석 시 출석 인정, 격리 아동 임시보육 등
- 업무 배제된 자는 되도록 14일간 타인과의 접촉 및 거주지 밖 외출을 자제하고, 발열 및 호흡기
  증상이 나타나는지 스스로 관찰. (의심 증상 발생 시 보건소 또는 질병관리청 1339 콜센터로
  문의)

4) 집단 환자 발생시엔 어떻게?

가. 수인성 식품매개 감염병으로 집단 환자가 발생한 경우

2명 이상이 동일한 음식물(음용수 포함)을 섭취하여 설사, 구토 등 유사한 증상(장관 감염증 증상)을 보일 경우

〈이후 조치〉
- 시, 군, 구 기관에서는 감염병 집단 환자 발생 보고 관리 시스템의 환자발생 개요 및 전반적인 사항과 병력을 주관 보건소 담당자가 신속히 보고함
- 집단 발생을 인지한 보건소는 인지한 내용을 시스템에 보고하고 보건소 역학조사 실시
- 시, 도 기관에서는 보건소 보고 검토 후 승인 여부 확인(질병보건통합관리시스템) 하고, 역학조사 실시
- 시, 도 보건환경연구원: 실험실 확인 검사 및 결과 환류
- 질병관리본부: 시, 도 보고내용 확인, 역학조사 실시

나. 급성호흡기감염증으로 집단 환자가 발생한 경우

- 시간적, 공간적 연관성이 있는 인구집단에서 일상적인 수준 이상으로 급성호흡기 감염증이 발생하고,
- 감염병의 예방 및 관리에 관한 법률 제18조의 2(역학조사의 요청)에 의하여 의료인 또는 의료기관의 장이 역학조사를 요청하였을 경우
- 최대잠복기 내에, 동일 집단 시설에서 역학적 연관성이 있는 급성호흡기감염증 (제 4급 감염병)으로 인한 사망, 중증(입원 등), 합병증 사례가 2건 이상 발생하여 환자, 보호자 또는 기관장 등이 신고할 경우

〈급성호흡기감염증 종류〉

바이러스 (7)	아데노바이러스 감염증, 사람 보카바이러스 감염증, 파라인플루엔자 바이러스 감염증, 호흡기세포융합바이러스 감염증, 리노바이러스 감염증, 사람 메타뉴모바이러스 감염증, 사람 코로나바이러스 감염증
세균 (2)	마이코플라스마 폐렴균 감염증, 클라미디아 폐렴균 감염증

〈이후 조치〉

- 시, 군, 구 기관에서는 감염병 집단 환자발생 보고 관리 시스템의 환자발생개요 및 전반적인 사항과 병력을 주관 보건소담당자가 신속히 보고, 보건소 역학조사 실시.

* 질병보건통합관리시스템 → 감염병관리통합정보지원 → 감염병집단발생보고관리 → 집단발생관리 → 집단발생관리(보건소)

- 시, 도 기관에서는 보건소 보고 검토 후 승인 여부 확인(질병보건통합관리시스템), 관할 지역에 대한 역학조사 실시

〈두 개 이상의 관할 시군구에서 급성호흡기감염병 유행의 경우〉

- 시, 도 보건환경연구원: 실험실 확인 검사 및 결과 환류
- 질병관리본부: 시, 도 보고 검토 후 승인 여부 확인(질병보건통합관리시스템), 역학조사 실시

〈비상방역체계 흐름〉

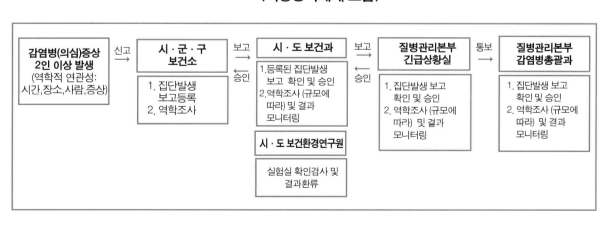

코로나 창궐 시대, 공공장소의 필수 제품: 발열을 자동 감지하는 '열화상 카메라' ① 국내개발 'MT30'

국내 개발 열화상 카메라 'MT30'
쉬운 사용법과 정확성으로 공공기관 출입구에 설치

코로나19 바이러스 감염이 전 세계적으로 심각해지고 장기화됨에 따라, 백신 개발만을 기다릴 수 없는 상황이 되었다. 현실적으로 모든 직장과 사업체를 폐쇄하거나 전면 재택근무로 전환하는 데는 한계가 있다.

따라서 사람들이 매일 많이 모이는 사업장이나 기관에서는 직원과 관계자, 방문자들의 건강을 위해 방역과 예방을 철저히 해야 한다. 코로나 감염 예방의 필수품으로 가정마다 체온계를 마련하고 있는 가운데, 사업장에서는 많은 사람들의 발열 여부를 확인하기 위해 열화상 카메라를 마련하는 곳이 늘어나고 있다.

감염병 유행 시 발열 체크를 하는 방법은 2가지가 있다.

1. 체온계 (접촉식 / 비접촉식) → 감염병 시기에 비접촉식 체온계 권장
2. 열화상 카메라 → 많은 사람들이 드나드는 장소에서 정확하고 편리하게 측정

최근 국내기술로 제조한 열화상 카메라의 경우 온도측정에 있어서 정확성이 매우 높고(오차범위 0.3도), 알람설정과 자동녹화 등의 편의성을 갖추고 있으며, 가격 면에서 기존 제품의 1/3 가격의 보급형으로, 크고 작은 사업장이나 기관에서 누구나 마련할 수 있게 되었다.

설치장소

명동성당 외 서울교구 성당 230곳

속초지방법원

발명교육센터

엠마뉴엘복지센터

세종시교육원

세종아이사랑어린이집

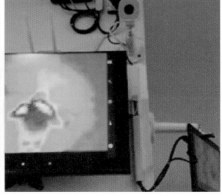

충남도청

뷰어프로그램 PC에 설치
홈페이지 다운로드

카메라 설치
삼각대에 카메라 장착
4M~7M 거리에 삼각대 위치

카메라와 PC 연결
Cable USB 단자를 PC에 꼽고
3pin을 카메라 아래에 연결

알람설정
기준온도(37.5) 설정
알람 켜기

온도 보정
정상체온 측정 후
36.5로 보정

측정모드 선택
다이나믹/사람/설정

뷰어프로그램 실행
Cusb포드 선택
동작 버튼 클릭

자료제공:e-mail:chaeun2019@nate.com

코로나 창궐 시대, 공공장소의 필수 제품:
발열을 자동 감지하는 '열화상 카메라' ②
블루텍디지털판매원 AI 안면인식 체온측정 카메라

온도측정 및 마스크 확인을 비대면으로!

얼굴/마스크 인식 시스템은 고도화된 딥러닝 기술로 마스크가 얼굴 일부를 가리거나, 안경과 마스크를 동시에 착용해도 사람을 정확하게 구분하고 체온까지 측정해주는 첨단AI(인공지능) 얼굴인식, 발열 체크, 출입통제 시스템입니다.

1인용

3~4인용

야외설치

스피드케이트/출입카드와 연동

▶ 음성 통보 및 저장된 Date를 확인 할 수 있습니다.
▶ PC와 연동, PC 화면에서 모니터링할 수 있습니다.

측정 범위

한번에 1명

50-70cm

1인용

Temperature sensor
Resolution: 32*32
측정거리: 50-70cm
동시측정: 1명

한번에 3-4명 또는 1명

1-2m

출근길 빠른 측정을 원하시면
3-4인용을 1인용으로 선택하
시면 됩니다.

3-4인 또는 1인용

Temperature sensor
Resolution: 120*90
측정거리: 0.3-2m
동시측정 : 3~4명 or 1명

PC에서 실시간 모니터링

Wi Fi

네트워크에 연결되어 있으면 PC에서
모니터링이 가능합니다.

연결구조

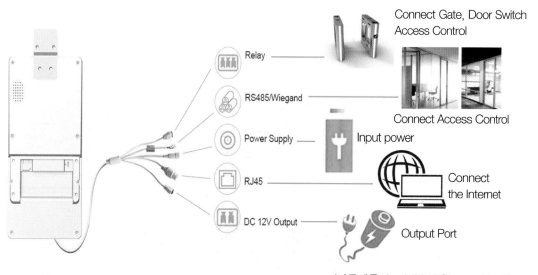

Connect Gate, Door Switch
Access Control

Relay

RS485/Wiegand

Connect Access Control

Power Supply — Input power

RJ45 — Connect
the Internet

DC 12V Output — Output Port

(자료제공: jamin2012@hanmail.net)

코로나 창궐 시대, 공공장소의 필수 제품: 발열을 자동 감지하는 '열화상 카메라' ③ 비대면 안면인식 열화상 카메라 '코비체크'

파워풀엑스 비대면 안면인식 열화상카메라 '코비체크'
→ 적외선 감지로 마스크 미착용자 출입시 경고음

- 적외선 감지 체온 측정 기능
- 마스크 착용 여부 확인 기능
- 마스크를 턱에 걸친 사람은 미착용으로 인식
- 마스크 미착용자 방문시 경고음
- 안면 인식하여 직원/외부인 여부 확인 기능 (정확도 99%)
- 발열자 방문시 경고음
- 동작 감지 센서로 2미터 이내에 사람이 접근할 때 자동 활성화 기능
- 2주간 출입자 로그 기록
- 방문자 최대 3만 명 기록
- 방문자 정보를 단말기에서 바로 확인 가능

정상체온 / 비정상체온

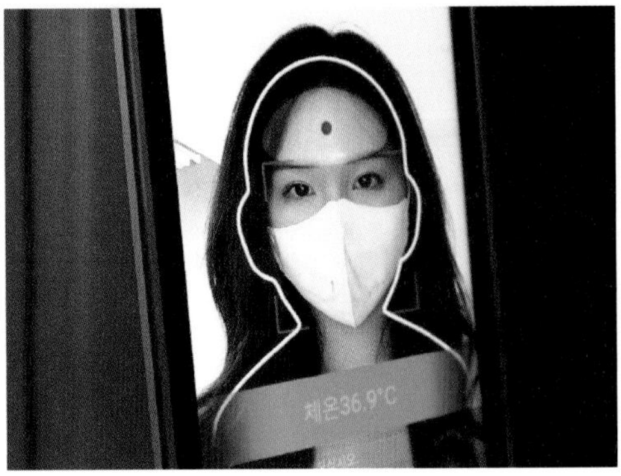

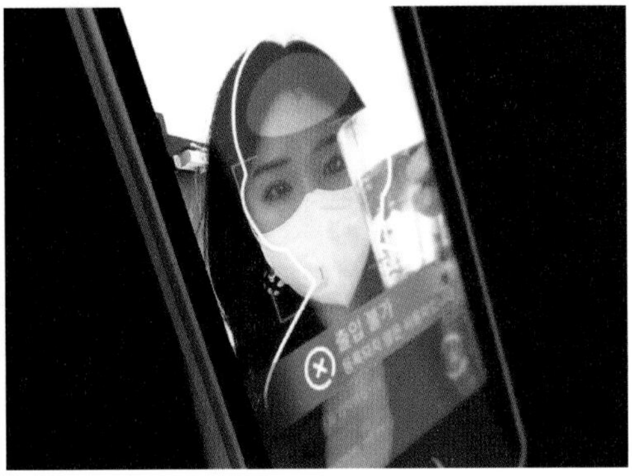

마스크 착용	마스크 미착용

매뉴얼도 필요없는 쉬운 설치/작동

#간편한 설치
(설치 기사 불필요, 한글 매뉴얼 제공)

#한국어 기본 설정
(전세계 언어 지원)

#쉬운 옵션 변경
(체온, 직원 등록, 마스크 옵션 등)
* 대부분의 기능 별도 소프트웨어 없이
태블릿 자체 변경 가능

#방문자 로그 데이터 직접 USB 추출

#안드로이드 기반 (확장성 용이)

코비체크 제품 크기

134mm
93mm
36mm
261mm
체온 36.9℃
60mm

실제 적용 예시

#사무실 #뷔페 #호텔 #식당 #편의점 #피트니스센터 #예식장 등

자료제공:e-mail:chaeun2019@nate.com

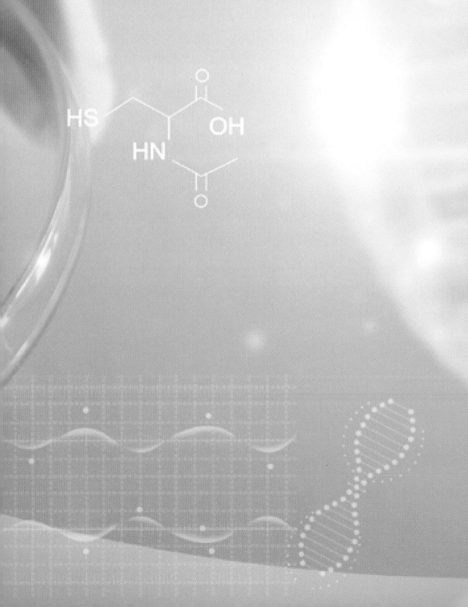

그동안 몰랐던 바이러스와
감염병의 세계

01

세균 vs. 바이러스, 어떻게 달라요?

● 바이러스는 19세기 말 현미경으로도 보이지 않는 초미세 병원체를 발견하면서 그 존재가 처음으로 알려졌다. 그렇다면 흔히 혼돈하기 쉬운 박테리아와 바이러스는 어떻게 다를까?

세균 (박테리아)	바이러스
바이러스보다 크다.	세균보다 작다. (세균의 1/50~1/100 크기)
숙주 없이 스스로 증식한다.	숙주(인간, 동물의 세포)를 통해 증식한다.
항생제로 치료한다.	항바이러스제로 치료한다.
항생제 개발이 비교적 쉽다.	항바이러스제 개발이 어렵다. Why? 빠르기 변이하기 때문!
핵(DNA), 인지질, 세포 내 소기관, 세포벽으로 이루어져 있다.	핵산(DNA, RNA)과 단백질로 이루어져 있다.

→ 바이러스는 자체적으로 증식 혹은 번식하지 못하고 다른 생명체의 세포에 기생해서 세포 내부에서 증식한다.

바이러스의 기초 상식

구 분	특 징	비 고
감기	다양한 200여 종류의 바이러스에 의해 발생	기침, 재채기
독감(인플루엔자)	상부 기도의 감염(오한, 재채기, 코막힘, 인후통, 기침)	겨울 유행
수두	어린이에 감염되어 발열과 수포를 동반	예방 접종
대상포진	신경분포 영역을 따라서 수포성 발진 감염, 면역력이 저하된 환자에게 발생	50~70세 사이
홍역	1~5세에 예방 접종을 받지 않은 어린이에게 선신 홍반늘 특징으로 하는 질환	접염성 높다
공수병	타액으로 전염되는 신경계에 치명적인 감염	열대지방
면역결핍 바이러스 (HIV), 후천성 면역 결핍증후군(AIDS)	초기 치료를 하지 않으면 장기간 감염으로 다른 감염에 대하여 면역력이 감소	혈액, 정액, 분비물, 타액, 모유 등 체액을 통해 전파

● 바이러스 구조와 특징

02

인류를 위협하는 새로운 바이러스

●인류 문명사는 '질병과 전쟁 역사' 라 할 수 있다. 14세기 중세 페스트는 유럽 인구 ⅕이 사망하고 1500년대 유럽인이 퍼뜨린 천연두 전염병으로 미주 대륙 90%가 사멸, 1918년 스페인 독감으로 5,000만 명이 사망했다. 인류의 숙적으로 불려온 콜레라, 장티푸스, 말라리아 등 세균 또는 원충에 의한 감염병은 항생제나 치료제로 극복할 수 있으나, 코로나를 비롯한 바이러스 감염병은 아직 직접적인 치료제가 많지 않아 예방 백신의 개발과 방역이 가장 중요하다.

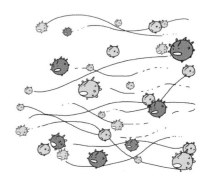

지구촌 질병 역사

구분	감염자 및 사망자	시기
흑사병	약 7,500만~2억 명 사망	14세기
독감	미국 10년간 2,000만 명이 감염, 1만여 명 사망	매년
스페인 독감	5억 명 감염, 5,000여 만 명 사망	1918년
천연두	1,000~1,500여 만 명 사망	1967년
홍콩 독감	700여 만 명 사망	1969년
사스(SARS)	37개국 8,096명 감염에 774명 사망	2003년
에볼라	전 세계 확진자 2만747명, 사망자는 8,235명	2009년
신종 플루	감염자 76만 명, 사망 270명	2010년
메르스(MERS)	25개국 2,430명 감염에 838명(한국인 38명) 사망	2015년

(출처 : (코로나 자연치유)

호흡기 바이러스에 대한 모든 것

바이러스가 호흡기관으로 침입함

→ 호흡기 점막의 세포에서 증식함

→ 호흡기관에 감염을 일으킴

→ 호흡기와 그 외의 기관에 감염과 병변을 일으킴

호흡기 바이러스 종류

- 인플루엔자 바이러스
- 니파 바이러스
- 사스(SARS 중증 급성 호흡기 증후군)
- 코로나 바이러스

- 홍역 바이러스

- 리노 바이러스

- 호흡기 세포융합 바이러스

- 유행성 이하선염 바이러스

- 헨드라 바이러스

- 풍진 바이러스

- 아데노 바이러스

메르스 바이러스

MERS-CoV (Middle East Respiratory Syndrome, 중동 호흡기 증후군)

● 발견

- 2012년 중동 지역에서 발생하였다.

- 사우디아라비아에서 급성 폐렴, 신부전

  증세를 보인 남성 환자의 폐에서 발견되었다.

- 코로나 바이러스의 변종 바이러스이다.

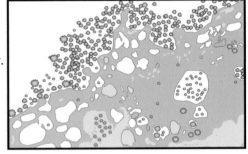

● 숙주, 관련 동물

- 단봉낙타가 주요 숙주로 알려져 있다.

세포로부터 출아하는 메르스 바이러스 입자의 모습

- 중동지역에서 낙타와 접촉해서 감염될 가능성이 높다.

● 전파

- 사람 간에 밀접접촉에 의해 전파될 수 있다.

- 감염 예방시설이 미비한 공간에서 비말 접촉을 통해 전파될 수 있다.

● 증상

- 2~14일의 잠복기를 거쳐 증상이 나타난다.

- 호흡기 증상 : 기침, 고열, 호흡곤란, 가래

- 소화기 증상 : 구토, 설사, 복통

- 두통, 오한, 콧물, 근육통

- 합병증 : 폐렴, 급성호흡부전, 급성신부전 등

● 국내 사례

- 2015년 5월 첫 감염자가 발생하여, 186명이 발생하였다. 그 중 38명이 사망하였다.

- 2018년 9월 또 다시 환자가 발생하였다.

● 치료제 : 치료제, 백신이 개발되지 않았다.

사스 바이러스

SARS corona virus

4장

● 발견

- 2002년 중국에서 발견되었다.

- 2002년 이전에는 사람 간의 감염이
  일어나지 않았다.

- 메르스 바이러스와 같은 코로나
  바이러스에 속한다.

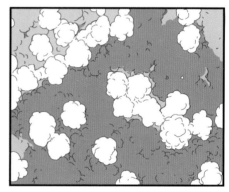

사스 바이러스의 모습

● 관련 동물, 숙주

- 주요 숙주는 관박쥐이다.

- 홍콩과 중국의 사향고양이와 관박쥐에서 유사한 유전자를 확인하였다.

- 2002~2003년의 사스 바이러스의 원인은 야생동물 시장의 사향고양이에서 기인한
  것으로 추정하였으나 정확하게 밝혀진 것은 아니다.

● 전파

- 직접 접촉, 비말 등을 통해 공기 전파된다.

● 증상

- 감염 후 4~6일 증상이 발현된다.

- 급성 호흡기 증후군을 유발한다.

- 호흡기 증상, 고열, 실신, 근육통 등

- 70% 이상의 환자에게서 비정상적 간기능 증상, 림프구 감소증, T세포 감소가 나타
  난다.

● 치료제

: 치료할 수 있는 항바이러스제가 없다.

신종 인플루엔자 A형 (H1N1)

novel swine-origin influenza A(H1N1), Influenza A(H1N1) pdm09

● 발견

- 2009년 3월 미국 캘리포니아주 샌디에이고에서 발열, 기침, 구토 증상을 보이는
  10세 아동의 비인두 흡입 검체에서 처음으로 검출되었다.

- 2009년 세계적으로 대유행을 일으켰다.

- 유전자 재조합에 의해 기존과 다른 새로운 바이러스가 발생할 수 있다.

● 관련 동물, 숙주

- 돼지독감 바이러스의 유전자가 재조합되고, 인간, 돼지, 조류의 유전자가 변종된
  인플루엔자 바이러스이다.

● 전파

- 감염된 환자의 비말(기침, 재채기에 의해 방출)에 의해 감염된다.

- 환자의 설사 등 체액에 의해 전파될 수 있다.

● 증상

- 감기와 비슷한 급성호흡기질환, 고열, 마른 기침, 인후통, 구토, 설사, 흉통

- 의심 환자 : 콧물과 코 막힘, 인후통, 기침, 37.8도 이상의 고열 중 1가지 이상의 증상을 보이는 사람. 7일 이내에 추정 환자 혹은 확진 환자와 접촉한 사람, 혹은 확진 환자 발생 지역에 방문했다가 귀국한 사람
- 추정 환자 : 인플루엔자A로 확인되었으나, 사람 인플루엔자 H1과 H3는 음성인 사람
- 확진 환자 : rRT-PCR 검사에 의해 신종플루 바이러스인 것으로 판명된 환자

● 치료제
- 오셀타미버('타미플루' 는 상품명)를 투약한다. (발병 후 28시간 이내에 투약)
- 합병증이 있으면 항생제도 투여한다.

니파 바이러스

Nipah virus

● 발견
- 말레이시아에서 1년간 약 100여 명의 사망자를 낸 뇌염의 원인인 신종 바이러스.
- 1998년 말레이시아 북부에서 니파 바이러스가 원인인 환자가 발생하였다.
- 말레이시아 '니파' 라는 지역에서 이 바이러스를 최초로 분리하였다.

● 숙주, 관련 동물, 전파
- 열대 우림에 서식하는 박쥐에게서 사람에게 전염되었다.
- 감염자 대부분이 양돈장에서 돼지를 접촉한 사람으로, '돼지열병' 이라 불리기도 하였다.

● 증상
- 고열, 두통, 어지러움, 호흡곤란
- 치사율 : 70%

● 치료제

: 백신이나 치료제가 없다.

지카 바이러스

Zika virus

● 발견

- 1947년 아프리카 우간다의 지카 숲에서 처음 발견되었다.

- 1952년 인체 감염 사례가 최초로 확인되었다.

- 2015년 브라질의 대규모 감염 사태가 유명하다.

● 숙주, 관련 동물

- 이집트숲모기에 물려 전파된다.

● 전파

- 주로 모기를 매개체로 전파된다.

- 공기 중 감염은 일어나지 않는다.

- 수혈이나 성적 접촉을 통해 감염될 수 있다.

● 증상

- 모기에 물린 후 2~7일 후 증상 발현된다.

- 고열, 피부 발진, 두통, 관절통, 충혈 등의 증세가 3~7일 진행된다.

- 신생아의 소두증(태아의 두개골이 너무 빨리 봉합되거나 뇌 발달이 지연되어 머리 크기가 정상인보다 작고 뇌 발육도 정상적이지 않은 질병)을 유발할 가능성 있다.

● 국내 사례

- 우리나라에서 2016년 브라질 방문자가 모기에 물려 감염되었다가 회복되었다.

● 위험 지역

: 아프리카, 중남미, 동남아시아

● 치료제

: 치료제나 백신이 개발되지 않았다.

뎅기 바이러스

Dengue virus

● 발견

- 뎅기열의 원인이 되는 바이러스로, 1943년에 처음 분리되었다.

● 관련 동물, 전파

- 열대지방의 모기에 의해 감염된다.
- 감염된 동물의 피를 먹은 모기가 사람을 물었을 때 바이러스가 침투해 감염된다.
- 사람 간의 감염은 잘 나타나지 않는다.

● 증상

- 5~7일의 잠복기를 거쳐 증상이 나타난다.
- 고열(뎅기열), 두통, 근육통, 황반, 코나 입 등 구강 점막 부위의 출혈(뎅기출혈열),
  혈변, 간염, 뇌염 증상, 혈액순환장애, 쇼크
 - 사망률 5%
 - 중증으로 발전하면 사망률이 20%까지 증가할 수 있으나, 조기에 치료하면 사망률
  을 1.5% 수준으로 낮출 수 있다.
- 전 세계에서 매년 약 5,000만~1억 명의 환자가 발생한다.
  이 중 50만 명이 뎅기출혈열, 뎅기쇼크로 입원한다.

● 치료제

: 현재까지 치료제가 없으며, 증상에 따른 대증요법으로 치료한다.

● 국내 사례

: 해외여행에서 감염된 사례만 보고되었다.

● 위험 지역

- 대부분의 동남아시아, 남태평양, 아프리카, 남미 열대 지방
- 2014년에 일본에서 70년 만에 뎅기열이 유행하였다.
- 최근 우리나라 남부지역에서도 뎅기 바이러스를 옮길 수 있는 모기가 발견되어 더
  이상 안전국가라고 확실할 수 없게 되었다.

뎅기 바이러스 위험 지역

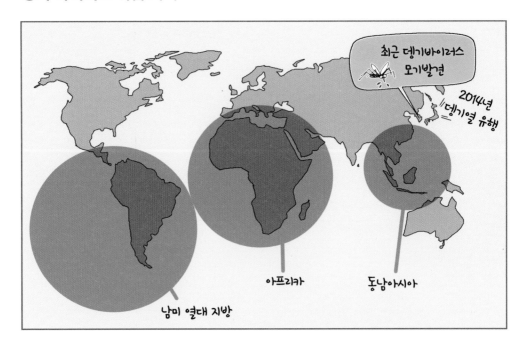

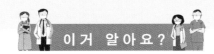

사스, 메르스, 신종플루 한눈에 비교하기

구 분	사스	메르스	신종플루
발생한 시기와 지역	2002.11. (중국 광둥성)	2012.4. (중동 사우디아라비아)	2009.3. (미국 샌디에이고)
유발 바이러스	사스 코로나 바이러스	메르스 코로나 바이러스	A형 인플루엔자 바이러스 (H1N1)
발병한 지역	아시아 전 지역	중동, 아시아	전 세계
동물 중간숙주	관박쥐, 사향고양이	단봉낙타, 박쥐	돼지
대유행한 시기	2002.11~2003.7	2012.4~현재	2009.4~2010.8

확진자 수	- 전 세계 : 8,096명
	- 국내 : 4명
		- 전 세계: 2494명
		  (2019.11월 기준)
		- 국내: 186명
		  (2019.8월 기준)
			- 전 세계: 153만
			  2,258명
			- 국내: 10만 7,939명

사망자 수
(치사율)
	- 전 세계: 774명
	  (10%)
	- 국내: 없음
		- 전 세계: 858명
		  (약 34%)
		- 국내 : 36명 (약 19%)
			- 전 세계: 1만
			  9,633명
			  (약 1%, 2010.8월 기준)
			- 국내: 260명
			  (약 0.24%,
			  2010.3월 기준)

잠복기	2~7일	2~14일	2~7일
주요 증상	고열, 호흡기증상	고열, 호흡기증상	독감 증상
치료제 여부	없음	없음	타미플루, 리렌자

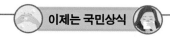
인플루엔자 바이러스는 왜 쉽게 감염되고 전파되나요?

- 인플루엔자 바이러스는 주로 공기 중의 비말(기침 등에 의한 침방울) 혹은 감염자, 비말이 묻은 물건과 접촉했을 때 전파된다.
- 인플루엔자 바이러스에는 A형과 B형이 있다. 그 중 A형 바이러스는 항원이 자주 변이되기 때문에 다양하고 새로운 변종 바이러스가 계속 생긴다.
- 새로 변이된 바이러스가 발생하면 인체는 새로운 바이러스에 대한 면역력이 없어서 쉽게 감염된다.
- 변종 바이러스가 지속적으로 발생하므로 항바이러스제를 개발하기가 어렵다.

03

지구온난화와 바이러스 창궐,
우리나라도 안전지대가 아닌 이유

한반도, 아열대기후로 변화 중

●대부분의 감염성 바이러스는 열대기후와 밀접한 관련이 있다. 특히 지역의 연간 기온와 강수량, 습도, 일조량 등 다양한 요소에 의해 민감한 영향을 받는 것으로 알려져 있다.

기온과 습도가 높고 낮음에 따라 감염병의 매개체가 되는 야생동물이나 곤충의 개체수가 영향을 받으며, 바이러스 활동성에 영향을 끼치기 때문이다.

즉 지구의 기후 변화는 다양한 종류의 감염병 발생 증가 및 확산을 초래하는 직접적인 원인인 것이다.

●문제는 최근 전 지구적으로 재앙을 불러일으킬 것으로 예상되는 지구온난화 현상의 영향으로 열대성 바이러스 감염병이 창궐할 수 있다는 점이다.

19세기 이후 지구의 평균 온도는 지속적으로 상승해왔으며, 지난 25년 동안에는 10년마다 섭씨 약 0.2도의 속도로 오르고 있는 것으로 밝혀졌다.

특히 사계절이 뚜렷한 온대기후였던 한반도의 경우, 지난 1세기 동안 해수면의 수온이 급상승하였으며, 이는 지구 전체의 평균적인 상승 정도의 3배에 달하는 것으로 알려졌다.

감염병을 전파하는 열대성 모기가 한반도에 서식

● 21세기 이후 한반도를 둘러싼 3면 바다의 해수 온도가 상승하여 해양 생태계가 변화하였고, 잡히는 어종이 달라졌으며, 제주도와 남해안에서 아열대 작물을 재배할 수 있게 되었다. 즉 지금 속도로 가면 2050년경에는 한반도가 더 이상 온대 기후대가 아니라 아열대 기후로 바뀔 수 있다고 예측하고 있다.

● 이러한 급속한 기후 변화는 각종 바이러스성 질병의 발생에 직접적으로 악영향을 끼칠 것이다. 특히 모기, 벼룩 등에 의해 전파되는 열대성 바이러스나 각종 야생동물을 중간숙주로 하여 인간에게 감염되는 바이러스는 전파 속도가 빠를 뿐만 아니라, 유전자 변이로 인해 치료제와 백신 개발이 어렵다.

● 최근 우리나라에도 열대 감염성 바이러스의 매개체가 되는 동남아시아의 흰줄숲모기 등이 발견되었다. 다만 아직까지는 열대 바이러스에 노출되지 않아 이 모기에 물리더라도 바이러스 감염 위험이 높지는 않으나, 해외에서의 전파와 기후 변화로 인하여 다양한 모기들이 서식하게 될수록 바이러스 감염 위험도 높아질 것으로 보인다.

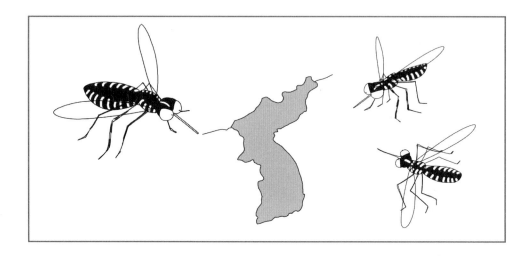

절대 접촉하지 말아야 할 바이러스 숙주 야생동물

중국 우한에서 발생한 코로나19는 박쥐 등 야생동물을 밀거래하는 재래시장에서 오염된 야생동물과 접촉한 환자에게서 처음으로 발생한 질병이다. 이처럼 인류를 위협하는 치명적인 바이러스 감염은 처음에는 주로 다음과 같은 경로로 전파된다.

야생동물이나 곤충, 절지동물 → 사람

동물 → 동물

사람 → 사람

이후 사람 간 전파에서는 대개 밀접접촉과 비말을 통해 감염된다. 이는 바이러스가 스스로 증식하지 못하고 동물의 세포를 통해 증식하기 때문이다. 이처럼 동물과 사람 간 서로 전염되는 병원체에 의해서 일어나는 전염병을 '인수공통감염병(Zoonosis)' 이라고 한다.

바이러스 전파의 주된 숙주가 되는 야생동물, 특히 최근 인류에게 위협을 가하고 있는 코로나 바이러스의 주된 숙주가 되는 동물에는 다음과 같은 종류가 있다.

- 낙타
- 박쥐
- 사향고양이
- 오소리
- 대나무쥐
- 천산갑

이 중에서 박쥐는 코로나 바이러스 숙주 중에서 가장 유력한 숙주로 알려져 있으며, 박쥐에서 검출된 바이러스가 코로나 바이러스와 유전자가 85% 이상 일치하는 것으로 밝혀졌다. 특히 중국과 동남아시아 등의 불법 야생동물 시장에서 이들 동물을 식용으로 판매하는 과정에서 인간에게 감염을 일으켰을 가능성이 가장 높다.

또한 멸종 위기종 동물인 천산갑은 박쥐에 의해 감염된 후 인간에게 감염을 일으킨 중간 숙주일 가능성이 높다. 따라서 야생동물 혹은 야생동물의 사체와 접촉하지 않는 것이 중요하며, 동물 불법 거래를 원천 차단할 필요가 있다.

모기가 옮기는 치명적인 감염병

바이러스성 감염병의 대부분은 각종 야생동물과 곤충에 의해 인간에게 전파된다. 박쥐가 대표적인 동물 숙주라면, 곤충 중에는 모기, 벼룩, 진드기 등의 절지동물이 있다. 그중에서 모기는 열대성 바이러스를 전파하는 가장 대표적인 매개체다. 동물과 인간에게서 흡혈을 하지 않는 수컷 모기는 감염병의 매개체가 되지 않으나, 암컷 모기의 경우 흡혈 시 침샘을 통해 바이러스를 사람에게 감염시킬 수 있다.

지구상에는 약 3,500종 이상의 모기가 서식하고 있으며, 모기로 인해 감염되는 대표적인 바이러스에는 다음과 같은 바이러스가 있다.

- 일본뇌염 바이러스
- 뎅기 바이러스
- 지카 바이러스
- 황열 바이러스

일본뇌염은 우리나라에도 잘 알려져 있는 바이러스로, 급성뇌염, 마비와 인지 장애, 신경학적 증상들을 일으킨다. 황열 바이러스는 고열, 복통, 황달 등을 일으키며, 주로 이집트숲모기를 매개로 전파되고, 인간과 영장류에게만 감염을 일으킨다. 중증인 경우 사망률이 높아지지만 황열 백신이 개발되어 있어 예방 가능하다.

이러한 감염병의 매개체가 되는 열대성 모기에는 다음과 같은 것들이 있다.

흰줄숲모기
- 주로 동남아시아에 서식한다.
- 청바지를 뚫을 정도로 무서운 모기로 알려져 있다.
- 뎅기 바이러스, 황열 바이러스 등을 전파할 수 있다.
- 최근 기후변화와 전 세계 교역으로 서식지가 확대되었다.
- 우리나라에도 전국에 서식한다.

이집트숲모기

- 주로 아프리카에 서식하며, 그 외 동남아시아, 중남미에 서식한다.
- 황열 바이러스의 주된 매개체로, 황열모기라 불린다. 그 밖에 뎅기 바이러스, 지카 바이러스 등
  의 전파를 매개한다.
- 최근 지구온난화로 일본에서도 서식한다.
- 우리나라 남부(제주도, 남해안 지역)에서도 발견된다.

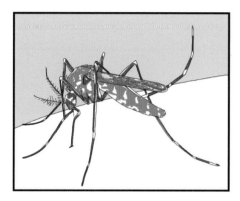 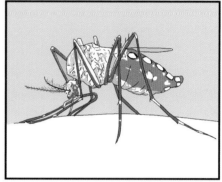

〈흰줄숲모기와 이집트숲모기〉

감염병을 옮기는 국내 모기 알아두기

신종 코로나바이러스 감염증(코로나19) 신규 확진이 매일 잇따르고 있는 가운데, 또 다른 감염병을 유발할 수 있는 여름철 모기에 대한 우려가 크다. 모기가 매개하는 대표적인 감염병이 말라리아와 일본뇌염이다.

말라리아, 발열 · 권태감이 주요 증상

말라리아는 플라스모디움이라는 말라리아 원충에 감염돼 발성하는 급성 열성질환이다. 1963년 법정감염병으로 지정된 말라리아는 퇴치사업 추진으로 사라졌다가 1993년 다시 국내에 출현해 매년 400~600명의 환자가 발생하고 있다.

우리나라에서는 중국얼룩날개모기 암컷이 말라리아 원충을 전파시킨다. 말라리아는 원충의 종에 따라 ▲삼일열 말라리아 ▲열대열 말라리아 ▲사일열 말라리아 ▲난형열 말라리아 ▲원숭이열 말라리아 5종으로 구분된다. 이 중 세계적으로 삼일열 말라리아와 열대열 말라리아에 감염되는 비율이 가장 높다. 국내에서는 삼일열 말라리아가 발생한다. 주로 휴전선 접경지역인 인천, 경기 · 강원 북부에서 모기가 활발히 활동하는 5~10월에 환자의 90%가 발생한다.

삼일열 말라리아의 전형적인 증상은 '발열' 과 '권태감' 이다. 서서히 상승하는 발열이 초기에 수일 지속되고, 두통이나 구역, 설사가 동반될 수 있다. 48시간 주기로 오한, 고열, 발한, 해열의 열 발작이 반복되는데, 춥고 떨린 후 체온이 상승하는 오한기가 먼저 나타난다. 이후 피부가 고온건조해지고 빈맥, 빈호흡 등을 보이는 발열기가 3~6시간 이상 지속되고 땀을 흘리는 발한기로 이어진다. 치료하지 않으면 증상이 일주일에서 한 달, 혹은 그 이상 지속된다. 어린이나 고령자, 면역부전환자가 아니면 다행히 중증으로 진행되지 않고 적절한 치료로 완치된다.

말라리아 증상이 의심되면 빨리 병원에서 검사를 받아야 한다. 먼저 신속진단키트검사(RDT Kit)를 통해 15~20분 이내에 감염 여부를 확인할 수 있다. 하지만 말라리아 원충의 종을 감별할 수는 없기 때문에 양성이 나오면 추가검사를 실시해 확진한다. 말라리아 종류에 따라 치료법도 달라지기 때문이다. 혈액도말 검사나 유전자 검출 검사(PCR)로 말라리아 원충 또는 특이유전자를 확인할 수 있다. 말라리아는 백신이 없어 가능한 한 모기에 물리지 않도록 해야 한다.

일본뇌염, 무증상이거나 발열 생기기도

일본뇌염은 일본뇌염 바이러스에 감염돼 나타나는 급성 중추신경계 질환이다. 질병관리본부는 지난 3월 제주, 전남 지역에서 올해 처음 일본뇌염 매개모기 '작은빨간집모기' 가 채집돼 전국에 일본뇌염 주의보를 발령했다. 일본뇌염은 8월 하순~9월 중순까지 전체의 환자의 80%가 집중적으로 발생한다. 작은빨간집모기는 전체적으로 암갈색을 띠고 뚜렷한 무늬가 없다. 크기는 소형(약 4.5mm)으로 수눙이 숭앙에 넓은 백색 띠가 있으며 논이나 동물축사, 웅덩이 등에 서식한다.

일본뇌염 주의보는 매년 일본뇌염 유행예측사업(3~11월)에서 작은빨간집모기가 처음 채집됐을 때 발령하는데, 올해 주의보 발령은 작년보다 2주 정도 빨랐다. 남부지역 1~2월 평균기온이 평년대비 2.3~2.6도 상승했기 때문으로 추정된다.

일본뇌염 바이러스를 가진 작은빨간집모기에 물리면 99% 이상이 무증상 또는 열을 동반하는 가벼운 증상을 보인다. 하지만 일부(250명 중 1명)에서 증상이 발현되며 치명적인 급성뇌염으로 진행될 수 있다. 이 중 20~30%는 사망한다. 일본뇌염 예방을 위해서는 예방접종을 하고, 모기에 물리지 않게 해야 한다. 국가예방접종 사업 대상인 생후 12개월에서 만 12세 이하 어린이는 표준예방접종일정에 맞춰 접종을 완료해야 한다. 성인은 면역력이 없고 모기 노출에 따른 감염 위험이 높은 대상자에 속할 때 일본뇌염 예방접종이 권장된다.

땀 흘린 뒤 바로 샤워하고, 모기 기피제 활용

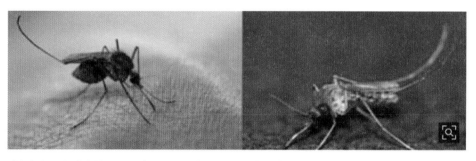

말라리아를 매개하는 중국얼룩날개모기(왼쪽)와 일본뇌염을 매개하는 작은빨간집모기/사진= GC녹십자의료재단, 질병관리본부 자료

모기에 물리지 않으려면 주 1회 집 주변 모기 유충이 서식할 수 있는 인공용기, 웅덩이 등 물이 고인 장소를 점검해 유충을 제거해야 한다. 운동 등으로 땀을 흘린 사람은 땀 냄새로 모기를 유인할 수 있어 반드시 샤워한다.

옷은 되도록 피부를 많이 덮고, 두껍고, 피부와 옷 사이 공간이 넓은 것을 택하는 게 좋다. 토시나 장화, 모자, 망사두건을 쓰는 것도 방법이다. 모기 기피제를 몸에 뿌리는 것도 도움이 된다. 밤에는 모기가 실내로 침입하지 못하도록 취침 전 모기장을 사용하거나 방충망을 점검한다.

〈출처: 헬스조선 2020.7.20, '감염병 옮기는 '두 모기' 생김새 알아두세요' , 이해나 기자〉

04

신종 코로나 바이러스(COVID-19)의 정체는 무엇인가?

● **코로나 바이러스란?**

- 바이러스 표면에 뾰족한 모양의 돌기가 있는 바이러스군을 통틀어 일컫는다.
- 돌기가 왕관 모양(Corona)을 닮았다고 하여 코로나 바이러스라 불리게 되었다.
- 원형이나 타원형의 입자 모양이다.
- 입자의 지름은 80~100nm(나노미터=1마이크로미터의 1/1,000)이며, 신종 코로나 바이러스의 지름은 0.06~0.1 μm(마이크로미터=1밀리미터의 1/1,000) 이다.

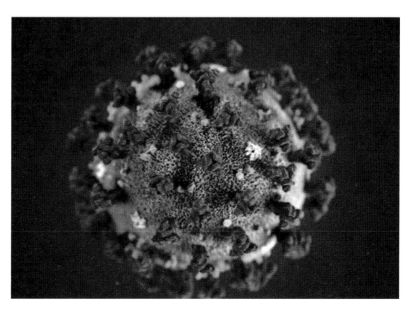

〈신종 코로나 바이러스 감염증(코로나19) 병원균 모형- 미국 질병통제예방센터(CDC) 발표〉

● 신종 코로나 바이러스 = 변이된 코로나 바이러스의 한 종류

- 코로나 바이러스는 1960년대에 처음 발견되었다.
- 형태와 특성에 따라 알파, 베타, 감마, 델타 4가지가 있다.
- 인간에게 감염을 일으키는 코로나 바이러스 7개는 다음과 같다.

〈감기 원인 바이러스 4가지〉

229E : 알파
NL63 : 알파
OC43 : 베타
HKU1 : 베타

〈치명적인 감염병 바이러스 3가지〉

MERS-CoV : 베타
　→ 중동 호흡기 증후군(메르스)을 일으키는 바이러스.

SARS-CoV : 베타
　→ 중증 급성 호흡기 증후군(사스)을 일으키는 바이러스.

SARS-CoV-2 : 베타 = 신종 코로나 바이러스
　→ 중국 우한에서 발생한 폐렴에서 분리한 신종 바이러스. 즉 항원 변이된 베타형 코로나 바이러스의 일종이다. 치사율은 메르스, 사스보다 낮으나, 전염성은 메르스, 사스보다 훨씬 강하다.

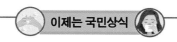

코로나 바이러스, 정식 명칭은 무엇?

세계보건기구(WHO)의 공식 명칭

질병 이름 : COVID-19

바이러스 이름 : SARS-CoV-2

우리나라에서 통용되는 명칭

코로나바이러스감염증-19 (줄여서 '코로나19')

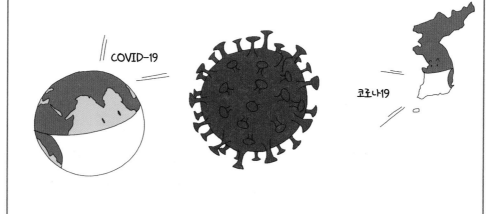

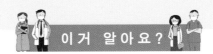
코로나 바이러스, 얼마나 오래 생존하나?

신종 코로나 바이러스 생존 시간

- 스테인리스, 플라스틱, 알루미늄, 유리, 종이 등의 물체 표면 : 수 시간~72시간 생존
- 구리, 철 등의 금속 표면 : 2~4시간 생존
- 목재, 나무 표면 : 24시간 생존
- 비말(침방울 등) : 24시간 이상 생존

신종 코로나 바이러스가 가장 잘 사멸하는 환경

- 에틸에테르, 75%의 에탄올, 염소를 함유한 소독제, 과산화아세트산에 노출

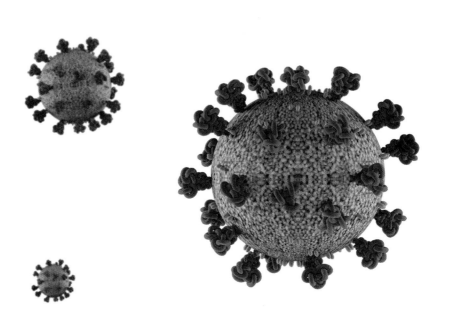

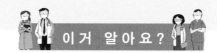

백신에는 어떤 것이 있나요?

백신(vaccine)이란?

- 라틴어 Vacca(= '소' 를 의미. 백신이 소의 우두에서 맨 처음 만들어졌기 때문)에서 유래.
- 1796년 영국 에드워드 제너가 천연두를 치료하기 위해 처음 개발했다. 수젖을 짜는 여인이 손바닥의 종기에서 고름을 채취하여 8살 소년에게 주사하자, 몇 주 후 진짜 천연두 고름을 주사하여도 천연두에 걸리지 않는 것을 발견하였다.

대표적인 백신

광견병 백신
- 프랑스 미생물학자 파스퇴르가 1885년 광견병 백신을 개발하였다. 1881년 탄저병이 유행할 당시, 백신을 주사한 소와 양의 무리가 탄저병에 걸리지 않는 것을 발견하고 개발하게 되었다.

장티푸스, 페스트, 콜레라 백신
- 백신의 발견과 연구로 19세기에 개발되었다.

결핵 예방 백신(BCG)
- 1909년에 개발되었다. 현대의학의 백신의 대표로 꼽힌다.

소아마비 백신
- 1949년 소크 박사가 세포배양법을 통해 바이러스 증식을 성공하면서 개발하였다.

천연두 백신
- 천연두는 18세기 유럽에서만 매년 40만 명의 사망자를 발생시키는 질병이었으나, 백신 개발 이후 1977년 소말리아에서 마지막으로 발견되고, 1980년 세계보건기구(WHO)가 공식적으로 천연두 박멸을 선포하였다.

백신의 종류

- 생백신 : 바이러스의 병원성을 약하게 만들어서(=약독화) 주입함으로써 자연상태의 감염과 비슷한 반응을 유도하고 인체의 면역체계를 활성화시키는 백신. 단, 안전성은 부족하다.
- 사백신(불활화 백신) : 죽은 바이러스를 인체에 주입해서 면역체계를 속여 항체를 만드는 백신. 단, 면역효과는 적다.
- 특이항원 추출 백신 : 병원체 성분 중 면역기능을 일으키는 항원 성분만 추출해 만드는 백신. 방어에 필요한 항원 부위에 대해서만 면역 기능을 가진다.

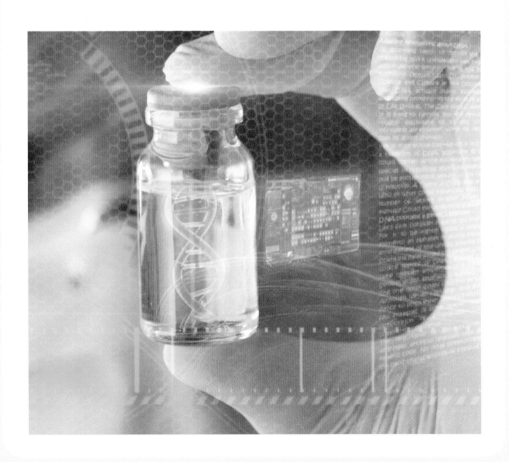

코로나19 백신 출시, 어떻게 되는가

연내 코로나 백신 5개 승인… 내년 말까지 총 7~9개 출시

맥킨지 코로나19 백신 보고서

아스트라제네카 · 옥스퍼드 백신 FDA 첫 긴급사용승인 9월 가능

화이자 10월 등 잇단 승인 전망

올해 4분기 · 내년 1분기 중 공급 내년 90억 도스 전 세계 풀릴 것

맥킨지 전망 코로나19 백신 출시 시점 *자료=맥킨지

개발 주체	백신	긴급사용승인 예상 시점
미국 아스트라제네카·영국 옥스퍼드대	AZD1222	2020년 9~10월
미국 화이자·독일 바이오엔테크	BNT162	2020년 10월
미국 모더나	mRNA-1273	2020년 10~12월
중국 시노팜	후보물질 2종	2020년 12월
미국 존슨앤드존슨	Ad26 SARS-CoV-2	2021년 1~3월
호주 박신·한국 메디톡스	COVAX-19	2021년 초

"미국 식품의약국(FDA)이 2년 내 최소 7~9개 코로나19 백신에 대해 긴급사용승인(EUA)을 내줄 것이다."

글로벌 경영컨설팅 기업 맥킨지가 최근 내놓은 '노심초사: 코로나19 백신이 세계를 구할 것인가?(On pins and needles: Will COVID-19 vaccines `save the world`?)" 보고서의 골자다. 맥킨지는 연내에 5개 그리고 내년까지 총 7~9개 코로나19 백신 제품이 FDA 승인을 받은 뒤 내년 말까지 80억~90억 도스(dose · 1도스는 1회 접종량) 규모로 전 세계에 공급될 것이라고 진단했다.

현재 전 세계 주요국이 앞다퉈 개발하고 있는 코로나19 백신이 잇따라 승인을 받을 것으로 낙관하고 있는 셈이다.

7월 말 기준 전 세계에 공개된 코로나19 백신 후보물질은 총 250여 개에 달한다. 이미 30개 후보물질이 임상에 들어간 상태로, 연내 임상시험을 개시할 예정인 후보물질까지 합치면 총 50개 물질이 임상 중이거나 임상 대기 중이다. 맥킨지 보고서에 따르면 가장 빨리 FDA 긴급사용승인을 받을 것으로 예상되는 후보물질은 영국 옥스퍼드대와 아스트라제네카가 공동 개발하고 있는 AZD1222를 꼽았으며 시기는 오는 9~10월이 유력하다. 보고서는 "올해 말까지 AZD1222 7억도스, 2021년까지 20억 도스를 생산할 수 있을 것"이라고 내다봤다.

다음은 미국 화이자와 독일 바이오엔테크가 공동 개발하는 BNT162로 승인 시점을 10월로 봤다. 미국 모더나의 mRNA-1273은 10~12월 중 승인을 받을 것으로 맥킨지는 전망했다. 이어 중국 시노팜의 코로나19 백신 후보물질 2종은 12월, 미국 존슨앤드존슨이 개발하고 있는 Ad26 SARS-CoV-2는 내년 1분기로 예상했다. 보고서는 또 모더나와 MSD · 테비스 바이오사이언스, 즌슨앤드존슨, 노바백스, 사노피파스퇴르 등도 내년 말까지 10억 도스씩은 충분히 생산 가능할 것으로 분석했다. 화이자 · 바이오엔테크는 3억 도스, 시노팜은 2억 도스, 시노백은 1억 도스를 생산할 수 있고, 이노비오는 1억 도스 미만이다. 맥킨지는 백신 공급 시점과 관련해 "올해 4분기와 2021년 1분기 사이 제공될 것"이라며 "2021년 말에 이르면 추가 후보물질이 줄을 이을 것"으로 내다봤다. 맥킨지는 "전 세계 백신 제조사들의 제조역량을 모두 합치면 연말까지 10억 도스, 내년 말까지는 총 80억~90억 도스 생산이 가능할 것"이라고 기대했다.

각 백신의 효능에 대해 맥킨지는 "아스트라제네카 · 옥스퍼드대, 시노팜, 화이자 · 바이오엔테크 등이 발표한 코로나19 백신이 1 · 2상 임상시험 안전성과 면역원성 초기 데이터 측면에서 가장 유망한 것으로 보인다"며 "제한된 수의 피험자를 대상으로 삼았기 때문에 추가 데이터가 필요하지만 초기 결과만 놓고 본다면 후보물질들이 잠재적 효능 지표인 중화항체를 어느 정도 형성한다는 사실을 보여준다"고 강조했다.

[출처: 매일경제 2020년 8월 13일 김시균 기자]

05

주요 증상과 확진 기준

■ 발병과 증상

- 잠복기 : 2~14일
- 기초 감염 재생산 지수(=감염자 한 명이 감염시키는 숫자) : 2.2~3.8명
- 평균 연쇄감염 간격(=감염자가 비감염자를 감염시키는 평균 시간) : 7.5일
- 확산 초기에 발병~입원까지 소요된 평균 기간 : 12~13일

일반적인 주요 증상

- 발열
- 마른 기침
- 두통
- 근육통
- 인후통
- 피로감
- 호흡 곤란 (숨 참)
- 설사
- 콧물, 가래 : 드물게 나타남

- 일부 환자는 발열이 없는 상태에서 오한, 호흡기 증상만 나타내기도 한다.
- 일부 환자는 무증상이거나 증상이 경미한 경우도 있다.

중증 환자가 주로 나타내는 증상

- 섭씨 38도 이상 고열
- 폐렴 및 호흡 곤란
- 발작
- 복부 통증
- 구토
- 패혈증
- 패혈성 쇼크
- 신부전
- 병세가 경증에서 중증으로 갈수록 호흡 곤란을 호소한다.

■ 코로나19로 의심할 수 있는 2가지 기준

1. 역학적으로 의심될 만한 상황인가?
→ 최근 14일 이내에 감염지역을 방문한 적이 있거나, 환자와 접촉했을 가능성이 있다.

2. 의심 증상이 있는 상황인가?
→ 발열 + 폐렴 증상이 있다.

■ 확진 방법은?

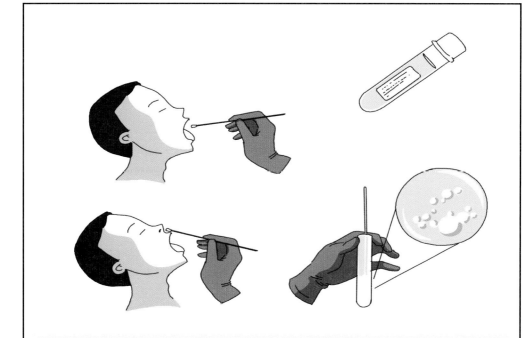

1. 앞에 제시한 2가지 의심 기준에 맞을 경우

2. 인후나 상기도에서 면봉으로 채취하거나 분비물을 채취한다.

3. 채취한 표본으로 유전자 증폭검사(rRT- PCR) 실시하거나, 유전자 검사를 실시하여 코로나19
바이러스와 일치하는지 확인한다.

4. 양성이거나 일치할 경우 확진 판정한다.

코로나? 폐렴? 헷갈리는 증상들

메르스, 사스 바이러스로 인한 증상

- 메르스와 사스는 코로나19와 같은 코로나 바이러스 종류에 속한다.
- 신종 코로나19 바이러스는 기존의 코로나 바이러스에서 변이된 바이러스로, 메르스나 사스 바이러스와는 유전자 배열이 다르다.
- 그러나 메르스, 사스, 코로나19 바이러스로 인한 증상은 매우 비슷하여, 겉으로 발현되는 증상 및 흉부 엑스레이 사진으로도 구별하기 어렵다.

세균성 폐렴

- 포도상구균, 연쇄상구균, 쌍구균 등의 병원균으로 발생한다.
- 고열, 기침, 호흡기 증상, 가래, 쌕쌕거리는 호흡, 흉부 통증, 구토, 설사 등의 증상이 나타난다.
- 전염성이 없다는 점에서 코로나 바이러스 등 바이러스성 폐렴과는 다르다.

바이러스성 폐렴

- 인플루엔자, 리노 바이러스, 니파 바이러스, 아데노 바이러스 등으로 인해 발생한다.
- 세균성 폐렴과 증상이 비슷하나, 세균성 폐렴보다 서서히 진행되고, 기침이 심해지며, 열은 미열이 나타난다.

06

감염되는 경로

■ 코로나19의 3대 감염 경로

1. 비말
2. 접촉 ① 사람 접촉 ② 물건 접촉
3. 체액 (바이러스 감염된 환자의 침, 대소변 등)

■ 호흡기 비말이란?

비말이란?
기침, 재채기, 말을 할 때 튀어나오는 수분을 포함한 과립 = 침방울 크기 : 지름 5 μm(마이크로미터),(1 마이크로미터는 100만 분의 1m) 이상

- 특징
  ① 공기 중에 오랜 시간 있지는 못한다. why? 크기가 큰 편이기 때문!
  ② 가까운 거리에 있는 사람의 피부, 점막, 물건 등의 표면을 감염시키기 쉽다!

■ 어떻게 접촉할 때 감염되나?

- 바이러스 병원체가 직접적으로 피부나 점막을 감염시킬 때
- 바이러스 병원체를 지닌 분비물(비말, 침, 혈액 등)과 접촉했을 때
  → 피부나 점막을 통해 체내로 바이러스가 침투함
- 바이러스에 감염된 사람이나 바이러스에 오염된 물건을 만진 후 그 손으로 호흡기
  (코, 입)나 눈을 만졌을 때
- 감염된 사람 간에 심폐소생술을 할 때
- 오염된 기구로 혹은 감염된 환자와 의사 간 기관지 내시경 검사나 기도 삽관을
  할 때

집단면역이란?

집단면역(Herd Immunity)

집단의 총인구 중 면역성을 가진 사람의 비율로 정의한다. 한 집단 내에서 특징 감염병에 대한 면역력을 가진 구성원 수가 일정 수준 이상이 되어 감염병이 전파되기 어려워진 상태로, 전염병에 대한 집단의 저항성을 나타내는 지표로 사용한다. 군집면역이라고도 하는 집단면역은 감염이나 예방접종을 통해 이뤄진다. 많은 국가에서 예방접종을 통해 집단면역을 유도하고 있다.

(출처: 두산백과)

집단면역이란 한 사회의 구성원의 대다수가 특정 바이러스에 대한 면역력이 높아져, 백신을 접종하지 않은 사람들도 방어력이 생기는 면역능력을 말한다.

구성원 대다수의 면역력이 향상되면
→ 바이러스 감염과 발병률이 낮아진다.
→ 바이러스를 보유한 병원체의 총량이 줄어든다.
→ 감염 위험률이 낮아진다.

집단면역이 생길 수 있는 조건
- 사람 간 전파, 전염되는 질병이어야 한다.
- 백신을 통한 예방접종은 집단면역을 유도할 수 있는 방법이다.

전문가들 간에도 의견 분분,
코로나19 집단면역 가능한가?

집단면역 가능하다?
인도 빈민가, 57%가 항체 보유

인도 뭄바이 빈민가가 세계 최초의 신종 코로나바이러스 감염증(코로나19) 집단면역 형성지가
될 것으로 보인다.

〈블룸버그통신〉과 영국 일간 〈가디언〉은 이 같은 내용을 29일(현지 시각) 전했다. 뭄바이 소재
'타타기초 연구소'와 시 당국이 지난달 빈민가 주민 6,936명을 대상으로 피 검사를 한 결과, 주
민의 약 57%가 항체를 가지고 있었다. 빈민가가 아닌 지역에 사는 사람은 16%만 코로나19 항
체를 가지고 있는 것으로 나타났다.

집단면역은 인구의 약 60% 이상이 해당 바이러스에 대한 항체를 가져, 확진자가 생겨도 감염이
더 이상 확산하지 않는 상태를 말한다. 이번 조사 결과가 사실로 확인되면 뭄바이 빈민가 주민은
전 세계에서 가장 높은 코로나19 항체 보유율을 지니게 된다.

미국 뉴욕 주민의 경우 코로나19 피해가 심각하던 지난 4월 항체 보유율이 21.2%였다. 집단면
역을 방역 대책으로 내세웠던 스웨덴 수도 스톡홀름도 지난 5월 주민의 14%가량만 항체를 보유
했다고 〈블룸버그〉는 전했다.

인도 국립역학연구원의 과학자문위원회 회장인 자야프라카시 물리일은 "뭄바이 빈민가에 집단
면역이 형성됐을 수 있다"고 말했다. 빈민가에서 이토록 많은 주민이 항체를 보유하게 된 건 그
만큼 코로나19의 급격한 확산이 가능했기 때문으로 보인다.

공중변소 한 곳을 무려 80명이 공유할 정도로 기본 위생 시설이 열악하고 인구 밀도가 높은 이
지역에선 사회적 거리두기가 사실상 불가능하다. 실제 이곳 빈민가들은 최근 들어 신규 확진 사
례가 급격히 줄었다. 인도 전체의 확산세는 거세지는 가운데 이 지역에서만 눈에 띄게 신규 감염
사례가 감소했다.

그간 신규 격리시설 확립 등 정부의 엄격한 방역 조치가 현상의 원인으로 지목됐지만, 이번 조사

결과로 집단면역도 하나의 요인으로 부상했다고 블룸버그는 평가했다. 더불어 블룸버그는 "뭄바이 빈민가 주민은 대체로 젊고 코로나19 중증을 앓을 가능성이 작다"고 전했다.

인도는 코로나 누적 환자 수 기준으로 미국, 브라질에 이어 세계 3위다. 미 존스홉킨스대 집계 기준으로 인도에서는 지금까지 누적 코로나 확진자 153만1,669명, 사망자 3만 4,193명이 발생했다.

<출처: 헬스조선 2020.7.30.
'인도 빈민가, 세계 최초 '집단면역' 형성할까… 57%가 항체 보유', 이해나 기자>

집단면역, 말도 안 된다
세계보건기구(WHO)는 강력히 반대

세계보건기구는 일부에서 주목하고 있는 집단면역 전략에 강력히 반대하고 나섰다. 마이크 라이언 WHO 긴급준비대응 사무차장은 29일(현지 시간) SNS를 통해 진행된 질의응답에서 "집단면역을 목표로 삼는 것은 어떤 면에서는 질병을 통제하지 않겠다는 의미"라며 현재 참상을 볼 때 용납할 수 없는 시나리오라고 평가했다.

집단면역이란 특정 지역 주민 대다수가 바이러스에 노출된 후 면역력을 지녀 바이러스가 더 이상 쉽게 확산하지 않는 상태를 말한다. 면역력을 지닌 사람이 다수가 되면 바이러스가 전파되는 중간중간 차단되면서 면역력이 없는 소수가 사실상 면역력을 지닌 사람들에 의해 보호가 되는 것이다.

전문가들은 그러나 이러한 수준에 달하려면 해당 지역 주민의 최소 60%가 항체를 보유해야 한다고 본다. 이 정도 수준으로 항체가 형성되려면 백신이 개발되거나 그만큼의 사람들이 바이러스에 감염됐다가 회복해야 한다.

라이언 사무차장은 "집단면역 형성에 필요한 항체 보유율이 얼마든 간에 우리는 그 근처에도 못 갔다"며 "그 수치에 도달하려면 바이러스가 지역 사회에서 더 많이 퍼져야 한다는 뜻"이라고 지적했다. 그러면서 집단면역을 목표로 삼는 것이 얼마나 무책임한지 강조하며 코로나19로 인해 벌어지는 참상을 지켜보라고 지적했다.

즉 "항체 보유율이 높아질 때까지 그저 기다리기만 한다면 병원 업무가 마비되고 많은 사람이 사망할 것"이라는 것이다. 코로나19에 감염된 환자가 생존하더라도 심혈관계, 신경계가 손상되는 등 장기적인 증상을 앓을 수 있다는 경고도 함께 했다.

스웨덴은 공식적으로는 부인했지만 사실상 집단면역을 염두에 두고 방역 대책을 펼친 것으로 평가받고 있다. 스웨덴 방역당국은 엄격한 봉쇄 조치는 지속 가능하지 않다면서 코로나19 사태 초기부터 느슨한 통제 속에 주민들이 자연스럽게 면역력을 갖게 하는 방식을 택했다.

그러나 수도 스톡홀름 주민들의 지난 5월 항체 보유율은 14%에 그쳤다. 대신 스웨덴에서는 코로나19로 인한 노인 사망이 급증했다. 이 때문에 노인 등 취약층을 집단면역의 희생물로 삼은 것 아니냐는 비판이 나왔다.

〈출처: 서울신문 2020.7.30., 'WHO "집단면역? 사람 죽도록 내버려두란 것" 반대', 신진호 기자〉

07

비말 감염과 에어로졸 감염, 어떻게 달라요?

■ 에어로졸이란?

비말의 크기 : 지름 5 ㎛ (마이크로미터) 이상

vs.

에어로졸의 크기 : 지름 5 ㎛ (마이크로미터) 이하

→ 에어로졸은 비말보다 크기가 작아, 에어로졸의 형태가 된 바이러스는 비말보다
더 먼 거리까지 이동할 수 있고, 장시간 생존할 수 있다.

→ 치명적인 공기 전파력을 가진다!

■ 비말 감염을 주로 일으키는 병원체

→ 주로 호흡기 감염 바이러스

- 코로나 바이러스
- 인플루엔자 바이러스
- 사스 바이러스
- 아데노 바이러스

- 리노 바이러스
- A군 연쇄상구균

■ 에어로졸 감염을 주로 일으키는 병원체

결핵균, 곰팡이균
→ 에어로졸로만 감염된다.

수두, 대상포진, 홍역
→ 주로 에어로졸로 감염되고, 다른 경로로도 감염될 수 있다.

코로나 바이러스, 인플루엔자 바이러스, 노로 바이러스
→ 주로 비말 등 다른 경로로 감염되지만, 특수한 환경에서는 에어로졸 감염
   가능성도 있다.

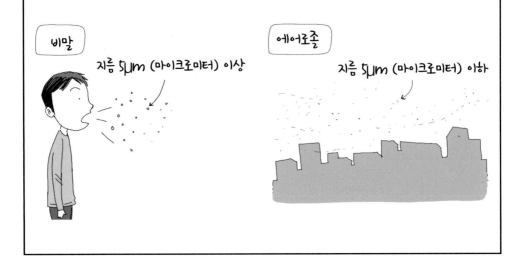

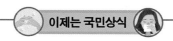

바이러스 밀접접촉자란?

밀접접촉자란?

- 코로나 의심환자/감염자와 동거한 사람
- 의심환자/감염자와 함께 근무한 사람
- 의심환자/감염자를 간호, 진료할 때 의료 방호 조치를 하지 않은 의료진
- 의심환자/감염자를 방문, 문병한 사람
- 의심환자/감염자와 함께 학습한 사람
- 의심환자/감염자와 같은 병실을 사용한 사람
- 의심환자/감염자가 사용한 병실을 방문한 사람
- 의심환자/감염자와 엘리베이터에 동승한 사람
- 의심환자/감염자가 탑승한 대중교통수단(버스, 지하철, 택시 등)에 동승한 사람

밀접접촉자 어떻게 해야 하나?

- 보건당국의 지시와 예방 원칙에 따라 자가격리에 들어간다.
- 직장에 출근하거나 학교에 출석하지 않고 신체 상태를 관찰한다.
- 1339 콜센터 및 관할지역 보건소에 문의한다.
- 지역사회 지정 의료기관에서 검사를 받는다.
- 의심증상(발열, 기침, 호흡 곤란 등)이 나타나면 즉시 의료기관에 보고하고 검사와 진료를 받는다.

접촉 후 신체상태 관찰하는 기간 계산법은?

⇨마지막 접촉한 날로부터 14일간!

08

코로나19 예방법과 예방 수칙

■ 코로나19 감염 고위험군 오해와 진실

면역력이 약한 사람(노약자, 기저질환자)만 감염된다 (X)
→ 면역력이 강하고 평소 지병이 없었던 건강한 사람, 젊은 사람들도 감염될 수 있다. (O)

WHY?

인류의 인체가 아직 코로나19 바이러스에 대한 면역력과 항체를 갖추지 못했기 때문!

→ 노약자, 임산부, 기저질환자(호흡기질환 환자, 간질환 환자, 신부전 환자), 면역력이 약해진 사람의 경우 감염 위험이 더 높고, 증상의 진행이 빠르며, 심각도와 사망률이 더 높아진다. 동시에, 젊고 건강하던 사람의 코로나19 사망 사례도 보고되고 있다.

■ 코로나19 감염 단계

지역사회 감염
→ 지역사회 구성원과 그 가족 구성원에게 전염

→ 지역사회 대규모 확산

→ 전국 및 전 세계로 확산

■ 기본 예방 수칙

〈매순간 지켜야 하는 내 몸의 습관〉

- 기침 예절을 잊지 않는다.
  → 기침, 재채기를 할 때, 옷 소매 위쪽, 손수건, 휴지 등으로 입과 코를 막는다.

- 자신과 타인의 분비물과 접촉한 후 곧바로 손을 씻는다.
  → 흐르는 물에 비누로 씻거나, 손 소독제로 닦는다.

- 화장실을 사용한 후 물을 내릴 때는 변기의 뚜껑을 닫고 내린다.

- 문의 손잡이, 화장실 문의 손잡이, 각종 버튼, 화장실의 세면대 등을 만진 후에는
  반드시 손을 씻거나 손 소독제로 닦는다.

- 오염된 가능성이 있는 손으로 입, 코, 눈을 만지지 않는다.

〈매일 지켜야 하는 생활 습관〉

- 실내에 많은 사람들이 밀집하는 장소(음식점, 술집, 가게, 유흥시설 등)에 가지 않는다.
- 매일 창문을 열고 환기한다.
  → 한 번에 15분 이상, 하루에 2~3회 이상

- 실내 및 주변 환경의 청결을 유지한다.
- 대중교통과 항공기 탑승 시 마스크를 착용한다.
- 다른 사람과 밀접한 신체 접촉(포옹, 악수 등)을 가급적 피한다.
- 직장, 학교, 공공장소, 식당 등에서는 개인용 식기나 컵을 사용한다.
- 국내, 해외에서 위생이 보장되지 않는 야생동물, 날고기와 접촉하거나 섭취하지
  않는다.

〈누구나 지켜야 하는 건강 습관〉

- 발열, 기침 등의 증세가 있을 경우 집에서 휴식을 취하고 관할 의료기관, 보건소, 1339 콜센터와 상담한다.
- 양질의 식사와 적절한 운동, 휴식, 규칙적인 생활 등으로 평소 몸의 면역력을 유지한다.

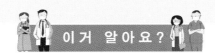

이 거 알 아 요 ?

광물의학에서 발견한 바이러스 정복 물질, 퓨리톤

세계 최초 자연물질 바이러스 사멸 입증

미국과 한국에 소재하는 카데시인코퍼레이션 산하 퓨리톤연구소에서
20년간 광물의학을 연구한 끝에 바이러스(COVID-19) 사멸, 퓨리톤 물질 세계 최초 발견

인류는 Natural Steroid Replacer를 원하고 있다. 이에 대한 대체할 수 있는 치료제를 연구하던 중 유럽은 1800년대부터, 미국은 1900년대에 모든 천연광물 성분에는 의약의 효능이 있음을 발견하여(현대의약 광물원소 규합 및 화학적 조성으로 이루어짐) 대체의학으로 출발했다 (의약, 식품, 화장품 재료 등). 연구를 계속 진행한 결과 화학전에 두려움이 있는 군인 및 민간인에게도 신속한 해독 기능이 있는 광물 성분을 발견하여 독성실험, 항균실험, 유해균 안정실험 등을 거쳐 솔루션을 개발했으며, 인류 질병의 근원인 바이러스의 사멸 연구를 진행해왔다. 최근 SARS-CoV-2(COVID-19)를 1시간 내 사멸(미국 유타주립대학교 바이러스 연구소)하는 광물의약 성분을 찾아내었으며 인체 내 안전성은 20여 년 인정된 부분으로서 FDA승인 Lab에서 안전하다는 안전성 실험을 거쳤다. 당사 연구소는 오랜 연구 결과 중에 세계 최초로 광물 내에 독성을 제거하는 기술로서 항생제로 인한 부작용이 없는 신소재로 병원성 미생물의 사멸과 지카, 조류독감, 바이러스(COVID-19)의 사멸 물질을 개발한 상태다. 앞으로 더 많은 연구와 임상 과정을 거쳐 치료에 적용되기를 기대하고 있다.

퓨리톤의 물질 및 특징은 무엇인가

퓨리톤 물질은 몬모릴로나이트 (or 벤토나이트) 등인 점토 광물류의 많은 종류의 광물(항균용, 항바이러스 조성물)을 나노 입자크기로 분쇄 후 원료혼합과 액상화 공정 과정을 거쳐 축출된 콜로이드(colloidal)상태의 많은 미량 원소 (trace minerals)가 함유한 복합 미네랄 물질이다. 콜로이드 미네랄은 이온화 상태로 액체에 녹아 존재한다. (콜로이드는 물질이 분산 상태를 나타내는 것이다. 즉, 지름 10~7-10~5 정도의 기체 또는 액체 중에 응집하거나 분산된 상태로 있을 경우) Puriton은 이온 상태 또는 나노 단위 (1나노미터 = 1억분의 1m)로 물에 완전히 녹아 있는 액체형 미네랄로서 세포막을 통과하여 체내 흡수율이 높으며(98%), 혈액 세포보다 입자 크기가 훨씬 작은 천연 상태 (colloidal trace minerals)이므로 체내의 소화 및 흡수가 용이하기 때문에 의약품, 식품, 화장품 등으로 사용되고 있다. 미량 원소(trace minerals) 별로 인체의 신진대사기능 및 면역기능을 강화하는 신체적 효능이 확인 되었으며, 인체의 주요 질병의 원인은 미네랄 결핍으로 인한 영양 상태의 불균형에서 오는 경우가 많은 것으로 나타났다. 그 해결의 방안에 있어 Puriton은 인체의 신진대사기능과 면역기능 및 암 기능 억제, 바이러스 사멸 및 병원성미생물사멸 등 일반적인 질병치료를 위한 의약품과 의약외품으로 제조 가공한 물질로서 인체내 유익균은 보존하는 물질이다.

미국 FDA 안전성 테스트(US FDA Toxicity & Irritancy Test Summary)

FDA 승인 연구소인 Adamson Analytical Lab.에서 'skin irritancy(피부)', 'occular eye irritancy(눈)', '유독성' 등 체외 안정성 실험을 실시했으며, 그 결과는 가장 안전하다는 평가를 받았다.

퓨리톤의 안전성 평가로 입증되다

퓨리톤을 ICR mouse군당 수컷 각 6마리에 0, 400, 및 800㎕/head의 용량으로 투여하여 독성을 확인한 결과 다음과 같다.

(1) 시험물질 투여에 의한 사망동물이나 일반증상은 관찰되지 않았다.

(2) 체중측정 결과, 시험물질투여군 체중의 증가는 상대적(미투여군)으로 적었으며, 체중과 사료의 변화 결과를 통해서 확인할 수 있는 것은 퓨리톤은 사료의 섭취를 낮추어 체중 증가를 억제하는 것으로 나타났다

(3) 사료의 섭취량 측정 결과 퓨리톤 투여군은 상대적(미투여군)으로 섭취량이 적었다.

(4) 혈액학적 검사 결과, 모든 투여군에서 시험물질 투여에 의한 변화는 관찰되지 않았다.

(5) 혈액생화학적 검사 결과, 모든 투여군에서 시험물질 투여에 의한 이상 소견은 관찰되지 않았다.

(6) 부검 결과, 모든 투여군에서 시험물질 투여에 의한 소견은 관찰되지 않았다.

(7) 병리조직학적 결과, 모든 투여군에서 시험물질 투여에 의한 변화는 관찰되지 않았다.

이상의 결과를 통해서, 퓨리톤을 마우스에 대한 26주 반복 투여에 의한 무독성량은 800㎕/head를 상회하는 것으로 사료된다.

퓨리톤 항바이러스 검증과 실험

음이온(ORP) 측정 실험	미국 FDA 실험시료(FDA #203073-0), Adamson Analytical Lab
원적외선 방사 실험	실험 방법(KFIA-FI-1005), 한국원적외선응용평가연구원
항 박테리아 실험	미국 FDA 실험시료(M1606100023), Adamson Analytical Lab (대장균, 포도상구균, 녹농균, 살모넬라균, 카디다균 이상 5종)
유인균 실험	미국 FDA 실험시료(M1607070026), Adamson Analytical Lab (락토 바실러스Lacto Basillus)
독성 테스트	미국 FDA 실험시료(M16002230001), Adamson Analytical Lab (간, 눈, 피부)
항 바이러스 실험 1	지카(MR766 Uganda), 조류독감(H5N1),Institute for Antiviral Research, USU
항 바이러스 실험 2	코로나 바이러스: (hCoV-OC42 Human corona beta Virus), USU
항 바이러스 실험 3	코로나 바이러스: (SARS-CoV-2(COVID-19)), USU
안정성 시험	ICR mouse를 이용한 퓨리톤의 안전성 시험, 동신대학교
향균실험(미생균배양실험)	퓨리톤을 이용한 감수성 시험, 미생물 배양실험

미국 FDA 항 박테리아 실험

미국 FDA Lab(대장균, 포도상구균, 녹농균,

살모넬라균, 칸디다균 등)

실험시료(M1606100023)

항바이러스 실험(Utah State University)

SARS-CoV2(COVID-19) / hCo-OC43 테스트

미국 FDA 유익균 테스트

미국 FDA Lab(락토바실러스균)실험시료(M1607070026)

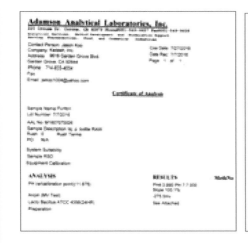

자료제공:www.puriton.kr www.puriton.net

246

09

유증상자 발생시 대처법과 자가격리자 관리법

■ 자가격리자 돌보기와 생활 관리 요령

- 자가격리자는 독방을 사용하고, 다른 구성원과 방을 함께 쓰지 않는다.
- 통풍과 환기가 잘 되는 방을 사용하도록 하다.
- 다른 동거인은 다른 공간에서 거주한다.
- 자가격리자를 돌보는 사람은 만성질환이 없는 1명으로 제한한다.
- 구성원들의 공동활동 및 공동공간(주방, 거실 등) 사용을 최소한으로 줄인다.
- 창문을 열어 환기를 자주 한다.
- 자가격리자와 접촉하거나 2미터 이내의 같은 공간을 사용할 때 마스크를 착용한다.
- 자가격리자와 접촉한 후 반드시 손을 씻고, 사용한 마스크를 폐기한다.
- 자가격리자가 사용한 물건(식기, 수건, 시트 등)을 곧바로 세척 혹은 세탁한다.
- 욕실을 매일 소독한다.
- 환자가 자주 접촉하는 물건(침대, 가구, 의자, 문고리 등)을 소독제로 자주 소독한다.

자가격리자 관리 절차
자세히 살펴보기 ☞

1차 대처 : 격리

- 증상을 보이지 않는 다른 가족 구성원과 즉시 격리한다.
- 유증상자와 접촉 직후에는 반드시 손을 깨끗이 씻는다.
- 유증상자와 접촉할 때는 마스크를 사용하고,
- 사용한 마스크는 곧바로 폐기한다.

2차 대처 : 관리

- 유증상자를 완전 격리하기 어려울 경우,
  최소 2미터 이상의 거리를 유지한다.
- 유증상자가 머무는 공간을 수시로 환기한다.
- 유증상자와 가족구성원의 위생을 관리, 유지한다.
- 유증상자의 건강 상태와 증상을 모니터링한다.

3차 대처 : 신고, 검사

- 미열, 기침, 인후통, 호흡기 질환이 있을 때
- 보건기관과 상담, 신고하고
- 검사와 진료 조치를 취한다.

자가격리자의 모니터링 기록 목록

- 체온
- 기침
- 피로감
- 호흡 곤란
- 흉통
- 설사
- 정신상태

→ 각 항목을 1~5점으로 평가한다.

   1점 : 극도로 불편함

   2점 : 매우 불편함

   3점 : 비교적 불편함

   4점 : 보통임

   5점 : 정상임

→ 단 하루라도 체온이 정상보다 올라간 상태에서, 3점 이하인 항목이 하나라도 있을 경우
   보건소, 1339 콜센터, 지역 의료기관에 상담 문의한다.

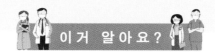

왜 14일 격리인가?

의심환자 / 접촉자를 14일간 관찰 혹은 격리해야 하는 이유는?

→ 현재까지 알려진 코로나19 바이러스의 최대 잠복기가 14일이기 때문!

- 최대 잠복기를 참고한 관찰기간은 14일이다.
- 단, 자가격리 상태에서 의학적 상태를 관찰해야 한다고 확정하였다.
- 보건 당국에서는 밀접접촉자의 체온과 건강 상태를 주기적으로 관찰해야 한다.

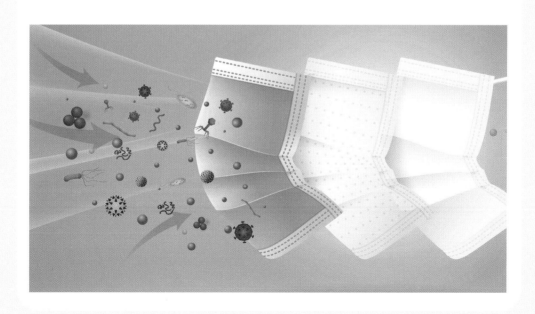

코로나19 격리 해제 기준은?

코로나19 격리 후 해제, 혹은 입원 후 퇴원할 수 있는 기준

- 발열이 나타나지 않고 정상 체온을 유지한다.
- 정상 체온으로 회복된 지 3일 이상 지났다.
- 호흡 기능이 안정적이고 정상적이다.
- 병원체 검사 결과 음성으로 판명이 났다.
- 각종 장기 기능이 정상적이다.
- 흉부 영상 촬영상 호전이 관찰되었다.

언제 완치 판정하나?

- 최소 24시간 간격으로 실시한 두 번의 rRT- PCR 검사 결과상 음성으로 나온 경우 완치 판정한다.

무증상 감염자가 더 무섭다

무증상 감염자란?

바이러스 병원체에 감염됐지만 임상적인 증상이 나타나지 않은 감염자를 말한다. 겉으로 의심 증상이 나타나지 않으므로 검체 검사로만 병원체 여부를 알 수 있다. 지금까지 코로나19 바이러스는 유증상자뿐만 아니라 무증상자도 전염력이 있는 것으로 알려져 있다.

한 공간서 똑같이 접촉했어도 누구는 발열, 누구는 멀쩡

왜 어떤 사람은 증상이 심하고 또 다른 사람은 증상이 전혀 나타나지 않는지 명쾌하게 과학적·의학적 설명을 하기는 쉽지 않다. 다만 이태원과 홍대에서 나온 대다수 확진자가 20대 젊은 층으로 면역 활동이 활발하기 때문으로 추정할 뿐이다.

문제는 이처럼 무증상 감염자가 많으면 많을수록 코로나19 전파 확산을 막는 데 어려움이 더 커질 수 있다는 점이다. 증상이 없으니 조기 진단을 통한 격리 등이 늦어질 수밖에 없어 지역사회에서 '조용한 전파자'가 될 수 있기 때문이다.

코로나19 무증상 감염자는 10명 중 4명 정도라는 연구 결과가 있다. 가브리엘 렁 홍콩대 세계보건기구(WHO) 감염병역학통제협력센터 교수 연구진은 사람 간 전염으로 감염된 2차 감염자 중 44%가 증상이 없는 환자에게 감염된 것으로 나타났다고 최근 국제학술지〈네이처 메디신〉에 발표한 바 있다. 렁 교수는 "코로나19 감염자와 이들과 접촉해 감염된 사람을 짝지은 77쌍을 조사한 결과 사람 간 전염은 증상이 나타나기 2.3일 전부터 시작되고, 0.7일 전 최고조에 달했다"고 말했다. 아일랜드 연구팀은 무증상 감염이 렁 교수 연구진 결과치보다 두 배 가까이 많은 최대 80%에 달한다고 주장했다.

아일랜드 더블린대 미리엄 케이시 교수 연구팀은 중국, 홍콩, 싱가포르, 이탈리아 등 세계에서 발표된 연구논문 17편을 종합 분석한 결과 이 같은 사실이 확인됐다고 13일 밝혔다. 연구팀은 대개 증상이 나타나기 하루 전이나 3일 전부터 다른 사람에게 전파가 가능한 것으로 나타났고 감염 가능성이 가장 높은 시기는 증상 발현 0.67일 전이라고 설명했다.

사람백혈구항원 뜻하는 'HLA' 유전자 타입따라 개인차 가능성

그러나 무증상 감염자가 어떻게 병을 옮기고 감염되는지는 아직도 풀리지 않은 미스터리다. 이 때문에 김우주 고려대 구로병원 감염내과 교수는 "코로나19 바이러스는 무증상 또는 경증 상태에서 은밀하게 다른 사람을 전염시키는 '스텔스 바이러스(stealth virus)'"라고 말했다.

무증상 감염은 도대체 어떻게 이뤄질까.
사람 간 바이러스 감염은 코나 구강과 연결된 상부 호흡기에서 바이러스가 증식해 콧물, 재채기 나 기침 등을 통해 외부로 배출되면서 발생한다. 바이러스 특성상 감염 경로를 알 수 없는 '깜깜이' 환자는 없다. 반드시 전파자가 있기 때문에 감염되는 것이다. 무증상 환자가 다른 사람과 접촉해 감염시킨 뒤 본인도 모르게 자연 치유됐다면 피감염자는 깜깜이 환자가 되는 것이다. 잠복기가 긴 감염환자들도 무증상 감염의 당사자 또는 피해자가 될 수 있다. 코로나19의 최단 잠복기는 1일이며 최장 잠복기는 14일로 보고 있다. 잠복기는 일반적으로 14일을 넘기지 않지만 24일 동안 이어진 사례도 보고된 바 있다. 증상이 발현되기 전 잠복기는 무증상 감염 단계라고 볼 수 있는 셈이다.

감염경로는 지금까지 밝혀진 바로는 호흡기 비말과 접촉, 에어로졸 감염이 주요 감염 경로이고 대변·입·눈 감염 가능성도 있다. 호흡기 비말 감염은 환자가 기침, 재채기를 하거나 말할 때 생성되는 비말을 통해 다른 사람들을 감염시키는 것이다. 비말은 일반적으로 지름 5μm(마이크로미터, 1,000분의 1㎜) 이상 수분을 포함한 과립이다. 비말은 일정한 거리 내에서 점막 표면을 쉽게 감염시키지만 비교적 커서 공기 중에 오랜 시간 생존할 수 없다. 접촉감염은 감염자와 직간접 접촉을 통해 감염될 수 있다. 바이러스로 오염된 물건을 만진 뒤 그 손으로 다시 눈, 코, 입을 만지는 행위 역시 감염 위험성을 높인다.

바이러스 몇 개 침투해야 확진? 뉴캐슬병 닭 백신 실험으로 유추

코로나19 감염에 의한 증상 유무는 개인별 건강 상태와 면역력에 따라 서로 다르다고 전문가들은 설명한다. 실제로 당뇨병이나 심부전, 만성호흡기 질환, 신부전, 암 같은 지병이 있는 환자들이나 흡연자, 임신부 등은 고위험군으로 분류되고 있다. 하지만 이런 고위험군에 속하지 않는 사람들 가운데서도 중증을 호소하는 사례가 종종 나타난다.
최근에는 이런 현상을 설명할 수 있는 연구 결과가 속속 발표되고 있다. 시유펑 중국과학원(CAS) 상하이 영양보건연구소 책임연구원(중국 쑤저우대 부설병원 교수) 연구진은 개인차 중에서도 특히 '사람 백혈구 항원(HLA) 하플로타입'에 따라 코로나19 면역 여부가 결정되는 것으로 나타났다고 지난 3월 국제학술지 〈셀 데스&디프런시에이션〉에 발표했다. HLA는 조직 적합성 항원 중 하나로, 부모에게 물려받는 유전자에 의해 그 유형(하플로타입)이 결정된다.

실제 코로나19 감염환자 사례를 보면 연령에 따라서도 대체로 증상 정도가 달라지는 것으로 나타났다. 65세 이상 고연령층은 전반적인 면역력이 약해 쉽게 중증 단계로 넘어가는 반면 어린이와 영·유아는 다른 연령층에 비해 경증이나 무증상에 그치는 사례가 훨씬 많았다. 리원빈 중국 우한동지병원 소아과 전문의는 "특히 어린이 환자는 감염 초기 코로나19 성인 환자에게서 가장 흔히 나타나는 증상인 마른 기침보다는 설사 같은 위장 증상이 더 많이 나타났다"고 말했다.

사람은 타인과 접촉하면서 살아가야 하기 때문에 바이러스가 쉽게 전염될 수밖에 없다. 바이러스에 단 하루(24시간)는 한 세대(몸속 침투→증식→배출)를 거치기에 충분한 시간이다.
바이러스 전문가인 최강석 서울대 수의대 교수(《바이러스 쇼크》 저자)는 "바이러스 종에 따라 수 시간에서 수일이 걸릴 수 있지만 일반적으로 바이러스는 세포에 감염되고 세포에서 후손 바이러스를 만들어내는 데 하루면 충분하다"며 "한 세대를 거치는 데 평균 30년이 걸리는 인간과 비교할 바가 아니다"고 설명했다.

그렇다면 코로나19 바이러스는 우리 몸에 얼마나 많은 양이 들어와야 감염되는 것일까. 이를 알려면 사람을 대상으로 끔찍한 인체실험을 해야 하지만 윤리적으로 불가능한 만큼, 동물을 대상으로 다른 바이러스 질환을 실험한 경험으로 대충 유추해볼 수 있다.

몇 해 전 닭 백신 바이러스를 사용해 이 바이러스를 최소한 얼마나 투여해야 숙주동물인 닭이 감염돼 면역이 자극되는지 바이러스 최소량을 결정하는 동물실험을 실시한 적이 있었다. 먼저 닭 백신 바이러스인 뉴캐슬병 바이러스를 농도별로 주입해 닭이 감염되는지 조사하는 실험을 했다. 닭 한 마리당 바이러스 100만 개를 주입한 그룹에서는 실험에 사용한 모든 닭이 감염돼 면역반응을 유도했다. 바이러스 10만 개를 주입한 그룹은 10마리 중 7마리가 면역반응을 보였다.

전염력 강한 만큼 무증상 감염 가능성 높아

하지만 바이러스 1,000개를 주입한 그룹에서 닭은 바이러스에 감염조차 되지 않았다. 이는 최소한 1,000개 이상 감염성 바이러스를 닭에게 주입해야 바이러스가 증식할 수 있다는 얘기다. 이보다 적은 양의 바이러스가 몸 안에 들어오면 숙주동물인 닭의 면역체계가 작동해 침투한 바이러스가 숙주세포에 들어가 증식할 틈도 주지 않고 바이러스를 신속하게 제거한다는 뜻이다.

최 교수는 "사람 바이러스도 마찬가지로 어느 정도 바이러스가 몸 안에 들어와야 병을 일으킬 수 있다" 며 "약 40년 전 자료지만 전염성이 강한 계절성 독감은 최소한 수백 개 이상 인플루엔자바이러스 감염 입지가 사람 코를 통해 들어와야 독감을 일으킨다" 고 설명했다. 닭도 마찬가지지만 사람도 바이러스에 노출량과 감염에서 모호한 구석은 있다. 바이러스 100만 개를 주입했을 때 모든 닭이 감염됐지만 그 이하에 노출됐을 때 감염되는 닭이 있고 그렇지 않은 닭이 있었다. 물론 바이러스 양이 적을수록 감염되는 닭의 비율은 줄어든다.

코로나19 바이러스를 적용했을 때 같은 공간에 여러 명이 있었지만 어떤 사람은 감염되고, 어떤 사람은 감염되지 않는 것과 같다. 무증상이지만 코로나19에 이미 감염된 환자가 땀과 기침, 재채기, 호흡 등을 통해 흘린 바이러스에 심하게 노출됐을 때 같은 조건이지만 병에 민감한 사람이 있는가 하면, 그렇지 않은 사람도 존재할 것이다.
만약 피감염자가 손 씻기나 마스크 착용 등 위생 수칙을 지켰다면 노출되는 바이러스 양을 줄여 감염 확률을 확 떨어뜨렸을 가능성이 높다. 이 때문에 사소할 수도 있어 보이지만 '생활방역' 을 철저하게 지키는 것은 결코 사소하지 않다.
바이러스는 종류와 전파력에 따라 분명히 차이가 있다. 홍콩대 연구팀이 〈랜싯 호흡기 의학〉에 발표한 논문에 따르면 결막과 상부 호흡기에서 확인된 코로나19 바이러스 수치가 사스(SARS · 중증급성호흡기증후군)보다 80~100배 높아 전염력이 매우 강하다. 이는 코로나19가 다른 바이러스 질환과 달리 무증상 감염이 높은 이유를 설명해준다.

〈출처: 매일경제, 2020.5.16.,
'40%가 무증상 확진…더 공포스런 `스텔스 감염` 왜' , 이병문 선임기자, 송경은 기자〉

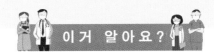

1. 코로나 팬데믹 시대 의료진의 역할과 윤리

끊임없이 확산되고 창궐하고 있는 역대급 감염병의 시대에 바이러스를 치료하고 예방하기 위한 의료기술 혁신과 백신 개발도 나날이 발전하고 있다. 역사에 기록될 감염병이 전 세계를 초토화시키면서 이 질병을 퇴치하여 환자들을 바이러스의 공포로부터 해방시켜줄 의학 기술의 혁신이 요구되고 있다.

그러나 의학 치료 측면에서 윤리적 문제점이 제기되는 부분도 분명히 있다. 질병의 예방과 치료를 위해서는 반드시 필요하고 합리적이라 할지라도 윤리원칙과 치료의 형평성 등에 대한 논란의 지점이 있기 때문이다.

이러한 윤리적 의문점이 발생하는 이유는 의료진이 감염병 치료를 위한 의학적 처치를 행할 때 환자에게 지켜야 할 부분과 환자의 권리를 위해 주의해야 할 부분들이 혼재하기 때문이다. 일반적으로 의료인들은 기본적인 의료 윤리원칙들을 숙지할 것을 교육받는데, 이는 코로나 팬데믹이라는 글로벌 재난 시대에 더 강조되는 부분이기도 하다.

예방과 치료가 어려운 신종 감염병이 전파되는 시기에는 의료인들이 윤리적인 갈등에 직면하게 된다. 국내 한 연구에서는 2015년 메르스 바이러스 확산 당시 수도권 대학병원의 의료진을 대상으로 의료인의 윤리인식과 윤리적 의사결정에 대하여 조사한 바 있다.

당시 연구 결과에 따르면 메르스 감염병 확산의 사태에서 의료인들은 소속기관으로부터 정확한 정보 및 개인보호 장비를 제공받는 것을 중요하게 인식한다고 하였고, 다만 윤리적 의사결정의 수준은 소속기관에 따라 달라지는 것으로 나타났다. 무엇보다 국내 의료인들은 감염병 대응에 있어 윤리적 이슈에 대해 민감하며, 의료인 자신들의 감염 위험에도 불구하고 윤리적 의사결정 4대 원칙을 충실히 준수하려 하는 것으로 나타났다.

2. 감염병 시대, 의료인이 숙지해야 할 4대 윤리원칙

1) 자율성 존중의 원칙

의료인은 바이러스 환자의 치료와 검사 여부를 결정할 때 의심환자나 확진환자 본인의 인간으로서의 기본적인 권리와 이성적인 결정과 존엄성을 존중해야 한다. 모든 환자는 타인의 영향력에 관계 없이 독립적으로 자신의 신념에 따른 행위를 선택할 권리가 있다. 그러나 이때 의료진은 환자가 판단을 내리기 전에 그 병의 증상과 치료병, 예후, 위험성 등에 대해 환자에게 정보를 충분히 제공해야 한다.

2) 무위해의 원칙

의료인은 환자에게 어떠한 해를 가해서도 안 되며, 또한 환자를 위험에 노출시켜서도 안 된다. 모든 치료는 실질적으로 어느 정도 위험성이 있다. 따라서 치료로 인해 환자가 얻게 될 위해와 이익 중에서 위해를 능가하는 이익이 없을 경우 환자가 위험성을 무릅쓰고 그 치료를 받게 해서는 안 된다. 또한 치료로 인해 환자의 죽음을 앞당기거나 생명을 잃게 해서는 안 되는 것이 무위해의 원칙이다. 이에 따르면 아직 생명이 있는 사람을 안락사하거나, 살아있는 태아의 생명을 빼앗는 일 등은 허용될 수 없다.

3) 선행의 원칙

의료인은 의료행위를 통해 환자에게 치료를 통한 이익을 줄 수 있도록 해야 한다. 치료로 인한 이익이란 질병으로부터 회복하여 건강을 되찾도록 하는 것, 환자가 호소하는 고통을 낮추거나 없애는 것, 목숨을 잃을 위기에 처한 환자의 생명을 구하는 것, 건강을 촉진시키는 것, 그리고 질병을 예방하는 것 등이 있다.

4) 정의의 원칙

정의의 원칙이란 평등한 것은 평등하게, 평등하지 않은 것은 평등하지 않게 다루어야 한다는 것이다. 인간의 인권은 모든 사람이 동등하기 때문에 인종, 국적, 신분, 빈부, 종교 때문에 차별을 받아서는 안 된다. 즉 이는 신분과 인종의 차이와 상관 없이 어떤 질병으로 인해 같은 증상을 보이는 환자들에게는 치료와 처치를 동등하게 제공해야 한다는 것이다. 여기에는 의료적 자원을 동등하고 평등하게 배분하는 것도 포함된다.

3. 감염병 치료와 인간 존엄에 대한 존중

감염병 시대이든 아니든 의료진이 환자들의 질병을 치료하고 고통을 낮추며 생명을 구하는 행위를 하는 것은 모든 환자의 인간 존엄성을 보호하는 일이자 의료인이 지켜야 할 윤리원칙인 선행의 원칙을 준수하는 것이기도 하다. 그러나 한 환자의 생명을 살린다는 명목으로 다른 사람의 존엄성을 빼앗거나 침해하는 일은 원칙적으로 용납될 수 없을 것이다.

현대의학은 고도로 기술이 발달한 만큼, 치료과정에서 타인의 신체를 이용할 기회가 많고 따라서 이때 이용되는 타인의 존엄성도 존중해야만 한다. 이 과정에서 치료에 제약이 생길 수 있다. 의료적 처치과정에서 의학 윤리 원칙의 다양한 측면을 다각도에서 살펴봐야만 하는 것이다. 특히 감염병 팬데믹이라는 특수한 상황에서는 환자의 존엄도 고려하되, 의료인의 윤리원칙과 모든 인간의 권리를 존중하고, 이 사이에서 발생하는 미묘한 딜레마를 고려하기 위해 의료인과 환자, 가족, 관련 관계자가 서로 협력해야만 한다.

코로나19 확산 초기 유럽발 전파의 촉발 역할을 하다시피 했던 이탈리아의 경우, 의료 전문인력과 치료 물품 부족이라는 초유의 상황에서 생존률이 낮은 고령의 감염자들을 산소호흡기 치료 대상에서 제외한다고 발표하여 윤리적 논란이 발생한 바 있었다. 당시 이탈리아 당국에서 전국 의료진에게 생존 가능성이 높은 사람의 치료에 집중하라는 지침을 내렸던 것이다.

또한 북부 이탈리아에서 코로나 확진환자 숫자가 폭증한 반면 환자를 수용할 수 있는 병상은 절대적으로 부족한 사태가 벌어지자, '먼저 도착한 환자부터 치료하는 선착순 원칙'을 깨뜨리고 환자의 연령과 간호 가능 가족이 있는지 여부에 따라 중환자실 입원 여부를 결정한다고 하여 전 세계 의료진을 충격에 빠뜨리기도 하였다.

이처럼 생존률에 기반해 치료의 우선순위를 매기는 것은 매우 위급한 전쟁터에서나 발생하는 극단적이고 예외적인 의료윤리 상황이라는 것이다.

감염병 팬데믹이라는 재난 상황에서 의료인은 4대 윤리원칙을 엄격히 준수하기 어려운 갈등을 겪기도 한다. 예를 들어 코로나 확진자를 격리시키는 것은 강제성을 띤다는 점에서 환자에 대한 자율성 존중의 윤리 원칙과는 다소 동떨어질 수 있다. 또한 호흡기 비말을 통해 순식간에 전파되는 신종 감염병의 경우 의료인 자신과 가족이 감염될 수 있음에도 불구하고, 의료인은 환자에 대한 돌봄의 의무를 수행해야 하는 상황에 놓이게 된다. 따라서 전문가들은 코로나처럼 예방과 치료가 어려운 신종 감염병이 창궐하는 국제적인 위기상황에서는 의료인들이 기존의 윤리원칙을 숙지하면서도 전쟁에 준하는 재난상황에서의 의료 윤리적 차이점을 인식해야 한다고 강조하고 있다. 또한 의료적 원칙과 공중보건 원칙을 최대한 고려하면서 의료진으로서의 의사결정을 해야 할 때 윤리적인 우선순위를 항상 고려해야 한다고 하였다.

인류 역사 속 감염병과 팬데믹

01

전 세계인에게 친숙해진 단어, 팬데믹이란?

■ 팬데믹(pandemic), 무슨 뜻?

- 감염병의 세계적 대유행, 범유행을 의미한다.
- 특정 감염병이 적어도 2개 이상의 대륙에서 동시에 유행해야 팬데믹이라고
  부른다.
- 우리나라에서는 2020년 3~4월에 '(감염병)세계적 유행' 이라는 표현을 쓰기로
  하였다.

■ 세계보건기구(WHO)의 감염병 경보 6단계

1단계
동물에 한정된 감염

2단계
동물 간 전염을 넘어 소수의 사람에게 감염

3단계
사람들 간 감염이 증가

4단계

사람들 간 감염이 급속히 확산하고,

세계적 유행병이 발생하는 초기 단계.

5단계

감염이 널리 확산되어

최소 2개국에서 질병이 유행하는 상태

6단계

5단계를 넘어 다른 대륙의 국가에까지

추가 감염이 발생한 상태

= 팬데믹

■ WHO의 팬데믹 선포 사례 3가지

첫 번째 선포 : 1968년 홍콩독감

- 6개월 동안 홍콩, 동남아시아, 유럽, 남미, 아프리카, 호주 등 전 세계에서 100만 명 이상이 사망하였다.

두 번째 선포 : 2009년 신종플루

- 전 세계 214개국으로 확산, 1만 8,500여 명이 사망하였다. 항바이러스제(타미플루) 가 치료제로 개발되었다.

세 번째 선포 : 2020년 코로나19

- 2019년 12월 중국 우한시에서 발생 후 전 세계로 확산하였다.

→ 2020년 1월 30일 WHO에서 국제적 공중보건 비상사태(PHEIC)를 선포한 후, 3월 11일, 사상 세 번째로 팬데믹을 선포하였다.

※ 세계보건기구의 '국제적 공중보건 비상사태' 란?

'현 상황이 국제적인 질병 확산을 통해 공중보건 위기가 발생할 수 있으며, 국제 공조가 필요한 특수한 상황' 임을 합의한 사태

첫 번째 : 2009년 신종플루 (전 세계)

두 번째 : 2014년 소아마비 (카메룬, 파키스탄, 시리아 지역)

세 번째 : 2014년 에볼라 바이러스 (서아프리카)

네 번째 : 2016년 지카 바이러스 (전 세계)

다섯 번째 : 2018년 에볼라 바이러스 (아프리카)

여섯 번째 : 2020년 코로나19 바이러스 (전 세계)

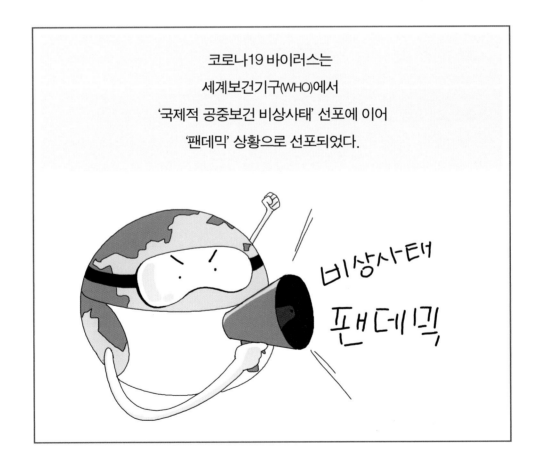

코로나19 바이러스는
세계보건기구(WHO)에서
'국제적 공중보건 비상사태' 선포에 이어
'팬데믹' 상황으로 선포되었다.

팬데믹 vs. 에피데믹, 엔데믹, 어떻게 달라요?

에피데믹 (epidemic)

- 팬데믹처럼 두 대륙 이상의 광범위한 영역은 아니나, 비교적 넓은 영역에 감염병이 퍼지는 상황
- 전 세계가 아닌 특정 지역(국가, 도시) 내에서 확진자 수가 급증하는 상황.
- 감염 속도가 2주 이하로 팬데믹보다 빠른 편임.

엔데믹 (endemic)

- 팬데믹, 에피데믹처럼 넓은 지역이 아니라 특정 지역 주민들 사이에서 발생하는 질병. 일종의 풍토병.
- 한정된 지역에서 주기적으로 발생함.
- 팬데믹, 에피데믹과 달리 감염자 수를 비교적 예측할 수 있음.
  (예) 뎅기열, 말라리아

전염? 감염? 헷갈리는 용어 구별법

감염(infection)이란?

다른 생명체에 기생하는 기생충이나 바이러스가 숙주에 서식하며 숙주의 영양분을 빼앗는 방식으로 살아가는 상태.

감염병 (infectious diseases)	전염병 (contagious diseases)
숙주에서 기생하는 기생충이나 미생물 때문에 숙주의 몸에서 발생하는 각종 질병 및 병적인 상태.	감염병 중에서도, 전파력으로 인하여 많은 개체가 감염된 후 병적 상태에 빠지거나 사망하는 질병.
모든 감염병은 전염병이다. (X) 감염병 중 일부가 전염병이 될 수 있다. (O)	

02

인류 역사상 유명한 팬데믹 사태

541년: 이집트 흑사병(페스트)

- 541년 이집트에서 발생하였다.
- 당시 수도 콘스탄티노플 등 대도시 인구의 절반(약 20만~30만 명)이 사망한 것으로 기록되어 있다.

흑사병이란?

- 페스트균에 의해 발생
- 쥐에 기생하는 벼룩이 페스트균(Yersinia pestis)을 옮겨,
  이 벼룩이 사람을 물 때 전파
- 급성 열성 감염병
- 감염 후에 살이 썩으면서 검게 되어 '흑사병(黑死病, Plague)' 이라 부름
- 19세기 말 파스퇴르 박사가 원인을 밝히고 치료법을 개발하였다.
- 치료: 현대에는 항생제를 투여하여 치료

14세기: 중세 유럽을 몰살시킨 흑사병

- 14세기 초 중앙아시아에서 시작하여 실크로드를 통하여 흑해에 상륙한 후, 유럽
  전역으로 확산되었다.
- 1331~1353년 유럽, 아시아, 아프리카 등에서 7,500만~2억 명 사망했다고 추정된다.
- 당시 유럽 인구의 약 40% 정도를 몰살시킨 팬데믹으로 기록되어 있다.
- 흑사병으로 인해 중세 유럽의 경제제도가 붕괴되었다.
- 유럽 인구는 이후 16세기가 되어서야 흑사병 팬데믹 이전 수준으로 인구가 회복되
  었다.
- 중세 이후 유럽에서는 외국의 교역선이 항구에 도착했을 때, 탑승자와 화물을 40일
  정박 후 상륙시키는 검역제도를 시행하였다. 이는 감염병 전파와 해외 교역 간에
  관계가 있음을 중세 유럽인이 알고 있었음을 뜻한다.

16세기: 번성하던 잉카 제국을 멸망시킨 천연두

- 인류 최초의 감염병으로 불린다.
- 16세기 스페인이 멕시코 지역의 아즈텍 제국을 침략했을 때, 침략한 유럽인으로
  부터 원주민에게 전파되었다.
- 페루 잉카제국이 몰락한 결정적 원인으로 알려져 있다.
- 스페인 군대가 소수의 인원이었음에도, 당시 번성한 제국이었던 잉카와 아즈텍
  문명을 초토화시킬 수 있었던 데는 유럽인에 의한 원주민의 천연두와 홍역 감염이
  가장 큰 원인으로 작용하였다.
- 당시 인구 1억 명에 달하던 아즈텍과 잉카 인구가 거의 전멸하다시피 하였다.
- 이후 아메리카 대륙의 인디언은 스페인의 침략과 아프리카 노예 교역 과정에서
  옮겨진 천연두, 홍역, 말라리아, 황열 바이러스 등에 감염되어 몰살에 가깝게 그
  수가 감소하였다.

19세기: 인도의 콜레라

- 인도 벵골 지역의 풍토병이었다.
- 비브리오 콜레라균에 의해 발생하는 수인성 감염병이다.
- 19세기 초 인도를 침략한 영국군에 의해 전 세계로 전파되었다.
- 일곱 차례의 대유행을 거쳐 지구의 전 대륙으로 확산되고 수백만 명이 사망하였다.
- 오염된 물이 주된 감염경로라는 것이 밝혀지면서 영국와 미국 등의 대도시 상하
  수도 시스템이 정비되는 계기로 작용하였다.

19세기까지: 인류의 대표적인 질병 결핵

- 기원전 7000년경의 석기시대에도 그 흔적이 발견되었다.
- 인류 역사에서 가장 많은 사망자를 낸 감염병이다.
- 19세기 초까지 유럽 인구의 4분의 1이 결핵으로 사망하였다.
- 우리나라는 1950년 6.25 전쟁 후에도 매년 수백만 명의 결핵 환자가 발생하였다.
- 백신(BCG)이 개발되어 1962년부터 예방접종이 실시되었다.

19세기 말~20세기 초: 중국의 흑사병

- 중국 남부에서 발생하여 인도와 만주로 확산되었다.
- 1898~1908년 인도 600만 명, 1910~1911년 만주 4~5만 명 등 누적 약 1,200만
  명이 사망하였다.

20세기 초: 스페인 독감

- 1차 세계대전 직후인 1918~1919년 유행하였다.

- 1차 세계대전이 끝난 후 귀환한 병사들에 의해 전 세계로 전파되었다.

- 세계적으로 5,000만~최대 1억 명이 사망한 것으로 추정된다.

- 당시 일제강점기였던 우리나라도 인구의 절반에 해당되는 약 740만 명이
  감염되고, 그 중 약 14만 명이 사망하였다.

1968년: 홍콩 독감

- 전 세계적으로 100만 명 이상이 사망하였다.

20세기: 아프리카를 덮친 에볼라 바이러스

- 1976년 아프리카 자이르에서 처음 발견되었다.

- 이후 2013~2016년 사이 서아프리카에서 발생하였다.

- 1만 1,310명이 사망하였다.

- 유럽·미국에도 감염자가 발생하였다.

- 이후 2016년 세계보건기구(WHO)가 에볼라 바이러스 종식을 선언했으나,
  2017년 5월 다시 발생하였다.

20세기 최악의 질병 에이즈

- HIV(HIV: Human Immunodeficiency Virus)에 감염되어 발생하는 질병이 에이즈(AIDS:
  Acquired Immune Deficiency Syndrome, 후천성 면역 결핍증)이다.

- 1981년 미국에서 처음 발생하였다.

- 1983년 프랑스의 바레시누시와 몽타니에 박사가 HIV를 세계 최초로 혈액에서
  분리하였다.

- 현재까지 전 세계에서 약 3,600만 명 이상이 사망하였다.

- 1996년 바이러스 증식을 억제하는 항레트로바이러스 약물이 개발되었다.
- 여러 약물을 섞어 쓰는 '칵테일 요법'이 정착되었다. 항HIV제를 3제 이상 함께 쓰는 HAART(highly active antiretroviral therapy)이 보급된 이후, 불치병의 범주에서 점차 벗어나게 되었다.

중국의 초기대응 실패를 상징하는 21세기형 감염병 사스

- 2002년 11월 중국 광둥성에서 처음 발생하였다.
- 중증 급성 호흡기증후군이다.
- 광둥성의 병원에서 환자를 진료하던 의료진 30여 명이 감염된 후, 감염된 의사가 홍콩으로 넘어가면서 슈퍼감염자가 되었다.
- 30여 개국에서 8,000명 이상의 감염자가 발생하고, 774명이 사망하였다.
- 중국이 감염 발생 초기에 정보를 공개하지 않아 대응에 실패했다는 비판을 받았다.

대표적인 21세기 팬데믹 신종플루

- 2009년 멕시코에서 발생 후 전 세계에 전파되었다.
- 전 세계 214개국에 확산되고 1만 8,500명이 사망하였다.
- 우리나라에서는 250명이 사망하였다.
- 세계보건기구가 2009년에 팬데믹을 선포한 감염병이다.

바이러스 슈퍼전파란 무엇?

슈퍼전파란?

- 바이러스가 감염자의 체내에서 변이한 후에 전파력이 더 강해져, 감염자가 다른 사람들과 접촉
  했을 때 이전보다 더 많은 수의 사람들(2차 감염자)을 감염시킬 수 있게 되는 것.
- WHO에서는 피감염자(2차 감염자)의 숫자가 10명 이상이면 슈퍼전파 상황이라고 하며, 이
  감염자를 슈퍼전파자라고 정의하였다.
- 전파하는 도중에 지속적으로 변이하는 특성을 지닌 바이러스 전파의 경우, 슈퍼전파 상황이
  나타날 수 있는 위험이 높다.

우리나라의 코로나19 슈퍼전파 상황은?

- 신천지 대구교회 31번 확진자 이후 4일 이내에 총 319명이 감염되고, 이후 대구경북 지역에서
  감염자가 급증한 사태.
- 이태원 클럽에서 용인 66번 확진자 이후 집단감염이 발생한 사태.
- 리치웨이 다단계업체에서 구로 43번 확진자 이후 수도권에서 전국으로 재확산된 사태.

현대의학 방역체계를 무너뜨린 신종 코로나

한동안 안정세를 찾았던 신종 코로나 바이러스 감염증(코로나19) 확산세가 취약계층과 지점을 매개로 다시 활개를 떨치고 있다. 코로나19는 마치 고도의 지능이 있는 것처럼 기존의 방역망이 막히자 또다시 약한 고리만 제대로 노리며 확진자를 다수 양산시키는 모습이다. 방역당국이 "20세기 이후에 발생한 그 어떤 감염병 대유행을 반추해보더라도 코로나19와 같은 사례를 찾기가 어렵다"며 고충을 토로할 정도다.

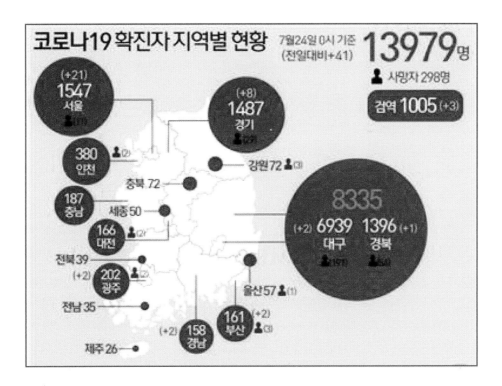

25일 중앙방역대책본부(방대본)에 따르면, 지난 20일 4명까지 떨어졌던 지역발생 신규 확진자 추이는 21일부터 24일까지 '20→29→39→28명'으로 급격히 늘어났다. 지난 주 10명 대 초반에서 많이 늘어도 21명에 불과했던 확진자 수가 크게 증가한 것이다.

특히 25일에는 해외유입까지 포함해 신규 확진자가 100명 대에 이를 것으로 보인다. 이라크에서 귀국한 우리 근로자 중 유증상자만 89명으로 파악된 영향이 크긴 하지만, 어떤 이유에서든 감염 확산 우려는 점차 키지고 있다.

안정세 찾았다가 수도권 중심으로 전파 다시 활개

해외 유입을 제외하더라도 최근 지역발생 확진자 수가 크게 늘어난데는 교회 소모임과 식사 모임, 요양병원 등 바이러스에 취약한 곳에서의 감염 영향이 컸다.

교회 소모임과 식사 모임에서는 방역 수칙이 제대로 준수되지 않았고, 특히 송파구 사랑교회 관련해서 10명의 추가 확진자가 전날 확인되면서 이 교회 관련 누적 확진자 수는 총 17명으로 늘었다. 강서구 노인 보호시설인 강서중앙데이케어센터에서도 집단감염이 일어났는데, 현재 누적 확진자만 21명에 이른다.

권준욱 중앙방역대책본부 부본부장은 "종교행사 중 마스크 착용이 미흡했고 찬송가 부르기 등 방역 수칙이 제대로 이행되지 않았다" 며 "강서중앙데이케어센터 확진자도 2명이 경기 부천 성민빌딩에 방문한 것이 확인된 만큼 증상 유무와 관계없이 검사를 받아달라" 고 요청했다.

코로나19는 군부대도 노렸다. 집단 생활이 이뤄지는 군부대는 감염에 취약한 곳일 수밖에 없는데 외부 강사 방문이라는 한순간을 그냥 넘어가지 않았다. 전날 포천에선 집단감염이 발생한 육군 8사단 인근 다른 부대에서도 확진자가 4명 발생했는데 신규 확진자들은 지난 19일 교회 종교 활동에서 확진자와 접촉한 것으로 추정되고 있다. 현재까지 경기도 포천 육군 전방부대 집단감염 누적 확진은 총 21명이다.

러시아 국적 언양어선에서도 확진자가 쏟아졌다. 32명이 양성 판정을 받았는데 이들에 대한 통계는 이날 정식으로 반영될 것으로 보인다. 방역 당국은 이들과 접촉했던 작업자와 그들의 가족, 직장 동료, 다른 작업자 등 150여 명에 대해서도 검사를 진행하고 있다.

권 부본부장은 "지난 2월 대구와 경북에서 폭발적으로 코로나19 환자가 증가하면서 당시 의료기관의 붕괴를 우려했던 백척간두에 섰던 순간을 우리 모두 잊어서는 안 된다" 며 거듭 방역 수칙 준수를 당부했다.

〈출처: 뉴스1 2020.7.25. '20세기 이후 이런 사례 없어, 베테랑 방역당국도 놀랐다' 박상휘 기자〉

03

인류는 왜 감염병에 걸리게 되었나?

■ 바이러스의 생존 특성

→ **모든 바이러스는 숙주(사람, 동물)를 통해 증식, 생존**

- 바이러스 등의 병원체는 스스로는 증식을 하지 못하고 반드시 숙주가 필요하다.
- 그러나, 감염 시 숙주가 사망해버리면 바이러스 자신도 더 이상 전파될 수 없으므로, 숙주가 질병에 걸리되 100% 사망하지는 않을 정도의 적당한 독성을 가지도록 진화되었다.
- 즉 바이러스는 동물 및 인간과 함께 진화하였다.
- 동물과 인간을 감염시켜 질병에 걸리게 하되, 숙주인 인류가 멸종하지 않을 정도의 독성과 치명률을 갖는 바이러스가 오늘날까지 진화를 이어오고 있다.

■ 바이러스의 발생 특성

→ **인류의 조상과 유인원은 공통적인 병원체를 공유**

- 인류의 조상이 아프리카에 서식할 때 말라리아에 감염되었다.
- 인류가 약 400만 년 전 직립보행을 하고, 약 5만 년 전부터 아프리카에서 다른 대륙으로 대이주를 하면서, 아프리카 유인원과 인간을 감염시키는 병원체도 인간의 이동과 함께 전 세계로 전파되었다.
- 현대의 연구에서 말라리아 원충, 뎅기 바이러스 등 인간을 감염시키는 병원체는 모두 아프리카의 영장류를 감염시키는 병원체와 기원이 같은 것으로 밝혀졌다.

■ 바이러스의 빠른 변이 특성

→ **동물에서 인간에게로 이동, 변이하고 진화하는 바이러스**

- 현생 인류에게 감염을 일으키는 바이러스는 동물에게 감염을 일으키는
  바이러스가 변이하고 진화한 것들이다.
- 인류가 목축업과 농업을 하게 되면서, 인간이 키우는 가축에게서 기원한
  바이러스가 진화하고 전파되었다.
- 인류의 오래된 감염병인 천연두는 소의 병원충이, 홍역 바이러스는 개에 기생하던
  바이러스가 진화한 것이다.

■ 인간의 살아있는 몸 = 바이러스 숙주

→ **문명 발달과 바이러스 진화는 함께 한다**

- 중세 유럽의 흑사병 등 역사상 유명한 팬데믹들은 인류의 도시 문명사회의
  발달이나 전쟁, 교역 발달과 함께 유행한 질병들이다.
- 중세 십자군 전쟁, 동서양을 연결한 실크로드, 제국의 식민지 침략, 해상무역 발달,
  세계대전 등의 전쟁 발발에는 항상 감염병 창궐이 함께 있었다.
- 중세 유럽의 흑사병 팬데믹, 19세기 인도의 콜레라 팬데믹 등은 동서양 문명의
  교류와 교역이 발달하던 시기와 맞물렸다.
- 18세기 산업혁명 이후, 농촌에 살던 사람들이 대도시 공장 근처로 이주하면서,
  이때 더럽고 비위생적인 환경에서 많은 사람들이 밀집하여 생활하게 되면서
  결핵이나 콜레라 등의 감염병이 창궐할 수 있는 환경이 만들어졌다.

⇨ 인류 문명과 교역이 발달하고 인구가 증가하자,
바이러스 숙주가 대량 증가한 셈이 되어 감염병도 활발히 확산되었다.

278

새로운 감염병 대유행, 앞으로 더 극심해지는 이유

"감염병 관리를 둘러싼 기나긴 싸움은 거의 끝난 것처럼 보였다.

(중략)

그러나 감염병 관리를 둘러싼 싸움은 더욱 어려워지고 있다. 결핵이나 말라리아처럼
잦아든 줄 알았던 질병이 새로이 맹독화되어 반격하고 있다.
과거에는 안전해졌다고 생각한 지역에서 콜레라나 황열병이 다시 발생한다.
약품에 내성이 생겨 사실상 치료가 불가능한 세균 질환도 있다."

- 1996년 세계보건기구(WHO) 건강 보고서 중에서

■ 의학과 과학문명이 고도로 발달한 현대 감염병에 더 취약한 이유는?

- 20세기 중후반에 이르러 의학 기술이 고도로 발달하고, 도시 위생시설이 최첨단화
  되면서, 인류를 죽음에 이르게 하던 각종 질병과 난치병, 전염병을 상당수 정복할
  수 있게 되었다.
- 그러나 인류 역사상 의학이 가장 발달한 21세기에 오히려 인플루엔자, 사스, 메르
  스, 코로나 등 이전에 존재하지 않았던 새로운 바이러스 감염병 팬데믹이 계속해서
  나타나고 있다.
- 이는 바이러스 자체가 매우 빠른 속도로 전이하고 진화하는 특성을 가지고 있기
  때문이다.

▪ 21세기 과학문명과 세계화 시대, 바이러스가 창궐하기 더 좋은 이유는?

- 글로벌 문명과 기차, 항공, 선박 등 교통수단의 발달로 지역 간, 국가 간, 대륙 간 이동이 빠르고 쉬워져 병원체 이동도 쉬워졌다.
- 많은 인구가 대도시에 밀집하여 살면서 바이러스 전파에 유리한 환경이 조성되었다.
- 경제의 세계화로 국가와 대륙 간의 노동력 이동이 활발해지면서 감염병 전파를 통제하기 어려워졌다.
- 병원과 의료기관, 각종 미생물 연구 발달로 인해 질병을 통제할 수 있는 반면, 각종 위험한 병원체가 집합할 수 있는 저장소가 되기도 하였다.
- 축산물, 농산물 등 한 지역에서 대량생산된 식재료의 대륙 간 이동이 가속화 되면서, 특정 지역에서 발생한 바이러스에 오염된 식재료를 통한 감염병 전파가 언제든지 가능해졌다.
- 감염병을 매개하거나 전파하는 열대성 모기와 곤충이 비행기와 배의 화물을 통해 순식간에 다른 대륙으로 이동할 수 있게 되었다.
- 과도한 열대우림 벌목과 난개발, 농경지 확장 산업으로 인하여, 박쥐 등 야생동물 이 본래의 서식처를 잃게 되고, 이들 야생동물이 돼지 등의 가축 및 사람과 접촉하 게 되면서 바이러스 감염의 매개가 되고, 신종 감염병이 발생 및 전파되었다.
- 지구온난화 등으로 기후가 급격히 변하면서, 열대나 아열대 지방에서만 서식하던 모기 등의 병원체 매개동물과 곤충이 온대지방에서도 서식할 수 있게 되어 감염병 창궐의 토대가 되었다.

⇨ 전문가들은 코로나19 팬데믹 이후로도 계속해서 새로운 종류의 감염병이 발생하고, 치료제가 미처 개발되기 전에 새로운 팬데믹을 일으킬 것이라고 보고 있다.

■ 앞으로 더욱 창궐할 감염병 대비책은?

- 21세기형 감염병 팬데믹에 대비한 연구에 전 세계가 협력, 투자해야 한다.
- 백신과 항생제 개발이 감염병 예방에 대한 가장 중요한 대비책이다,
- 각종 생활 속 의료기구와 위생설비 개발로 감염병 취약계층을 보호해야 한다.
- 현재 우리나라를 비롯한 전 세계는 백신개발을 위한 보이지 않는 전쟁 중이라고
  해도 과언이 아니다.

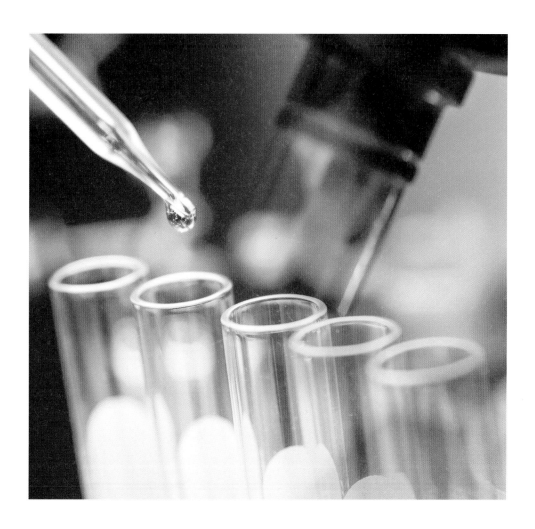

코로나 백신 개발, 전 세계 경쟁이 정점에 달하다

코로나19가 끝이 어딘지 모를 정도로 확산되면서 전 세계가 백신 개발에 돌입했습니다. 백신 개발의 마지막 단계인 3상 시험에 들어간 후보 물질이 5개로 연말쯤 백신이 출시될 것이라는 기대가 높아지고 있습니다.

백신 출시되면 바로 많은 사람이 맞을 수 있나?

백신이 나온다고 바로 양산에 들어가긴 힘듭니다. 실험실 수준에서 만든 백신을 제약회사 공장에서 양산해내려면 시간이 걸립니다. 제조 설비를 갖춰야 하고 같은 품질의 백신이 생산되는지 시험 가동을 거쳐야 합니다. 이 과정에서 짧아도 2~3개월이 소요됩니다. 보건당국이 검사해서 합격하면 출하 승인이 떨어져 대량생산에 들어갑니다.

다행히 이번에 나올 코로나19 백신은 개발과 양산을 동시에 진행하고 있습니다. 백신 개발에 앞장서고 있는 미국의 상황이 너무 절박하기 때문입니다. 급한 불을 끄기 위해 백신을 출시하자마자 대량생산할 수 있도록 제조 공정도 만들고 있습니다.

우리나라엔 언제 백신이 들어올까?

미국과 유럽 각국은 백신이 나오자마자 구매할 수 있도록 백신 확보 경쟁에 나섰습니다. 영국 제약회사 아스트라제네카는 미국과 3억 개, 영국과 1억 개, 독일, 프랑스 등과 백신 공급계약을 맺었습니다.

우리나라는 아직 백신 공급계약을 하진 않았습니다. 그렇다고 손을 놓고만 있지는 않습니다. 우리나라 백신 생산 업체인 SK 바이오사이언스가 코로나19 백신을 위탁생산(CMO) 할 수 있도록 아스트라제네카와 협력의향서를 체결했습니다. 위탁생산이지만 우리나라에서 만드는 만큼 백신 확보가 쉬울 것으로 보입니다. 아스트라제네카에서 나올 백신은 '유전자 재조합 방식' 으로 비교적 안전하다고 평가됩니다.

우리나라에서 개발하는 코로나19 백신은?

한국에서도 코로나19 백신 개발에 나섰습니다. 정부는 내년 말까지 개발 완료를 목표로 백신 개발을 지원하고 있습니다. 임상시험에 들어간 백신 후보 물질은 두 개입니다. 아직은 초기인 임상 1상 단계입니다. 제넥신은 '핵산(DNA) 백신' 을, 메디톡스는 호주 백신 업체 '박신' 과 손잡고 '유전자 재조합 백신' 을 개발 중입니다.

1상을 통과하면 2상과 3상 임상시험을 거쳐야 하는데, 대규모 인구를 대상으로 하는 3상 시험이 문제입니다. 3상 시험에선 수만 명을 대상으로 백신을 접종한 집단과 가짜 약을 맞은 집단에서 코로나19 확진자 수를 비교합니다. 백신을 맞은 집단에서 코로나19 확진자가 50% 적으면 효과가 있다고 판단합니다. 그래서 3상 임상시험은 코로나19가 대규모로 유행하는 곳에서만 할 수 있습니다.

한국은 전 세계적으로 코로나19가 가장 잘 관리되는 곳이죠. 따라서 우리나라에선 3상 시험을 할 수 없습니다. 3상 시험을 진행하려면 코로나19가 멈추지 않고 확산되는 국가로 나가야 합니다. 국내 코로나19 백신은 빨라야 내년 하반기쯤 나올 것 같습니다.

코로나19 백신, 누가 먼저 맞을까?

무조건 코로나19 최전선에 있는 의료진이 먼저입니다. 대규모 확진자 발생 시 의료진이 감염되면 의료 인프라가 무너지기 때문입니다. 그다음은 65세 이상 고령층과 만성질환자 등 고위험군입니다. 통상적으로 젊고 건강한 사람은 가장 나중에 백신을 접종하게 됩니다.

하지만 접종 우선순위는 백신의 특성에 따라 바뀔 가능성이 있습니다. 효과와 안전성에 따라 달라지는 겁니다. 코로나19 백신은 워낙 신속하게 개발되고 있어 장기적인 안전성을 담보하기 힘듭니다. 특히 아직 상용화된 적이 없는 '핵산(mRNA) 백신' 이 그렇습니다. 모더나와 화이자에서 개발하고 있는 백신이 여기에 속합니다.

안전성이 완전히 확보되지 않았다면 고령층이나 어린이에게 투여하기는 어렵습니다. 안전성에는 의문이 있지만, 효과가 확실하다면 바이러스를 퍼뜨릴 위험이 큰 젊고 건강한 사람에게 먼저 접종할 수도 있습니다.

〈출처: 2020,7,29., KBS '코로나19 백신… 내 차례는 언제쯤?' , 이충헌 기자〉

세계보건기구 사무총장 '100년에 한 번 나올 보건 위기' 라 평가

전 세계 코로나19 신규 확진자가 29만 명을 넘어서며 또 최고치를 기록했습니다.
지금까지 누적 확진자는 1,700만 명을 넘어섰는데요. 세계보건기구, WHO 사무총장은 코로나
19가 100년에 한 번 나올 보건 위기라고 평가했습니다

1월 말 국제적 비상사태를 선포한 지 여섯 달 만에 다시 소집된 코로나19 긴급위원회.
세계보건기구 사무총장은 코로나19가 100년에 한 번 나올 보건 위기라고 진단하고, 그 영향이
수십 년 간 느껴질 것이라고 말했습니다.

"백신 개발이 기록적인 속도로 진행되고 있지만,
우리는 이 바이러스와 함께 사는 법을
배워야 합니다."

거브러여수스, WHO 사무총장

그도 그럴 듯이 지난해 말 첫 환자 보고 이후 7개월 만에 전 세계 누적 확진자수는 1,770만 명을
넘었고, 이 가운데 68만여 명이 숨졌습니다. 전 세계 하루 신규 확진자는 29만 명을 넘어 다시
최고치를 기록했습니다. 신규 확진자수는 6월 이후 증가세가 더욱 가팔라지고 있습니다.
(2020.8.1. 현재)

확진자가 가장 많은 대륙은 미주 대륙, 국가는 미국입니다. 석 달 간 강력한 봉쇄 조치로 확산세
를 누그러뜨렸던 유럽 대륙에서도 휴가철에 다시 환자수가 늘고 있습니다. 스페인의 하루 신규
확진자가 3,000명을 넘었는가 하면 독일과 프랑스도 1,000명 이상 증가했습니다.
바이러스 재확산 가능성이 제기되자 영국 정부는 카지노와 볼링장 등의 영업 재개를 2주간 연기
하고, 북부 잉글랜드 지역에는 봉쇄 조치를 다시 적용했습니다.

보리스 존슨, 영국 총리 :

"우리는 바이러스를 통제하기 위해 지금 제동장치를 밟아야 합니다."

이탈리아 대통령도 위기가 아직 끝나지 않았다고 강조했습니다. WHO는 국제적 비상사태라는 평가를 유지하고, 기존 권고안에 새로운 내용을 추가할 것으로 전망됩니다.

〈출처 : KBS, 2020.8.1., 'WHO "100년에 한 번 나올 보건 위기"' , 유광석 기자〉

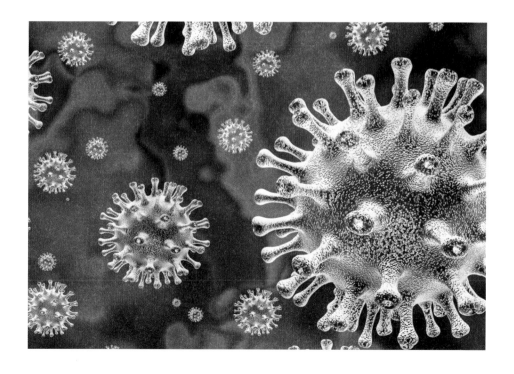

WE
DO :)

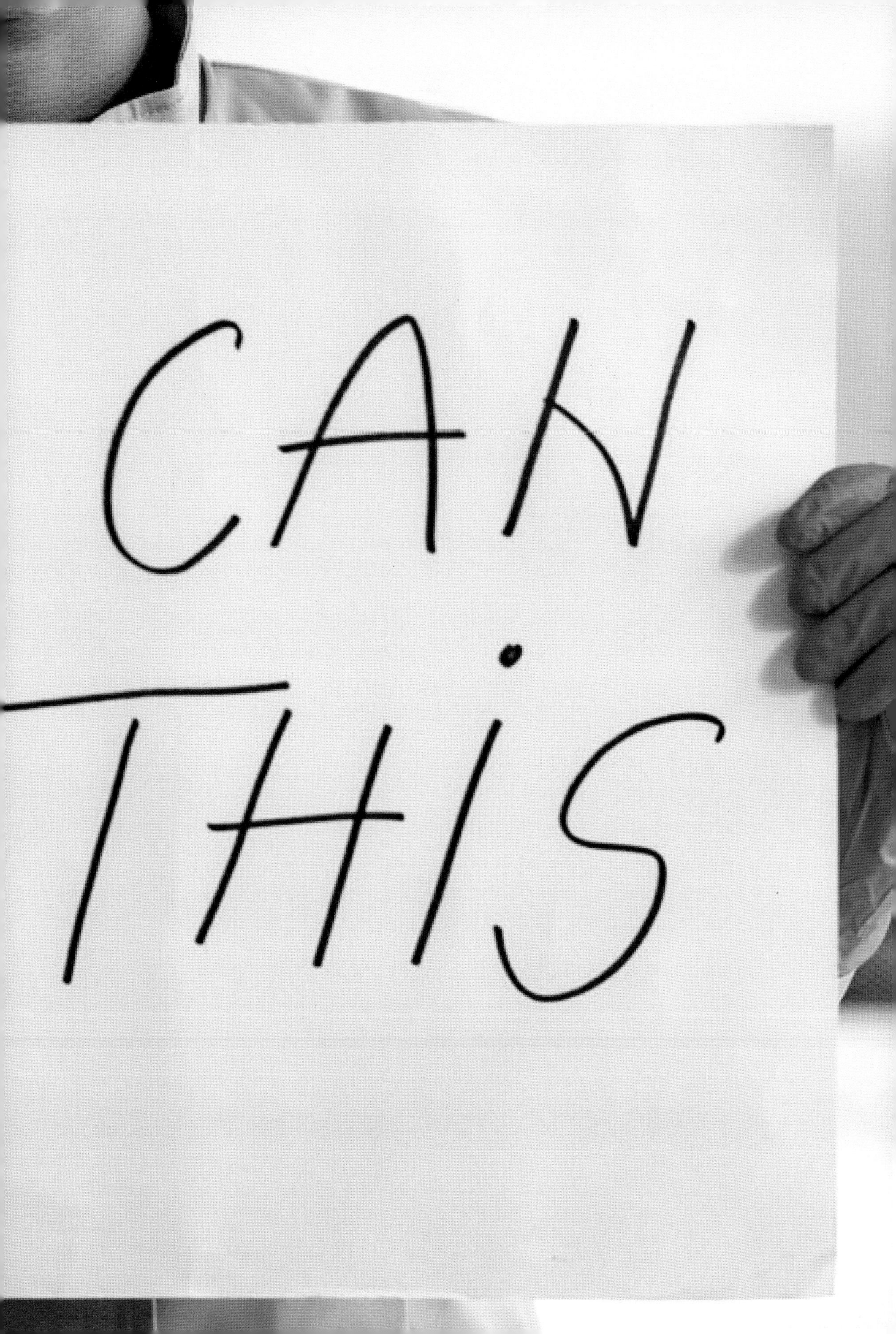
CAN
THIS

Q&A
코로나19 바이러스 무엇이든 물어보세요

Q. 코로나 바이러스 검출은 어떻게 하나요?

A. 코로나 바이러스는 rRT-PCR(중합효소연쇄반응)이라는 방법으로 검출합니다. 즉 가래, 인후의 분비물, 하부 호흡기의 분비물 등에서 표본을 얻어 코로나19 바이러스 핵산을 검출하는 것입니다. 이러한 검출 방법은 독감, 즉 유행성 인플루엔자 바이러스를 검출하는 것과 같은 방법입니다.

Q. 코로나19에 감염되면 어떤 증상이 나타나나요?

A. 가장 주된 증상은 발열, 마른 기침, 호흡 곤란 등이며, 증상이 심각해질수록 호흡이 어려워지고 폐렴 증상이 악화될 수 있습니다. 그 밖에 피로감, 무기력증, 인후통이 나타나기도 합니다. 그에 비해 콧물, 코 막힘 같은 상부 호흡기 증상은 많지 않은 편이지만 간혹 나타나는 환자도 있습니다. 환자에 따라 증상이 없거나 가벼운 증상만 나타나기도 하므로 주의해야 합니다.

Q. 코로나 바이러스 증상인지, 그냥 감기인지, 혹은 다른 바이러스 감염 증상인지 어떻게 구별하나요?

A. 신종 코로나 바이러스의 증상은 유행성 독감 및 사스와 매우 비슷하여, 발열, 마른 기침, 피로감 등이 주로 나타나고, 중증 환자는 폐렴 증상으로 발전합니다. 반면에 일반 감기는 마른 기침보다는 콧물, 코막힘 증상이 나타나고 폐렴으로 발전하지 않습니다.

Q. 코로나19에 감염되면 폐렴 같은 호흡기 증상이 반드시 나타나나요?

A. 신종 코로나 바이러스의 가장 주된 증상은 발열과 폐렴 증상이며, 확진환자의 상당수는 폐부를 촬영했을 때 폐렴 양상이 나타났습니다. 그러나 발열이나 호흡기 증상이 없거나, 본인은 전혀 인식하지 못하는 무증상 확진환자도 꾸준히 증가하고 있으므로 호흡기와 폐렴 증상이 없을 수도 있습니다.

Q. 기침이나 재채기할 때 주의할 점은 무엇인가요?

A. 기침이나 재채기를 할 때 코와 입에서 튀어나오는 비말(침방울)은 사방 2미터 이내로 확산되어 바이러스를 전파시킬 수 있습니다. 따라서 반드시 마스크를 착용하되, 만약 마스크를 착용하고 있지 않다면 손이 아닌 손수건, 휴지, 옷소매 위쪽으로 코와 입을 가려야 합니다. 이때 사용한 휴지는 쓰레기통에 버리고, 기침과 재채기를 한 직후 반드시 손을 소독하거나 물과 비누로 손을 깨끗이 씻어야 합니다.

A. 코로나19 바이러스는 기존의 코로나 바이러스가 변이되어 새로 발생한 바이러스로, 현재까지도 백신이 개발되지 않고 있습니다. 다른 항바이러스제로 감염을 예방할 수 있다는 확실한 연구 결과도 나오지 않았습니다. 전 세계가 백신 개발을 위해 경쟁하고 있습니다. 그러나 백신이 개발되어 보급된다 하더라도 당분간은 일상생활에서의 방역과 소독만이 최우선의 예방법이라고 전문가들은 권유하고 있습니다.

Q. 코로나 바이러스 걸리면 병원에서 어떻게 치료해요?

A. 우선 체온을 측정하고, 호흡기 증상 여부를 점검합니다. 만약 최근 2주일 동안 의심 환자와 접촉한 적이 있거나, 발생지역에 다녀온 적이 있다면 세부 동선과 접촉자를 파악하고, 즉시 격리 치료를 진행합니다. 동시에 확진 여부를 판단하기 위해 인후에서 채취한 체액 등을 검사하고, 검사 결과가 양성이면 확진 판정을 내립니다.

신종 코로나 바이러스는 아직까지 백신뿐만 아니라 치료제도 나와 있지 않습니다. 다만 감염된 환자의 경우 증상에 따른 대증요법을 통해 증상을 완화시킬 수 있을 뿐입니다. 이는 다른 신종 바이러스, 즉 사스나 메르스의 경우에도 마찬가지입니다.

Q. 항생제로 코로나를 예방할 수 있나요?

A. 예방할 수 없습니다. 항생제는 기본적으로 세균(박테리아)을 박멸하는 효과가 있고 바이러스 병원체를 소멸시키지는 못합니다. 의사 지시 없이 항생제를 남용할 경우 오히려 항생제 내성이 생겨 치료와 회복에 악영향을 끼칠 수도 있습니다.

Q. 코로나 바이러스 예방에 좋은 음식이 있나요?

A. 신종 코로나 바이러스는 예방 백신과 치료제가 없으며, 바이러스 예방과 치료에 좋다고 입증된 음식이 따로 있지 않습니다. 다만 면역력 향상을 위해 균형 잡힌 식단을 구성해 규칙적인 식사를 하고, 특히 물을 자주 마셔 수분을 보충하며, 과일과 채소를 통해 비타민과 섬유질이 부족하지 않도록 해야 합니다. 민간요법이나 건강식품에 의해 코로나를 예방 및 치료할 수 있는 방법은 없으므로 맹신하지 말아야 합니다.

Q. 비타민을 먹으면 바이러스를 예방할 수 있나요?

A. 비타민은 바이러스 감염을 예방해주거나 막아주지 못합니다. 비타민은 우리 몸의 면역 기능을 유지시켜주는 보조적인 역할을 할 뿐, 바이러스에 대해서는 어떠한 작용도 하지 못합니다.

Q. 확진환자 주의점은 무엇인가요?

A. 우선 의료진의 조치를 따르고, 접촉 가능한 동선과 방문 지역, 방문 장소, 접촉한 사람들 등을 최대한 자세히 알리는 것이 좋습니다. 비난을 받을까 염려하여 동선과 접촉자를 숨기는 것은 지역사회와 국가 전체를 위험에 빠뜨릴 수 있으며, 처벌도 받을 수 있습니다.

Q. 코로나 바이러스 생존기간 얼마나 되나요?

A. 아직 연구 중이기는 하나, 신종 코로나 바이러스는 비말이나 체액이 아닌 일반 물체, 즉 종이나 유리, 금속, 옷, 비닐 등에서 24~72시간 생존 가능한 것으로 알려져 있습니다. 감염된 환자의 체액, 즉 가래나 대소변에서는 5일 이상, 최대 10일 정도까지도 생존할 수도 있다고 합니다. 따라서 타인의 침방울과 접촉하지 않도록 조심하고, 감염된 사람과 접촉하거나 감염자를 간호한 직후에는 반드시 손을 씻고 소독해야 합니다.

Q. 소독제 대신 식초로 소독해도 되나요?

A. 일반 식초는 초산의 농도가 매우 낮아 신종 코로나 바이러스뿐만 아니라 호흡기 바이러스를 제대로 소멸, 제거하기 어렵습니다.

Q. 왜 14일간 격리해야 하나요?

A. 코로나19 바이러스의 잠복기간이 최대 14일이기 때문입니다. 즉 바이러스 접촉 후 발열, 호흡기 증상 등의 증상들이 발생하는 데 걸리는 시간이 14일로 알려져 있습니다. 백신과 치료제가 없는 바이러스 감염병의 경우 밀접접촉자를 일단 격리시켜 건강상태를 모니터링하는 것이 국제사회의 공통된 대처법입니다.

Q. 만약 감염이 의심되는 사람이 있으면 어떻게 해야 하나요?

A. 우선 마스크를 착용하고 밀접접촉을 최대한 피할 수 있도록 2미터 이상의 안전거리를 유지하되, 당사자에게 검사와 진료를 받아볼 것을 권유하고 배려해야 합니다.

Q. 최근 코로나 확진자가 다녀간 장소에 다녀온 적이 있는데 어떻게 해야 하나요?

A. 우선 출근, 등교 등을 하지 않고 집에서 스스로 자가격리를 하면서 자신과 주변 접촉자들의 건강상태를 관찰해야 합니다. 격리 도중 발열, 기침, 호흡 곤란, 피로감, 근육통 등의 증상이 하나라도 있으면 1339 콜센터에 전화해 상담을 받고, 선별진료소에 가서 진료 및 검사를 받도록 합니다. 이때 언제 어디를 다녀왔으며 만난 사람들이 누구였는지를 의료진에게 알려야 합니다.

전 세계 팬데믹!
국가별 코로나19 대응

〈코로나19 전파 초기의 주요 타임라인〉

2019년 12월

중국에서 정체불명의 폐렴 집단 감염

2020년 1월

중국, 한국, 태국, 일본, 베트남, 싱가포르, 대만, 베트남 등

아시아 지역에서 환자 발생

미국, 캐나다 등 북미, 호주와 뉴질랜드의 오세아니아,

프랑스, 독일, 이탈리아 등 유럽에서 확진자 발생

2020년 2월

이집트, 브라질 등 아프리카, 남미에서 확진자 발생

전 세계 대륙으로 급속 확산

2020년 3월 11일

WHO에서 홍콩독감(1968), 신종플루(2009)에 이어

사상 세 번째로 팬데믹(세계적 대유행) 선포

01

국가 정책에 따라 극과 극, 아시아

바이러스 발생지 초기대응 실패 사례, 중국

- 2019년 12월 중국 후베이성 우한시에서 최초로 원인불명의 폐렴이 발생하였다.
- 집단감염 초기, 원인을 알 수 없는 호흡기 전염병으로 알려졌으나, 2020년 1월 9일 세계보건기구(WHO)는 '신종 코로나바이러스(SARS-CoV-2, 국제바이러스분류위원회 명명)' 로 확인됐다고 발표하였다.
- 신종 코로나의 감염병 위험을 인식하고 사람 간 전파가 가능하다는 점을 중국 정부와 당국이 공식 인정했을 때는 이미 감염병의 골든타임을 놓친 2020년 1월 20일 이후였다.

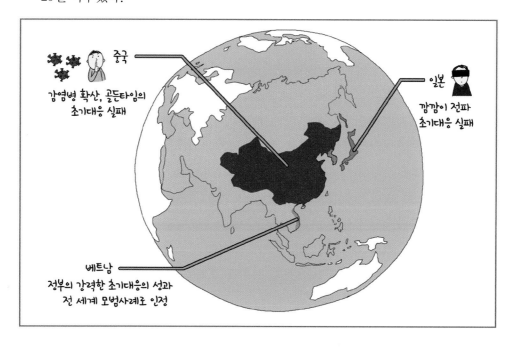

정보 통제와 은폐로 루머 확산

- 관련 정보를 정부가 통제하고 유언비어로 일축하면서 초기대응 실패에 결정적인 원인을 제공하였다.
- 중국은 사스 바이러스 발생 초기에도 감염 사실을 감추거나 인정하지 않아 초기 대응에 실패하게 한 전례가 있다.
- 중국의 국가위생건강위원회에서 우한의 정체불명 폐렴 전파 소식이 알려진 초기에, 사람 간 감염이 일어나지 않는다는 잘못된 판단을 내리고, 감염 환자에 대한 검사와 초기대응을 하지 않았다.
- 정부와 당국의 잘못된 판단이나 정보 통제, 축소, 은폐 등으로 외신에서 중국 정부의 발표를 불신함에 따라, 근거가 불분명한 음모론 등이 퍼지고, 감염병에 대한 국제적 대응에 혼선을 불러일으켰다.

사스에 이은 또 한 번의 실패

- 코로나 전파 초기, 중국 정부와 후난성 당국이 감염병 골든타임 대응보다는 공산당 대회 개최와 춘절을 앞둔 경기부양 정책을 우선순위로 삼았다.
- 국민의 동요와 혼란을 막기 위해 언론과 정보를 통제하였으나, 이는 오히려 잘못된 유언비어 난무와 불안 조장을 부추겼다는 평가가 있다.
- 중국의 코로나 초기대응 실패는 사스 바이러스 전파 당시에 이은 또 하나의 대응 실패 사례로 남겨질 것으로 보이고 있다.
- 중국은 사스 바이러스 대응 실패를 계기로 정보공개법을 도입하고 공공기관과 정부의 정보를 국민에게 공개하는 정책을 세웠으나, 현 시진핑 정권이 이를 무색하게 하였다는 비판이 일었다.
- 연구 결과에 따르면 코로나 감염 초기대응과 격리 조치가 일주일 일찍 시작되었을 경우 감염자 숫자를 60% 이상 줄이고, 3주일 일찍 시작되었을 경우 확산을 90% 이상 줄일 수 있었을 것이라고 보았다.

호언장담했으나 의료시스템 붕괴, 일본

- 2020년 2월 13일 코로나19 첫 사망자가 발생하였다.
- 2020년 3월 말부터 대도시와 전국의 확진자 수가 폭증하였다.
- 이미 대도시와 전국 각지에서 감염이 확산되고 있었음에도 불구하고, 제대로 된
  검사와 조사를 실시하지 않아 경로 파악과 대응에 실패하였다.
- 감염 초기, 공항과 항구를 중심으로 외국 국경에서 일본 국내로의 감염병 전파를
  막기 위한 조치를 취하였다.
- 요코하마 항 부두에 해상 격리된 크루즈선 다이아몬드 프린세스호에서 확진자
  (712명)가 속출한 후, 일본 전역에서도 지역 감염자가 속출하였다.

확산 초기 감염경로 파악 실패

- 대부분의 확진자가 감염경로가 제대로 파악되지 않았다.
- 경로가 불분명한 감염과 확진 사례가 나오고 있음에도 불구하고 검사를 지나치게
  적게 하였다.
- 일본 정부는 2020년 3월 초까지도 '검사를 너무 많이 하면 의료 붕괴가 일어난다'
  고 주장하였다.
- 이때부터 '겉으로 드러난 확진자보다 드러나지 않은 감염자가 10배 이상 될 것'
  이라고 전문가들이 추산하기 시작하였다.
- 유명 연예인들의 감염과 사망으로 인하여 일본 국민이 큰 충격을 받으면서
  코로나19의 심각성을 점차 인식하는 계기가 되었다.

- 아베 정부는 코로나19 방역 정책보다는 2020년 7월에 예정되어 있었던 도쿄올림픽을 치르는 데 더 신경을 쓰고 있었으며, 여러 차례 국제사회에 '올림픽을 예정대로 치를 것'이라고 선언하기도 하였다.

감염병보다 올림픽 개최 여부를 염려

- 코로나19로 인해 2020 도쿄올림픽의 공식적인 연기가 정해진 이후, 3월 말부터 신규 확진자 수가 폭증하였다. 일각에서는 올림픽 개최를 위해 일부러 검사를 하지 않았다가, 올림픽 연기가 결정되자 그제야 확진자가 드러난 것이라고 추측하기도 하였다.
- 2020년 4월 이후 확진자, 사망자의 숫자가 한국을 넘어섰다.
- 의심환자에 대한 검사를 늘리는 등 방역 당국의 대처가 2020년 중반에 이르러야 이루어져 초기대응은 물론이고 국가적 방역 실패 사례로 간주되고 있다.
- 2020년 8월 2일 NHK 발표에 의하면, 8월 1일의 확진자 수는 1,536명으로, 4일 연속 1,200명이 넘는 상승세를 보였다. 이로써 일본 전역의 누적 확진자 수는 2020년 8월 1일 현재 3만 8,637명으로 늘었다.

⇨ **깜깜이 전파에 대한 초기대응 실패, 우리나라와 반대되는 행보**

아시아 국가 중 눈에 띄는 성공 사례, 베트남

- 코로나19 확산 초기, 베트남 정부가 적극적인 비상체계에 돌입하였다.
- 전 세계 팬데믹 사태 속에서 모범 방역 국가로 꼽혔다.
- 확산 초기부터 외국인 입국 금지 조치를 선제적으로 취하였다.
- 2020년 4월부터 강력한 사회적 거리 두기 정책을 실시하였다.

- 2020년 7월 12일 기준으로, 인구 100만 명당 발생률이 4명에 그쳤다. 이는 카타르
  (100만 명당 3만 3,011명), 칠레(100만 명당 1만 6,659명), 미국(100만 명당 9,844명)
  보다 현저히 낮은 숫자로 파악되었다.

2020년 7월 중반까지 사망자 0명

- 2020년 7월 13일 현재, 누적 확진자 수 372명, 그 중 지역감염자 140명이었으며,
  4월 16일 이후로는 지역감염자가 1명도 나오지 않았다.
- 100일간 지역감염자 0명과 사망자 0명이라는 놀라운 방역 사례로 남겨졌다.
- 그러나 2020년 7월 31일 첫 사망자가 나오면서, 코로나 팬데믹 발생 후 전 세계에
  서 사망자가 발생하지 않은 유일한 나라였다는 기록이 깨졌다.

⇨ **정부의 강력한 초기대응의 성과, 전 세계 모범 사례로 인정**

성공 사례였던 베트남도 무릎 꿇나?

베트남에서 신종 코로나바이러스 감염증(코로나19) 확진 판정을 받아 치료를 받던 70대 남성이 숨졌다. 베트남 첫 사망 사례다. (2020.7.31. 현재)
베트남 정부는 코로나19 확진 판정을 받아 다낭 병원에서 치료받던 70세 남성이 31일 오전 숨졌다고 밝혔다.

100일 간 현지 감염 '0명' 을 유지하던 베트남에서는 지난 25일 다낭에서 57세 남성 확진자 1명이 보고된 후 호찌민과 하노이 등 다른 지역에서도 확진자가 속출하고 있다. 또한 다낭에 있는 병원과 결혼식장에 다녀간 꽝남성 · 호찌민 · 서부고원 지방에서 확진자가 나오면서 최근 일주일간 지역감염자는 87명으로 늘었다. 31일에만 45명의 확진자가 새로 보고돼 일일 최다 기록을 경신했다.

지금까지 베트남에서는 509명의 확진자가 발생했으며 369명은 완치됐고 140명은 치료 중이다.
베트남은 코로나19 발병국 중 사망자가 발생하지 않은 유일한 나라였다.
이에 따라 당국은 다낭에서 모임 인원을 제한하고 비필수 업종 서비스를 중단하는 등 규제 조치를 강화하고 항공편도 잠정 중단했다. 수도 하노이도 술집과 나이트클럽을 폐쇄하고, 대규모 집회를 금지하는 등 대책 마련에 나섰다.

〈 출처 : 뉴스1, 2020.7.31., '베트남 코로나 첫 사망자 발생.. 신규 확진도 폭증' , 한상희 기자〉

02

허를 찔린 유럽연합

유럽연합과 주요국가의 감염병 대응정책

> **"우리는 지금, 2차 세계대전 이후**
> **최대의 도전을 맞고 있습니다."**
>
> - 앙겔라 메르켈, 독일 총리

유럽연합 질병통제관리센터 설립

- 2005년 '유럽연합 질병통제관리센터(ECDC, European Centre for Disease Prevention and Control)'가 설립되었다.
- ECDC의 핵심 업무는 유럽연합(EU) 내에서의 감염병을 대비하고 대응하는 것이다.
- ECDC에서는 감염병을 다음과 같은 7가지로 분류하여 관리, 감독하기로 합의하였다.
  1. 항생제 내성·병원 관련 감염(HAIs)
  2. 신종 감염병·매개질환(Emerging and Vector-borne Disease)
  3. 식품·식수 매개질환 및 인수공통감염병
  4. 성매개 감염병
  5. 인플루엔자

6. 결핵

7. 백신으로 예방 가능한 질환

유럽연합의 감염병 정책과 장기적 전략

- 유럽연합은 FP(Framework Programme)를 통하여 감염병 연구를 지원하였다.
- FP는 유럽연합 내의 최대 규모의 감염병 연구 및 개발사업 지원 프로그램이다.
- 2005년 질병통제관리센터(ECDC)를 설립하면서, 첫 장기전략으로 '2014-2020 다개년 전략프로그램(ECDC strategic multi-annual programme 2014-2020)'을 수립하였다.
- 이를 통하여 감염병의 질환에 따른 프로그램을 운영하기로 하였다.

코로나19에 대한 유럽 각국의 실패 이유

- 중국에서 발생하여 아시아에서만 확산되는 듯했던 코로나19가, 2020년 2월 이탈리아 확진자 발생을 기점으로 유럽의 상황이 악화되었다.
- 2020년 3월부터 유럽 각국의 확진자가 가파르게 증가하였고, 며칠 만에 유럽의 확진자 수가 동남아시아의 확진자 숫자를 추월하였다.
- 이후 유럽 대륙의 전 국가에 코로나19가 확산되면서 각 국가마다 마비 사태가 일어났다.

국경 봉쇄, 외출 금지, 국가비상사태 등 사상 초유의 사태

- 2020년 3월, 이탈리아는 전국 봉쇄령을 내렸으나, 3월 중순경 하루 감염자가 2,000

명 이상 증가하고 병원과 공공기관이 마비되었다.

- 프랑스나 독일 등에서는 휴교령과 행사 제재령 동 국가 긴급 대응체제를 발동하였다.

- 네덜란드, 헝가리, 스페인 등에서는 국가비상사태를 선포하였다.

- 북미, 아프리카, 아시아 국가들에서 유럽발 항공편 및 입국을 금지하는 조치를 취하였다.

- 2020년 3월 중순 이후, 이탈이나 확진자 수 3만 명, 독일과 스페인 1만 명을 돌파하였다.

- 이후 30일간 유럽연합 국경을 봉쇄하는 사상 초유의 방역 조치가 취해졌다.

- 프랑스 등에서는 15일간 국민의 외출 통제 등 사상 초유의 조치를 취하기도 하였다.

자유로운 유럽 문화가 정부 조치를 불신 및 방해

- 유럽연합의 경우 많은 국가들이 하나의 대륙에서 연결되어 있으며, 국경이 개방되어 있어(솅겐 조약) 유럽인들이 자유롭게 국경을 넘나들 수 있으므로 국가 간 급속 확산을 방지하기가 어려운 환경이었다.

- 유럽 각 국가의 정부에서, 감염병 확산 초기에 마스크 쓰기 등의 기초적인 지침에 대한 혼선을 빚어 시민들이 마스크 쓰기의 중요성을 제대로 인식하지 못하였다.

- 프랑스, 이탈리아 등 서유럽과 남유럽 국가들의 경우, 포옹이나 볼 키스 같은 신체 접촉이 잦은 문화로서, 호흡기 감염병 확산 위험이 높다.

- 서구 문화에서는 얼굴을 가리는 것에 대한 인식이 매우 부정적이고, 일반인이 평소 마스크를 쓰는 경우가 거의 없으며, 범죄자 등 극히 의심스러운 사람들만이 마스크를 쓰는 것이라는 사고방식이 있어, 감염병 확산 초기는 물론 국가비상사태 이후에도 마스크를 잘 쓰려 하지 않았다.

- 한국 등의 국가에서 확진자 동선 공개를 하거나 시민들이 방역조치를 지키는 것에 대하여 오히려 개인의 자유를 침해한다고 비판하는 등, 감염병에 대한 유럽의 시민 의식이 미비하였다는 평가가 대두되었다.

관광대국의 몰락과 경제 붕괴, 이탈리아

- 2020년 2월, 유럽에서 가장 빠른 속도로 확진자가 급증하고, 3만 5,000명가량의 사망자가 발생하였다.
- 2020년 3월 9일을 기점으로 확진자 수가 한국의 확진자 수를 넘어섰으며, 3월 18일 에는 최초로 3만 명 이상을 넘긴 국가라는 오명이 남았다.
- 아시아에서는 초기대응에 가장 실패한 국가로 중국이 꼽히는 한편, 유럽에서는 이탈리아가 꼽힌다.
- 2020년 3월 정부에서 봉쇄령을 선포하였으나 확진자 수가 줄어들지 않으며 상황이 악화되었다.
- 2020년 4월 25일에는 코로나19로 인한 치사율이 13.46%에 달하였으며, 4월 말에는 미국, 스페인에 이어 누적 확진자 20만 명을 넘어서게 되었다.

중앙정부와 지방정부의 엇박자

- 이탈리아 북부의 경우 경제수준이 높고 부유한 지역이었으나 코로나19로 인하여 경기침체가 도래하였고, 이탈리아 남부의 경우 경제력과 위생 및 보건시설이 열악 하여 확산세가 줄어들지 않았다.
- 준연방제 국가로서, 중앙정부가 아닌 각 주의 주정부에서 의료정책을 맡고 있어, 중앙의 방역방침과 각 주의 정책이 최악의 혼선을 빚었다.
- '작은 정부, 큰 시장' 의 국가로서, 중앙정부에서 봉쇄령 등을 내리더라도 지방정부 에서는 예외 규정을 두며 거리 두기를 전혀 하지 않는 등 중앙과 지방이 서로 손발 이 맞지 않았다.

- 세계적인 관광대국이었으나, 코로나 사태로 인하여 관광산업이 전면 중지되면서 국가 및 지역경제가 치명적인 타격을 입게 되었다.
- 2020년 7월, 유럽연합 회원국과 셴겐 조약 가입 국가의 관광객을 대상으로 국경을 개방하였지만 예전 같은 관광수익 회복을 기대할 수 없었다.
- 코로나 팬데믹 이후 50만 개 이상의 일자리가 감소하였다.

⇨ **감염병 대응을 하지 못하는 정부 시스템, 지방별 경제 차이와 관광수입 급감으로 치명타**

03

전 세계 확진자 1위, 속수무책 미국

미국, 1990년부터 감염병에 대비했었다

- 미국의 질병통제권리센터(CDC, Centre for Disease Prevention and Control)에서 1995년 '신종 감염병 프로그램(EIP, Emerging Infectious Programs)' 과 같은 전담 프로그램과 조직을 신설하여, 각종 신종 감염병에 대한 예방 대책을 세웠다.
- CDC에서는 다음과 같은 예방 및 정책을 세우는 데 앞장섰다.

  과거 감염병 재출현 원인 분석
  신종 감염병 원인 분석
  감염병 감시 체계
  감염병 연구
  백신 및 치료제 개발
  보건교육

1990년대에 감염병 예방정책, 21세기 초부터 대응전략 수립

- 2014년에는 '글로벌 보건안보구상(GHSA, Global Health Security Agenda)' 를 발족하였다. 이는 전 세계의 국가, 국제기구, 비정부 조직들이 참여한 감염병 예방과 대응을 위한 국제적인 공조체계이다.
- 국제보건센터(CGH)에서 해외 감염병을 감시하고, 신종 감염병에 대응하며, 감염병

을 관리하고 연구하는 인력과 체계를 강화하였다. 그 밖에 공중보건에 대해 연구하고, 인수공통 감염병을 미리 감지하기 위한 체계적인 정책과 대비책에 주력하였다.
- 매주 미국 인플루엔자 동향(FluView)을 발표하는 등, 대표적인 감염병인 인플루엔자에 대해서도 상시적으로 감시하고 대비해왔다.

트럼프 정부 최악의 오명, 코로나 앞에 무너진 미국

- 미국은 일찍이 감염병 예방을 위해 전략을 세우고 대응정책을 수립하였음에도 불구하고, 코로나19 사태에서 초기부터 현재까지 대응에 실패한 최악의 국가라는 오명을 듣게 되었다.
- 북미 중 캐나다는 2020년 6월 이후 확산세가 감소된 반면, 미국은 시간이 갈수록 확진자 수가 증가하고 국가 정책과 시민의식 모두에서 개선되지 못하였다.
- 2020년 3월 경에는 미국 동북부(뉴욕, 보스턴, 필라델피아 등)에서 많은 확진자가 나왔고, 그 중에서 뉴욕의 피해가 컸다.
- 2020년 5월부터는 미국 서부와 남부(LA, 휴스턴, 마이애미 등)의 피해가 컸다.

미국 국민 100명 중 1명 이상이 감염

- 2020년 7월 기준, 전 세계 총 확진자와 사망자의 4분의 1이 미국에서 나왔다.
- 2020년 7월 17일 기준 신규확진자 7만 7,000명 돌파 등 연일 신기록을 갱신하고, 미국 인구의 1%가 감염되었으며, 사실상 통제불능의 단계가 되었다.
- 2020년 여름을 기점으로 전 세계 대부분의 국가들이 2차 대유행 대비에 접어들었으나, 미국은 1차 대유행 상태에 머물고 있었다.
- 미국의 코로나 대응 실패는 트럼프 정부의 무능함, 방역에 손을 놓고 컨트롤타워 역할을 하지 못한 당국의 미흡한 대처, 미국 국민들의 미숙하고 후진적인 시민의식

등이 함께 원인이 되었던 것으로 지적되었다.

➪ 컨트롤타워 역할을 전혀 하지 못한 백악관, 마스크 쓰기조차 거부하는 무지한
시민의식으로 사망자 늘어

코로나 19 확진 상위 10개국 : 확진자 수 (사망자 수)

미국
6,581,605 (196,069)

인도
4,559,725 (76,304)

브라질
4,210,556 (128,857)

러시아
1,046,370 (18,263)

페루
702,776(30,236)

콜롬비아
686,856 (22,053)

멕시코
647,507 (69,095)

남아프리카공화국
644,438 (15,265)

스페인
554,143 (29,699)

아르헨티나
512,293 (10,713)

(발표일: 2020.09.11.)

312

미국은 아직도 1차 대유행 중

텍사스 · 플로리다 등 코로나19 집중발생지역 하루 만에 환자 수 수천 명씩 '껑충'

미국의 신종 코로나바이러스 감염증(코로나19)으로 인한 사망자 수가 18일(현지시간) 14만 명을 넘어선 것으로 집계됐다. 전체 확진자 수도 370만 명을 돌파하며 크게 증가해 응급실과 시체안치소에 자리가 부족한 상황에 이르렀다.

이날 외신과 미국 존스홉킨스대학 집계에 따르면 미국의 코로나19 누적 사망자 수는 14만 명을 넘어섰다. 미국에서는 지난달 말부터 코로나19 환자가 급증하기 시작해 이에 연쇄적으로 사망자도 다시 급격히 늘었다. 미국의 경우 코로나19 사망자가 한 주에 5,000명씩 늘어 피해가 심한 지역에서는 시신안치소에 여유 자리가 없는 실정이다.

외신에 따르면 애리조나주 피닉스시 마리코파 카운티는 시신 280구를 보관할 수 있는 냉동고 14개를 들여오고 시신안치소 수용 능력을 두 배로 확대하기로 했다. 텍사스주 샌안토니오시 벡사 카운티는 시신 180구를 보관하기 위해 냉동 트레일러 5대를 인수했다.

코로나19 신규 확진자 수는 전날보다 6만 명 넘게 늘어나 370만 명을 돌파했다. 하루 7만 명대 신규 환자가 발생한 지난 16~17일보다는 다소 줄었지만 여전히 신규 확진자가 대거 발생하고 있다. 2주간 전체 50개 주 중 코로나19 확진자가 늘어난 주만 43개 주이다. 이에 중환자실도 가득 차며 호흡이 힘든 환자들은 응급실에서 인공호흡기 치료를 받고 증상이 경미한 환자들은 병원에 가도 복도로 밀려나는 상황이다.

최근 10여 년간 응급실에서 일해온 텍사스주 베일러 의대 앨리슨 핸독 박사는 AP통신에 "코로나19의 급격한 확산과 같은 일은 한 번도 본 적이 없다"며 "우리는 최선을 다하지만 중환자실과 같은 치료를 할 수는 없다"고 말했다. 핸독 박사는 "환자가 병원에 받아들여지기 전에 몇 시간씩 기다리고 덜 아픈 사람은 중환자에게 자리를 내주기 위해 복도에 누워 있다"고 말했다.

CNN 방송 등에 따르면 이날 텍사스주 신규 확진자는 5일 연속으로 1만 명대를 기록했다. 텍사스와 함께 미국 내에서도 특히 감염세가 심한 지역으로 꼽히는 플로리다주에서는 신규 확진자가 1만328명 발생한 것으로 국제통계사이트 월드오미터가 집계했다.

지난 10일까지만 해도 7,000명 수준이던 플로리다 일일 확진자 수는 8일 하루 만에 2,000명이 넘게 증가한 9,100명이 코로나19로 입원했다. 이밖에도 노스캐롤라이나주에서 일일 최다에 해당하는 2,386명의 신규 확진자가 발생하는 등 미국 전역이 코로나19로 '비상' 이 걸리게 됐다.

〈 출처 : 세계일보, 2020. 7.19,
'美, 코로나19 사망자 14만 넘어… 환자 급증에 응급실 · 시신안치소 부족' , 박유빈 기자〉

04

기타 국가

빈민층에게 큰 타격, 중남미

- 2020년 초 중국과 아시아, 2월에는 유럽과 북미 등으로 확산된 이후, 2020년 5월에 는 아시아와 유럽의 경우 확산세가 다소 주춤한 데 비해, 중남미는 상황이 본격적 으로 악화되기 시작하였다.

- 2020년 5월 24일, 남미의 브라질은 전 세계 확진자 수 2위를 기록하였다.

- 브라질을 비롯하여 칠레, 페루, 콜롬비아 등 남미 주요 국가들의 코로나19 확진자 수가 급증하였다.

- 중남미 국가들의 경우 빈민층의 의료시설과 위생환경이 매우 열악하여, 감염 속 도가 빠를 뿐만 아니라 검사와 현황 파악, 치료 등 전반적인 시스템이 순식간에 붕괴되었다.

- 2020년 8월 1일 기준, 중남미 전체의 사망자 수가 20만 명에 이르렀다.

- 2020년 8월까지 사망자 수가 가장 많은 국가는 브라질(9만 3,616명), 멕시코(4만 7,472명)이며, 브라질과 멕시코의 사망자 수는 중남미 전체 사망자 수의 70%에 이른다.

- 중남미 각국의 신규 확진자 수가 2020년 8월에도 연일 줄어들지 않는 등 상황이 호전되지 않았다.

2차 유행이 더 심각한 호주

- 호주, 뉴질랜드의 경우 아시아, 유럽, 미국 등 다른 대륙과 지리적으로 떨어져 있어 코로나 확산 초기에 비교적 안전하였고, 그 결과 확진자 숫자가 가장 적었다.
- 그러나 2020년 7월을 기점으로 호주의 신규 확진자 숫자가 다시 급증하는 등 2차 유행이 더 심각해졌다.
- 2020년 7월 8일부터 멜버른 등지에서는 외출금지령을, 22일부터는 마스크 착용 의무화를 시행하였다.
- 2020년 7월 26일 기준으로, 호주의 총 확진자 수가 한국의 총 확진자 수를 넘어섰다.
- 2020년 8월 2일 호주 빅토리아주에서 신규 확진자가 사상 최고 수치인 671명이 발생하였다. 이로 인해 빅토리아주에서 재난상태를 선포하고, 멜버른에는 야간 통행금지령을 내렸다. 또한 8월 초부터 멜버른의 학교가 원격수업으로 전환되었다.

코로나 팬데믹, 발생 반 년이 지나도 맹위

북반구에서 하루 29만 명 신규 확진, 발생 반 년이 지나도 연일 최고치 경신

방역 당국은 여름철임에도 전 세계 신종 코로나바이러스 감염증(코로나19) 유행세가 꺾이지 않고 계속되고 있다며 주의를 당부했다. 특히 긴 장마에 무더위가 이어지는 시기라 국민 개개인이 건강관리에 만전을 기해야 한다고 강조했다.

권준욱 중앙방역대책본부(방대본) 부본부장은 1일 오후 충북 오송 질병관리본부에서 정례브리핑을 열고 "방학이나 휴가철, 코로나19 감염 통제라는 새로운 과제를 받았다"고 말했다. 그는 "코로나19가 여름임에도 불구하고 북반구에서도 맹위를 떨치고 있다"며 "세계보건기구(WHO)가 또다시 최고치를 경신한 하루 29만 명의 코로나19 신규 확진자를 발표하고 있다"고 전했다.

미국은 여전히 최악의 상황, 동남아시아는 지역발생 증가

권 부본부장은 "안타깝게도 최대 선진국이라고 할 수 있는 미국은 여전히 참담한 상황이고 유럽은 휴가철을 기점으로 재유행 조짐이 여러 국가들에서 나타나고 있다"며 "상대적으로 안정적이었다고 평가받은 동남아시아 지역의 경우 지역발생이 증가하고 있다"고 우려했다.
그는 "최근 일본은 하루 1,000명이 넘는 신규 확진자가 발생하고 있고 중국, 필리핀, 베트남도 우려되는 상황"이라고 설명했다.

장마 · 무더위 등 여름철 악화, 기저질환자도 건강관리 만전 기해야

권 부본부장은 최근 캠핑장 감염 확산을 언급하면서 "방역 당국과 지방자치단체도 수칙을 정비하고 감시 수준을 높여야 한다"며 "환자가 발생한 장소와 어떠한 행동이 위험했는지 등을 밝혀내고 있다. 한 번은 당해도 두 번 다시는 당하지 않는다는 각오"라고 강조했다.
그는 "재발 방지를 위해 휴가철에 국민들이 생활방역을 계속 실천해 주는 것이 중요하다"며 "우리나라가 국내 발생을 지금 수준으로 계속 억제할 수 있는 힘은 국민들의 덕이다. 거리 두기, 마스크 착용 등 방역 수칙 준수에 적극 참여하기 때문"이라고 당부했다.

권 부본부장은 장마와 무더위에 대비해 건강관리에도 주의를 기울여야 한다고 강조했다. 권 부본부장은 "조금이라도 몸이 이상하거나 코로나19가 의심되면 의료기관에 내원해 달라"며 "일정이 잡혀 있는 건강검진도 일정대로 받아야 하고 특별히 영유아나 어르신들의 필수예방접종도 꼭 접종을 받아야 한다"고 당부했다.

그는 "특별히 기저질환자들은 평소에 받던 진료를 건너뛰지 말고 복약, 진료, 건강관리에 더욱 유의해야 한다"며 "건강관리는 평소에 건강은 물론 언제 다시 폭발적으로 다가올지 모르는 코로나19에 대한 예방대책"이라고 강조했다.

〈출처: 뉴시스, 2020.8.1.,
'질본 "전 세계서 재유행 조짐.. 휴가와 감염통제 새 과제"', 임재희, 김정현 기자〉

코로나 발생 현황

전 세계 현황

(2020. 10. 7. WHO)

확진 환자	사망자	발생 국가, 영토
35,988,716명	1,057,686명	215

국가별 확진자수

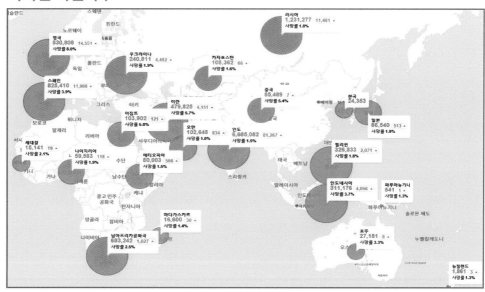

(2020.10.7. WHO)

국내 현황

확진 환자	사망자	완치자
24,239명	422명	22,083명

누적 확진환자 수, 완치자 수

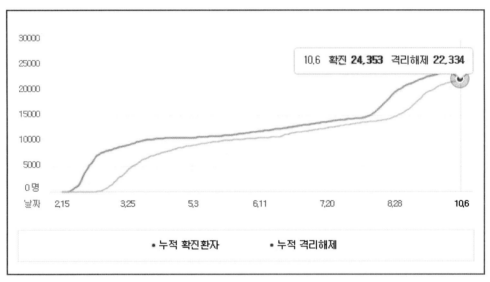

(2020.10.7. 질병관리본부)

320

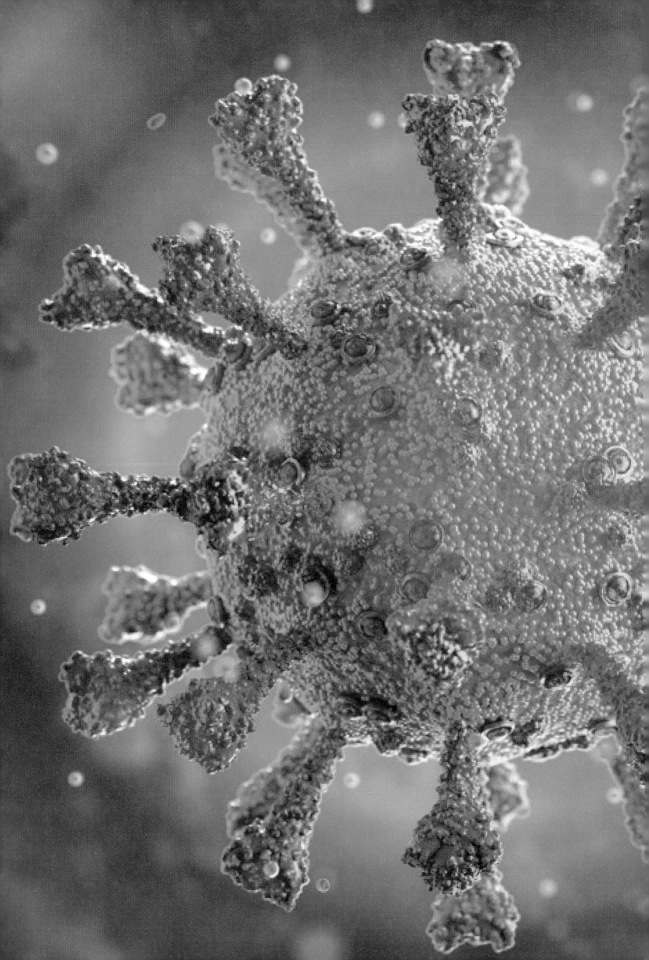

7장

바이러스만 위험할까?
감염병만큼 위협적인
라돈과 생활화학물질

01

감염병보다 더 위험한 우리 곁의 라돈

■ 라돈이란?

- 지구의 생명체는 태양에너지로 생존하며, 태양에서 지구에 도달하는 방사선에 노출되어 있다.
- 라돈(radon, Rn)은 방사성 원소의 한 종류로서, 우라늄에서 생기는 비활성 기체 중에서 가장 무거운 원소(원자번호 86번)를 가리킨다.
- 지구의 지면에는 방사선의 원천이 되는 방사성 원소 라돈이 흔히 분포한다. 따라서 지구상 어디에나 존재하는 자연방사능 물질이다.
- 우주, 암석, 공기 등을 통해 피폭되는 자연 방사선 중 가장 비율이 크다.
- 자연 상태의 암석, 토양, 물에 함유되어 있다. 암석, 토양에 있는 우라늄과 토륨의 붕괴에 의해 만들어진 라듐이 붕괴하면서 만들어진다.
- 무색무취의 기체로, 성질이 공기보다 8배 무거워 지대가 낮은 곳에서 무거운 기체 형태로 축적된다.

■ 라돈, 어디에 있나?

- 우리 생활 속에서 실내 오염물질로 접할 수 있다.
- 단열재를 사용해 건축한 주택에서 실내 환기가 잘 되지 않을 때 실내에 라돈이 축적되는 경우가 많다.

- 특히 건물의 실내와 지하실에 높은 농도로 축적될 수 있다.
- 일부 온천수, 광천수, 지하수 등에서도 발견된다.
- 암석, 토양, 지반에서 발생한 기체 형태의 라돈이 건물 벽의 틈새나 바닥을 통해 실내로 유입된다.
- 흙, 암석, 시멘트, 균열된 지반 등에서 흔히 방출된다.
- 토양, 콘크리트, 석고, 석면 등 다양한 건축자재에 함유되어 있다.
- 목조주택의 마루 밑, 주택의 지하실 등에 높은 농도로 축적되어 있을 수 있다.
- 콘크리트 바닥과 벽의 이음 부분, 벽의 구멍, 맨홀, 배출통로 등을 통해 실내로 유입된다.
- 환기가 잘 안 되는 건물의 경우, 실외보다 라돈 농도가 수십, 수백 배 높을 수도 있다.

〈라돈 유입 경로〉

(출처 : 보건복지부, 대한의학회, 국가건강정보포털)

헷갈리는 방사능 용어와 뜻

방사능

입자나 전자기파의 형태로 에너지를 방출하는 물질의 성질

방사성 원소

원자핵이 불안정하여 핵분열을 할 수 있는 원소

방사선

방사성을 가진 물질이나 원소에서 방출되는 입자나 전자기파. 방사성 원소가 더 안정적인 원소로 붕괴될 때 방출되는 알파선, 베타선, 감마선, 엑스선을 뜻함.

방사선의 종류

- 알파선 : 투과력이 거의 없음. 종이나 옷감으로도 막을 수 있음.
- 베타선 : 알파선에 비해 자기장에서 덜 휘어지는 방사선. 알루미늄으로 막을 수 있음.
- 감마선 : 전하를 띠지 않아 자기장에서 휘어지지 않는 방사선. 투과력이 커서 두꺼운 납으로 된 판으로 막을 수 있음.
- 엑스선 : 주로 의료용으로 사용되는 방사선. 에너지 크기가 다양함.

방사성 원소, 어디에 쓰이나?

- 의학기구 : 혈관 조영술, PET 등 의료용 단층촬영, 감마나이프 등에 사용한다.
- 살균 : 방사선을 쬐면 살균, 살충을 할 수 있다.
- 원자력 발전
- 원자폭탄

02

라돈, 왜 위험한가?

■ 폐암 발병률과 라돈의 관계

- 라돈은 폐암의 주된 원인 중 하나이다.
- 세계보건기구(WHO), 미국환경보호국(US EPA)은 라돈이 흡연 다음으로 위험하다고 하였다.
- 미국 암 연구소에 따르면 매년 라돈으로 인해 약 1만 5천 명 정도의 암 사망자가 발생하며, 미국인의 연간 폐암 사망자의 10% 이상은 라돈 때문에 발병한다고 하였다.
- 1988년 국제 암연구기구(IARC)는 라돈을 1군 발암물질로 분류하였다.
- 폐암 발병의 원인 중 3~14%는 라돈으로 발생한다. 미국 규제 기준인 4 pCi/L의 농도가 유지되는 실내에서 평생 생활할 경우, 흡연자 1,000명 중 약 62명(6.2%)이 폐암에 걸릴 수 있다. (미국 환경보호국(EPA), '라돈에 대한 시민안내서(A citizen's guide to Radon)')

■ 폐에 침투, 유전자 변형을 일으켜 암 유발

- 라돈은 기체 형태로 폐에 침투되며, 침투한 라돈에서 알파선과 베타선이 방출되기 때문에 세포 염색체 돌연변이를 일으켜 암을 유발할 수 있다.
- 직접적인 증상을 일으키지 않고 냄새와 맛도 전혀 감지되지 않으나, 라돈이 방출하는 방사선 때문에 유전자 변형이 일어날 수 있다. 유럽의 연구에 따르면 라돈 농도가 100 Bq/m3 상승할 때마다 폐암은 16% 증가하는 것으로 나타났다.
- 라돈 피폭자가 흡연을 할 경우 비흡연자에 비해 폐암 발병률이 훨씬 높다.
- 비흡연자도 높은 농도의 라돈에 피폭될 경우 폐암에 걸릴 수 있으나, 흡연자는 그 확률이 훨씬 높아져 라돈과 흡연 간 상승 효과가 있는 것으로 밝혀졌다.

03

위험한 라돈, 접촉 줄이려면 어떻게?

■ 저층, 1층, 지하실, 단독주택은 반드시 자주 환기

- 실내 환기를 자주 하면 라돈 농도를 크게 줄일 수 있다.
- 주택의 바닥과 벽의 틈을 막는다.
- 마루 밑을 자주 환기시킨다.
- 건물 밑에 있는 지반과 토양에 라돈 배출구를 설치한다.
- 주택 신축 시 주변 지반, 토양의 성분을 바탕으로 라돈 안전성을 평가한다.

■ 라돈 안전 기준치는?

라돈 측정 단위

베크렐 (Bq)
1 Bq = 매초 1개의 원자핵의 붕괴

피코큐리(pCi)
1 Ci = 라듐 1g이 1초 동안 방출하는 방사능의 양. 피코큐리 = 1조 분의 1큐리

- 대부분의 나라에서 200~400 Bq/㎥ 농도로 정하고 있다.

한국 : 148 Bq/㎥ (= 4 pCi/L)

→ 1989년 '지하 공간 환경기준 권고치' , 2003년 '다중이용시설 등의 실내공기질
　관리법' 지하 역사, 지하상가 등 17개 다중이용시설군 및 학교 등에 해당

미국 : 148 Bq/㎥

영국, 캐나다, 스웨덴 : 200 Bq/m3

※ 국내 조사에서 실내 라돈 농도 평균은 124.9 Bq/㎥ 였다. (2011.12월~2012.5월 실시)

⇨ **아파트보다 단독주택의 실내 라돈 농도가 평균 2배 이상 높은 것으로 나타났다.**

〈건물의 라돈 농도 저감 방법〉

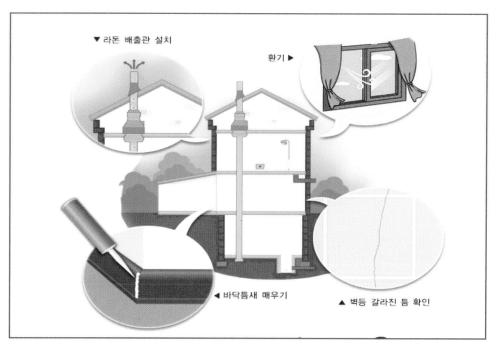

(출처: 보건복지부, 대한의학회, 국가건강정보포털 의학정보)

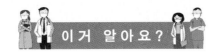

라돈을 막는 친환경 페인트, 세계 최초로 개발

폐암의 주요 원인물질로 밝혀진 라돈(Radon) 및 열 차폐 친환경 페인트를 세계 최초 한·미 공동 개발 되어 사용되고 있다. 이를 개발한 업체는 '선-쉴드' 손인호 대표다.

라돈(Radon) 및 열 차폐 친환경 페인트는 미국 NASA 우주 왕복선의 열 차폐 기술을 응용하여 붕규산 진공 마이크로 세라믹(Vacuum Micro Sphere)을 특수한 레진(Resin)에 중첩배열 하여 라돈(Radon) 및 에너지 차폐기능을 극대화 시켜 우리 주거환경 에서 방출되는 라돈(Radon) 에 대한 솔루션을 제공한다.

침묵의 살인자 '라돈' 이란?

알칼리토 금속 원소인 라듐(Ra)의 방사성이 붕괴되어 생기는 중방사성 기체
무색 · 무취 · 무미
공기보다 7.5배, 수소보다 100배 이상 무거움

주변의 토양, 암석, 지하수에서 생성
건축물의 석고보드, 콘크리트, 화강석에서 방출
↓
주로 건물 토대 · 지하실 · 파이프 등을 통해 주택에 침투
라돈이 붕괴하면서 생긴 라돈 자핵종(라돈의 자손)이 부착된 미세먼지가 폐에 침투
⬇
몸 밖으로 배출되기 전에 방사선이 체내에서 방출
폐 세포가 방사선에 의해 손상되거나 변이되어 암세포 발생

폐암의 주요 원인이자 1급 발암물질

우리가 생활하는 주거공간인 아파트에서 치명적인 발암물질인 라돈(Radon) 방출로 건강을 위협하고 있으나, 그 동안은 대안이 없는 실정 이었다. 다행이 정부에서도 늦었지만 라돈(Radon)의 위험성을 직시하고, 각 지자체에서 무료로 라돈 측정을 해주고 있으며. KBS 추적60분에서 심층취재 하여 국민에게 그 위험성을 알려 경각심을 갖도록 했다.

특히 2016년 환경부가 '실내공기질 관리법' 을 실행하면서 라돈 위험성에 대비해왔고, 국내 라돈 전문 업체 '라돈 닥터(radon Dr.)' 가 미국 라돈협회에 라돈 원소 중 라돈-222의 숫자를 따 매년 2월 22일을 '세계 라돈의 날' 로 제정할 것을 제안하였고, 2017년부터 매년 2월 22일 환경보건센터 주관으로 '라돈의 날' 행사를 진행하고 있다. 선 쉴드' 의 손인호 대표는 2018년 MBC창업 첼린지에서 참가하여 라돈(Radon) 및 열 차폐 친환경 페인트 기능을 소개하며, 방사능(Radon)

도 친환경적으로 차폐 가능함을 방송에서 입증하기도 하였고, 2019년 2월 일산 킨텍스에서 기술 공지 및 주요 건설사와 대기업이 참여한 가운데 라돈 차폐 기술을 시연해 호평을 받았고, 중국 과학기술원에서 초청 받아 공동연구 및 기술이전 제안을 받은바 있다.

2019년 10월 미국 환경청 산하 라돈협회주관 콘퍼런스에서 친 환경 라돈차폐기술을 발표했고, 이때 참석한 IAEA로부터 투자 및 공동 기술개발 제안을 받기도 했으며, 미국의 페인트 제조 기업인 RODDA 와 OEM 생산계약을 체결했고, 현재 대량생산 설비를 준비 중이다.

선-쉴드 손인호 대표는 이 기술을 이용해 2016년 인천 영종대교 행어로프 구간에 에너지차폐 도료를 이용하여 장대교량의 고질적 문제인 부식방지 및 행어로프 방수와 계절적 열 충격을 완화 시키는 공사를 완공하고, 현재 5년 경과 후 하자가 없는 세계 최초의 장대교량으로 탈바꿈시 켰다. 그동안 장대교량의 부식방지 기술은 일본이 거의 독식하는 구조였으나, 이 기술을 개발함으로써 수입대체

문재인 대통령 후보 시절, 선-쉴드 사무실 방문

효과와 세계 장대교량 시장진입과 더불어 현수교 행어로프 부식방지 신기원을 수립하였고, 문재인 대통령께서도 후보시절 선-쉴드 사무실을 방문하여 이 같은 기술개발 현황을 손인호 대표에게 설명 듣고 매우 놀라워하며 격려를 아끼지 않았다.

〈에너지 및 라돈 차폐 도료의 활용 사례〉

- 도심열대야 현상완화 목적으로 춘천 우미건설 1,740세대 적용(CRRC기술기준)
- 부산교통공사 지하철 2호선 24개 역사 천정벽면.
- 곡물, 사료 저장 사일로의 결로 및 곰팡이 발생억제.
- LNG 저장시설, 석유, 가스 저장 탱크 폭발 및 증발 억제로 유류 저장비용 절감.
- 장대교량의 계절적 열 충격 완화 및 부식방지.
- 학교시설 친 환경 공간제공.

〈에너지 및 라돈 차폐 도료적용 효과〉

- 아파트 균열방지 및 에너지 절감 및 친 환경 주거공간 확보.
- 난연 1등급으로 화재예방
- 세라믹 특유의 내구성으로 긴 수명으로 유지보수비용 절감.

- 화재시 유독가스 발생하지 않으므로 화재로부터 안전.
- 군사용 생존장비(열 적외선 레이더 회피 장비).

라돈차폐 및 에너지 절감 친환경 페인트!
미국의 RODDA 와 OEM 생산계약을 체결했고, 현재 대량생산 설비를 준비 중이다

화강석 라돈차폐 및 방출 비교실험 결과

○ 방사능 라돈(Radon) GAS 차폐 성능 TEST

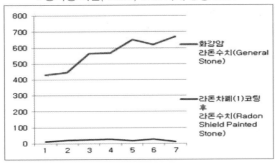

화강암 라돈수치(General Stone)

라돈차폐(1)코팅 후 라돈수치(Radon Shield Painted Stone)

▶ 동일한 화강석 30㎝ X30㎝ 2개를 각각 투명한 유리 상자에 넣고 10분 간격으로 라돈 (Radon) 방출량을 07시간 동안 측정.

시공분야 1(영종대교 공사)

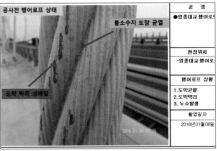

□세계최초 영종대교 행거로프 SON-SHIELD S/B System
열층격 완화 및 방수도장 실시!

■ **SON-SHIELD** 의 차열 & 단열, 방수 기능은 강교(Steel Bridge)의 등,하 절기 온도 변화를 저감시키며, 강한 내 화학성과 뛰어난 신축성은 도장공사 후 적외선 으로부터 도막균열을 방지한다

■영종대교 행거로프 열 충격 완화 Son-Shield S/B System 적용 시공 중.

▲영종대교 행거로프 열충격 완화 Son-shield S/B System 적용 후 품질검사

시공분야 2 (부산 지하철 1호선 공사)

▲부산 지하철 1호선 대티역 화재 사례(A Case of Fire in Dae-Ti Station of Busan Subway Line 1)

▲화재원인: 전동차 급전장치에서 스파크에 의한 천정부위 벽면 페인트에 불이 붙어 일어난 화재임.
(Cause of Fire: A fire that ignited a spark-induced paint on the wall of the ceiling in the electric vehicle.)

4)Son-Shield 적용(application)

▲부산지하철 2호선 24개 역사 Son-Shield 적용 후 20년 경과.
(20 years have passed since the application of "Son-Shield," the 24 stations of Busan Subway Line 2.)

시공분야 3 (부산 교통공사)

□부산 교통공사 2019년 중점사업 에너지 차폐부분 선정!

○지하철 시설물 전분야 친 환경 에너지 차폐 페인트 적용을 위한 Test

▲부산교통공사 엘레베이트 → 시험 시공 → 공사 진행 중.

■방사능 Radon gas 방출 시험 Test

244베크렐   6 베크렐

▲건축용 화강석 방사능 Radon gas 방출 Test 결과:1시간당 244 베크렐

▲Son-Shield 방사능 Radon gas 방출 Test 결과:6베크렐

시공분야 4 (춘천 쿨루프 공사)

□강원도 춘천시 쿨-루프(CRRC) 시공 행정명령으로 APT 옥상 녹화사업 Son-Shield 적용 시작 !

○춘천시 신규 APT 지붕 쿨 루프(CRRC)기준 공사 후 비교 열화상 사진

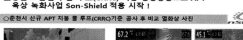

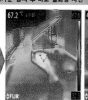
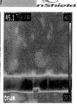

▲춘천시 우미건설 아파트 디지털 사진   ▲우레탄 방수표면 열화상 사진   ▲일반 페인트 벽면표면 열화상 사진

▲Son-shield Roof 시공 디지털 사진   ▲ Son-shield Roof 시공 후 열화상

(출처: 선쉴드 sunshield01@gmail.com)

04

알고 보면 어디에나 있는 농약과 살충제

■ 농약, 알고 보면 농사에만 쓰이지 않는다

- 농약은 농사 시 병충해 방지에도 이용되지만, 농사 용도 외에 사용되는 각종 소독 제품이나 보존 제품도 농약의 한 종류이다.
- 농사에 쓰이는 농약은 해충만이 아니라 이로운 모든 생명체를 죽이고, 땅을 황폐화 시키며, 농약 성분이 지하수 등으로 침투되어 퍼지므로 도시인들도 농약 노출에서 자유롭지 못하다.
- 농약 성분에 만성적으로 노출될 경우 암, 퇴행성 질환, 불임, 내분비계 교란, 물질대사 등을 유발할 수 있다.
- 농약은 사람과 동물의 체지방에 축적되어 쉽게 배출되지 않고, 토양에서도 거의 분해되지 않는다.

■ 생활 속 흔히 침투되는 농약 성분

- 농산물 먹거리에 있는 잔류 농약
- 가정에서 사용하는 각종 살충제(개미용, 바퀴용 등)
- 제초제(잔디, 녹지대, 경기장, 주차장에 사용)
- 샴푸
- 목재 및 가죽 보존제
- 반려동물의 기생충 방지 제품

■ 간접적으로 접하는 주요 농약 종류와 증상

살충제 종류

: 유기인산화합물(파라티온, 말리티온 등), 유기염소화합물(DDT, 염화사이클로디엔, HCH), 카르밤산(카바릴, 알디카브), 피레트로이드(사이퍼메트린, 펜발레레이트)

→ 구토, 설사, 경련, 간 손상, 피부 발진, 신장 손상, 파킨슨병, 암, 내분비계 교란, 다발성 경화증, 불임, 알레르기

제초제 종류

: 알라클로르, 아세트아마이드, 클로로페녹시아세테이트, 바이피리딘 유도체, 아트라진

→ 각종 염증, 신경계 장애, 피부 발진, 백혈병, 암, 혈압 질환, 폐부종, 종양, 궤양, 신장 손상, 간 손상, 내분비계 교란

살균제 종류

: 디티오카르밤산염, 펜타클로로페놀, 헥사클로로벤젠

→ 신부전증, 알레르기, 구토, 설사, 악성 림프종, 신경계 장애, 골수암, 유방암, 불임

■ 소독제, 살충제 등에 만성 노출되었을 때 나타나는 질병 종류

- 신경계 장애

: 신경장애, 파킨슨병, 알츠하이머, 집중력과 기억력 장애, 학습장애, 분노 조절 등
　정서적 장애

- 생식 기능과 성장 관련 장애

: 불임, 기형, 태아 질병, 유산, 자궁과 전립성 등 생식기 장애

- 호흡기 장애

: 천식, 기관지염

- 각종 암

: 위암, 뇌종양, 피부암, 혈액암, 백혈병, 악성 림프종

05

현대인의 질병 원인, 환경호르몬

■ 환경호르몬이란?

- 원래의 명칭은 외인성 내분비 교란 화학물질이다.
- 현대의 산업활동에서 생성, 분비되는 각종 화학물질이다.
- 인간 등 생물체의 몸에 흡수되었을 때 내분비계 기능을 방해한다.
- 1997년 일본의 학자들이 '환경 중에 배출된 화학물질이 생물체 내에 유입되어 마치 호르몬처럼 작용한다' 고 한 데서 비롯되었다.

■ 환경호르몬이 위험한 3가지 이유

1. 미세한 양으로도 치명적인 질병과 증상을 초래한다.
2. 잠복기가 있어 증상 발병이 되기까지 자각하지 못한다.
3. 다음 세대로 전이된다.

■ 환경호르몬 어디서 나오나?

- 농약, 살충제
- 공업용, 가정용 제품 : 프탈레이트, 비스페놀A, 방화용 제품, 알킬페놀, 카드뮴, 다이옥신, 폴리클로로퓨란, 탄화수소

- 제약품, 치과 용품(레진) : DES, 에티닐에스트라디올, 케토코나졸, 비스페놀A

■ 흔히 접하는 환경호르몬과 유발증상, 무엇이 있나?

비스페놀A

: 플라스틱, 통조림 캔 내부, 치과용 레진, 인쇄용 감열지, 주방용 랩

→ 유럽에서는 2013년 젖병 제조시 사용을 금지했고, 2015년에는 식품용 플라스틱 제품에 사용을 금지하였다.

→ 불임, 과체중, 신경장애, 당뇨병, 대사질환을 유발한다.

프탈레이트

: PVC 생산, 장난감, 도로 포장, 섬유, 가방, 매니큐어, 탈취제, 잉크

→ 성조숙증, 불임, 내분비계 교란, 갑상샘 질환, 천식, 종양을 유발한다.

다이옥신, PCB

: 제지, 아스팔트 산업에 사용된다. 폐기물이나 공업용 연소 등에 의해 배출된다.

→ 직접 노출보다 육류의 지방을 통한 간접 섭취하게 된다. 가공 햄, 육류의 지방층에 있는 포화지방산을 통해 섭취된다.

→ PCB는 예전에 냉장고, 변압기 등에 사용되었으나 현재는 사용이 금지된 유해물질이다.

→ 생식기 손상, 면역체계 교란, 신경계 장애를 유발한다.

PFC (과불화 화합물)

: 섬유 얼룩방지용품과 방수 성분, 프라이팬이나 냄비 코팅제로 사용된다. 식품 포장지, 제품 코팅, 중화제, 섬유 등에 사용된다.

→ 생식기 장애, 암, 비만을 유발한다.

폴리브롬화 내화성 물질

: 플라스틱 기기, 헤어드라이기, 의류의 섬유 등에 사용된다. 기화성 물질로 사무실 공기 중에 있을 수 있다.

→ 호르몬 교란, 신경계 장애, 행동장애, 자폐증, 암을 유발할 수 있다.

파라벤, BHA, 각종 식품첨가물

: 방부제나 산화방지용으로 쓰인다.

→ 대표적인 발암물질로, 각종 암과 불임의 원인이 된다.

트리클로산

: 항균제, 청소용품, 치약 등에 사용된다.

→ 물질대사 교란, 호르몬계 이상을 유발한다.

06

바이러스 이전에 미세먼지가 있었다

■ 마스크 착용은 미세먼지를 막는 역할도 한다

미세먼지 종류

PM10

: 10 ㎛(마이크로미터) 미만으로 가장 크기가 큰 입자이다. 코, 목, 후두 등 상부
호흡기에 들어간다.

PM2.5

: 2.5~0.1 ㎛ 크기로 세균(박테리아)과 크기가 비슷하다. 주로 자동차의 디젤 엔진
에서 배출된다. 폐의 허파꽈리까지 침투한다.

PUF

: 0.1 ㎛ 미만의 초미립자로, 각종 가공제품과 엔진에 들어 있는 나노 입자가 공기
중으로 배출될 때 인체 내부로 깊숙이 침투한다.

■ 자동차는 오염물질 집합소

- 새 자동차 내부는 각종 유기화합물이 강하게 배출된다.
- 계기판, 손잡이, 핸들, 좌석에 폴리염화비닐, 휘발성 유기화합물, 내연제 등이 사용

되기 때문이다.

- 디젤 엔진과 가솔린 엔진을 사용하는 자동차는 이산화탄소와 질소 산화물을 배출한다.

- 디젤 엔진은 오염된 입자를 배출하여 암을 유발하고, 가솔린 엔진에서는 초미세 나노 입자 형태의 유해물질이 배출되어 인체 곳곳에 침투된다.

■ 손 세정제 등 위생용품이 사실은 호흡기 유독물질

- 가정용 세제, 욕실이나 주방 청소용 세제, 위생용 제품, 바디케어 제품, 손 세정제 등 액체 형태의 비누에는 각종 화학물질이 들어있다.

- 손세정제와 세제 등에 함유된 트리클로산은 가장 유해한 환경호르몬 중 하나이다.

■ 향초와 청정제도 위험! 내화성 물질과 휘발성 유기화합물

- 화재 예방을 위한 내화성 물질, 가구, 건축자재, 새 집, 광택제, 청소용품, 공기청정제, 악취 제거용 향초 등에 들어 있다.

- 휘발성으로 공기 중에 쉽게 배출된다.

07

생활 속 유독물질에서 벗어나는 10가지 방법

1. 장난감, 바닥재 등을 고를 때 프탈레이트, 비스페놀 성분이 없는 제품인지 확인한다.

2. 화장품 구입 시 페녹시에탄올, 부톡시에탄올 성분이 없는지 확인한다.

3. 플라스틱보다 유리, 캔보다 병에 든 식품을 구입한다.

4. 가급적이면 유기농 식품을 섭취한다.

5. 손 세정제(액체비누), 화장품, 악취제거제, 데오도란트, 치약을 구입할 때 트리클로산이 함유되지 않은 제품인지 확인한다.

6. 햄 등의 가공육, 고기의 지방 부위를 가급적 섭취하지 않는다.

7. 세정제나 세제보다 식초, 레몬, 소금을 사용하면 세탁물을 부드럽게 할 수 있고 탈취와 살충 작용을 할 수 있다.

8. 천연 베이킹소다를 사용하면 청소, 악취 제거, 얼룩 제거를 할 수 있다.

9. 눌음 방지 코팅 제품을 사용한 프라이팬 대신 스테인리스로 된 프라이팬과 냄비를 사용한다.

10. 새로 산 옷은 바로 입지 않고 세탁 후 착용하고, 정전기 방지나 구김 방지 기능이 있는 직물에는 화학물질 처리가 되어 있으므로 가급적 천연섬유로 만든 옷을 입는다.

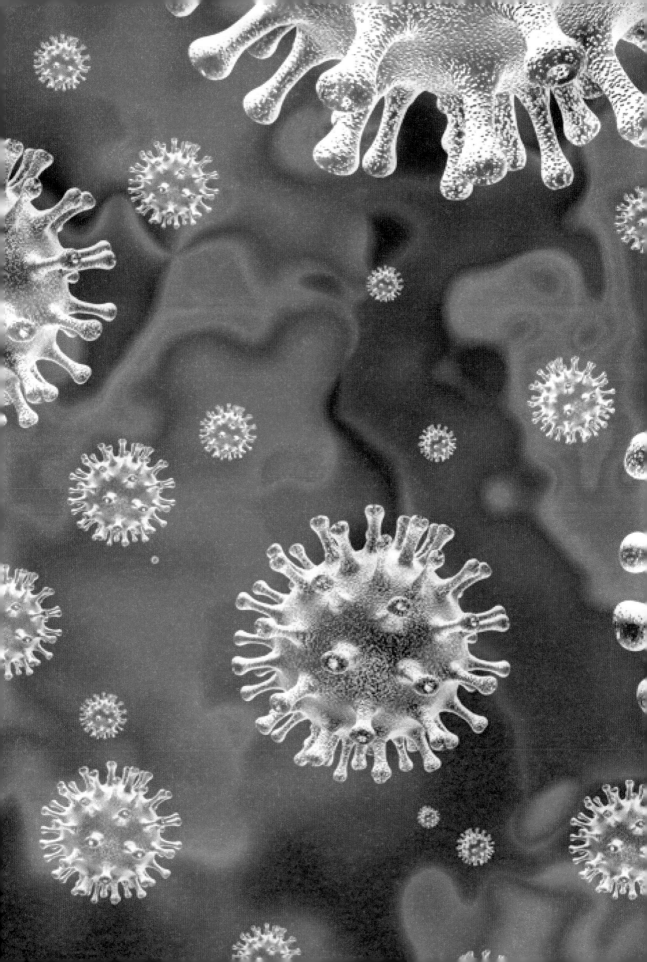

2020년 최신 법정감염병 분류체계

보건복지부 질병관리본부 공식자료(2020.6월)를 통해 알아보는 법정감염병의 종류와 신고 기준

법정감염병 분류 기준

제1급 감염병

: 생물테러 감염병 또는 치명률이 높거나 집단 발생의 우려가 커서 발생 또는 유행 즉시 신고하여야 하고, 음압격리와 같은 높은 수준의 격리가 필요한 감염병

제2급 감염병

: 전파가능성을 고려하여 발생 또는 유행 시 24시간 이내에 신고하여야 하고, 격리가 필요한 감염병

제3급 감염병

: 그 발생을 계속 감시할 필요가 있어 발생 또는 유행 시 24시간 이내에 신고하여야 하는 감염병

제4급 감염병

: 제1급 감염병부터 제3급 감염병까지의 감염병 외에 유행 여부를 조사하기 위하여 표본감시 활동이 필요한 감염병

법정감염병 분류 및 종류

구분	제1급 감염병 (17종)	제2급 감염병 (20종)
특성	생물테러감염병 또는 치명률이 높거나 집단 발생 우려가 커서 발생 또는 유행 즉시 신고하고 음압격리가 필요한 감염병	전파가능성을 고려하여 발생 또는 유행시 24시간 이내에 신고하고 격리가 필요한 감염병
종류	가. 에볼라바이러스병 나. 마버그열 다. 라싸열 라. 크리미안콩고 출혈열 마. 남아메리카 출혈열 바. 리프트밸리열 사. 두창 아. 페스트 자. 탄저 차. 보툴리눔독소증 카. 야토병 타. 신종감염병증후군[1] 파. 중증급성호흡기증후군 (SARS) 하. 중동호흡기증후군(MERS) 거. 동물인플루엔자 　　인체감염증 너. 신종인플루엔자 더. 디프테리아	가. 결핵 나. 수두 다. 홍역 라. 콜레라 마. 장티푸스 바. 파라티푸스 사. 세균성이질 아. 장출혈성대장균 감염증 자. A형간염 차. 백일해 카. 유행성이하선염 타. 풍진 파. 폴리오 하. 수막구균 감염증 거. b형헤모필루스 　　인플루엔자 너. 폐렴구균 감염증 더. 한센병 러. 성홍열 머. 반코마이신내성 　　황색포도알균(VRSA) 감염증 버. 카바페넴내성장내세균 　　속균종(CRE) 감염증
감시방법	전수감시[5]	전수감시
신고기간	즉시	24시간 이내
신고대상	발생, 사망, 병원체 검사 결과	발생, 사망, 병원체 검사 결과

구분	제3급 감염병 (26종)	제4급 감염병 (23종)
특성	발생 또는 유행 시 24시간 이내에 신고하고 발생을 계속 감시할 필요가 있는 감염병	유행 여부를 조사하기 위해 표본감시 활동이 필요한 감염병
종류	가. 파상풍 나. B형간염 다. 일본뇌염 라. C형간염 마. 말라리아 바. 레지오넬라증 사. 비브리오패혈증 아. 발진티푸스 자. 발진열 차. 쯔쯔가무시증 카. 렙토스피라증 타. 브루셀라증 파. 공수병 하. 신증후군출혈열 거. 후천성면역결핍증(AIDS) 너. 크로이츠펠트 -야콥병(CJD) 및 변종크로이츠펠트-야콥병 (vCJD) 더. 황열러. 뎅기열 머. 큐열 버. 웨스트나일열 서. 라임병 어. 진드기매개뇌염 저. 유비저 처. 치쿤구니야열 커. 중증열성혈소판감소증후군 (SFTS) 터. 지카바이러스 감염증	가. 인플루엔자 나. 매독 다. 회충증 라. 편충증 마. 요충증 바. 간흡충증 사. 폐흡충증 아. 장흡충증 자. 수족구병 차. 임질 카. 클라미디아감염증 타. 연성하감 파. 성기단순포진 하. 첨규콘딜롬 거. 반코마이신내성장알균(VRE) 감염증 너. 메티실린내성황색포도알균 (MRSA) 감염증 더. 다제내성녹농균(MRPA) 감염증 러. 다제내성아시네토박터바우마니균 (MRAB) 감염증 머. 장관감염증[2] 버. 급성호흡기감염증[3] 서. 해외유입기생충감염증[4] 어. 엔테로바이러스 감염증 저. 사람유두종바이러스감염증
감시 방법	전수감시[5]	표본[6]
신고 기간	24시간 이내	7일 이내
신고 대상	발생, 사망, 병원체 검사 결과	발생, 사망

(출처: 질병관리본부 2020.07)

1) 신종감염병증후군 :

   우리나라에서 처음으로 발견된 감염병 또는 병명을 정확히 알 수 없으나 새로 발생한 감염성증후군으로서 제1군감염병 내지 제4군감염병 또는 지정감염병에 속하지 않으며 입원치료가 필요할 정도로 중대하거나 급속한 전파, 또는 확산이 우려되어 환자격리 및 역학조사와 방역대책 등의 조치가 필요한 질환- 급성출혈열, 급성호흡기증후군, 급성설사증후군, 급성황달, 급성신경증후군 외 감염으로 추정되는 증상

2) 장관감염증 :

   세균이나 바이러스 등의 병원체에 의한 구토, 설사를 주증상으로 하는 감염병이고 장관감염증은 병원체에 따라 정의 및 임상적 특징, 진단기준을 달리한다.- 살모넬라균 감염증, 장염비브리오균 감염증, 장독소성대장균(ETEC)감염증, 장침습성대장균(EIEC) 감염증, 캄필로 박터균 감염증, 클로스트리듐 피프린젠스 감염증, 황색포도알균 감염증, 바실루스 세레우스균 감염증, 예르시니아 엔테로콜리티가 감염증, 리스테리아 모노사이토제네스 감염증, 그룹 A형 로타바이러스 감염증, 아스트로바이러스 감염증, 장내 아데노바이러스 감염증, 노로바이러스 감염증, 사포바이러스 감염증, 이질아메바 감염증, 람블편모충 감염증, 작은와표자충 감염증, 원포자충 감염증

3) 급성호흡기감염병 :

   세균이나 바이러스 등의 병원체에 의한 급성호흡기증상을 나타내는 감염병이며, 급성호흡기감염증은 병원체에 따라 정의 및 임상적 특징, 진단기준을 달리한다.- 세균: 마이코플라스마 폐렴균 감염증, 클라미디아 폐렴균 감염증- 바이러스: 아데노바이러스 감염증, 사람 보카바이러스 감염증, 파라인플루엔자바이러스 감염증, 호흡기세포융합바이러스 감염증, 리노바이러스 감염증, 사람 메타뉴모바이러스 감염증, 사람 코로나바이러스 감염증

4) 해외유입기생충감염증 :

   리슈만편모충증, 바베스열원충증, 아프리카수면병, 샤가스병, 주혈흡충증, 광동주혈선충증, 악구충증, 사상충증, 포충증, 톡소포자충증, 메디나충증

5) 전수감시 :

   감염병의 예방 및 관리에 관한 법률 제11조에 의하여 모든 의사, 치과의사, 한의사, 의료기관의 장, 부대장(군의관), 감염병 병원체 확인 기관의 장이 신고 의무를 갖는 감시체계

8) 표본감시 :

   감염병의 예방 및 관리에 관한 법률 제16조 및 제11조 5항에 의하여 표본감시기관을 지정하고 지정된 기곤에 한하여 신고를 받아 운영하는 감시체계

   ※ 신고 경로: 의사, 치과의사, 한의사, 의료기관의 장, 부대장, 병원체 확인기관의 장 등 → 관할 보건소장

   ※ 신고 방법: 질병관리본부장 또는 관할지역 보건소장에게 구두 · 전화 등의 방법으로 신고서 제출 전에 알려야 함

법정 감염병 환자 분류 기준

감염병 환자

: 감염병의 병원체가 인체에 침입하여 증상을 나타내는 사람으로서 제11조 제6항의 진단 기준에 따른 의사, 치과의사 또는 한의사의 진단이나 제16조2에 따른 감염병 병원체 확인기관의 실험실 검사를 통하여 확인된 사람

감염병 의사환자

: 감염병 병원체가 인체에 침입한 것으로 의심이 되나 감염병 환자로 확인되기 전 단계에 있는 사람

병원체 보유자

: 임상적인 증상은 없으나 감염병 병원체를 보유하고 있는 사람

법정감염병 신고 방법

신고 목적

- 감염병의 발생과 분포를 신속하고 정확하게 파악
- 유행 발생의 조기 발견 및 예측과 신속한 대처
- 감염병 관리를 위한 효율적인 자원 배분

신고 의무자

- 의사, 치과의사, 한의사, 의료기관의 장

: 의사, 치과의사, 한의사는 소속 의료기관의 장에게 보고하며, 의료기관의 장은 질병관리본부장 또는 관할 보건소장에게 신고함(의료기관에 소속되지 아니한 의사, 치과의사, 한의사는 관할 보건소장에게 신고함)

● 부대장

: 육군, 해군, 공군 또는 국방부 직할 부대에 소속된 군의관은 소속 부대장에게 보고하며, 소속 부대장은 관할 보건소장에게 신고함

● 감염병 병원체 확인기관의 장

: 감염병 병원체 확인기관의 소속 직원은 실험실 검사 등을 통하여 감염병 환자 등을 발견한 경우 그 사실을 감염병 병원체 확인기관의 장에게 보고하며, 감염병 병원체 확인기관의 장은 질병관리본부장 또는 해당 감염병병원체 확인을 의뢰한 기관의 관할 보건소장에게 신고함

신고 방법

: 아래 사항을 서면, 구두, 전보, 전화 또는 컴퓨터 통신의 방법으로 보건소장에게
　지체 없이 신고하거나 알려야 함
- 신고인의 성명, 주소와 감염병환자등 또는 사망자와의 관계
- 감염병환자등 또는 사망자의 성명, 주소 및 직업
- 감염병환자등 또는 사망자의 주요 증상 및 발병일

신고 시기

1. 제1급 감염병

발생 및 사망 신고 : 즉시 신고
- 감염병 환자 등(감염병 환자, 의사환자, 병원체 보유자)을 진단한 경우
- 감염병 환자 등의 사체를 검안한 경우
- 감염병 환자 등이 해당하는 감염병으로 사망한 경우
- 감염병 환자로 의심되는 사람이 감염병 병원체 검사를 거부하는 경우
　병원체 검사결과 신고 : 즉시 신고

- 실험실 검사 등을 통하여 감염병환자등을 발견한 경우

2. 제2급, 제3급 감염병

발생 및 사망 신고 : 24시간 이내 신고
- 감염병 환자 등(감염병 환자, 의사환자, 병원체 보유자)을 진단한 경우
- 감염병 환자 등의 사체를 검안한 경우
- 감염병 환자 등이 해당하는 감염병으로 사망한 경우
- 감염병 환자로 의심되는 사람이 감염병 병원체 검사를 거부하는 경우
  병원체 검사결과 신고 : 24시간 이내 신고
- 실험실 검사 등을 통하여 감염병 환자 등을 발견한 경우

3. 제4급 감염병 (표본감시 감염병)

발생 신고 : 7일 이내 신고
- 감염병 환자 등(감염병 환자, 의사환자, 병원체 보유자)을 진단한 경우
- 감염병 환자 등의 사체를 검안한 경우

신고의무 위반에 따른 벌칙

● 제1급 감염병 및 제2급 감염병에 대하여 감염병의 예방 및 관리에 관한 법률 제11조에 따른 보고 또는 신고 의무를 위반하거나 거짓으로 보고 또는 신고한 의사, 치과의사, 한의사, 군의관, 의료기관의 장 또는 감염병 병원체 확인기관의 장은 500만 원 이하의 벌금에 처한다.

● 제1급 감염병 및 제2급 감염병에 대하여 감염병의 예방 및 관리에 관한 법률 제11조에 따른 의사, 치과의사, 한의사, 군의관, 의료기관의 장 또는 감염병 병원체 확인기

관의 장의 보고 또는 신고를 방해한 자는 500만 원 이하의 벌금에 처한다.

● 제3급 감염병 및 제4급 감염병에 대하여 감염병의 예방 및 관리에 관한 법률 제11조에 따른 보고 또는 신고 의무를 위반하거나 거짓으로 보고 또는 신고한 의사, 치과의사, 한의사, 군의관, 의료기관의 장, 감염병 병원체 확인기관의 장 또는 감염병 표본감시기관은 300만 원 이하의 벌금에 처한다.

● 제3급 감염병 및 제4급 감염병에 대하여 감염병의 예방 및 관리에 관한 법률 제11조에 따른 의사, 치과의사, 한의사, 군의관, 의료기관의 장, 감염병 병원체 확인기관의 장 또는 감염병 표본감시기관의 보고 또는 신고를 방해한 자는 300만 원 이하의 벌금에 처한다.

● 감염병의 예방 및 관리에 관한 법률 제12조제1항에 따른 신고를 게을리 한 자는 200만 원 이하의 벌금에 처한다.

● 세대주, 관리인 등으로 하여금 감염병의 예방 및 관리에 관한 법률 제12조 제1항에 따른 신고를 하지 아니하도록 한 자는 200만 원 이하의 벌금에 처한다.

> **Q) 신고하지 않는 경우 처벌이나 불이익이 있나요?**

A) 감염병의 특성상 법정감염병 환자발생 신고는 법에 의한 강제성을 가지고 있습니다.

「감염병의 예방 및 관리에 관한 법률」 제11조에 따른 보고 또는 신고 의무를 위반하거나 거짓으로 보고 또는 신고한 경우, 보고 또는 신고를 방해한 경우에는 제1급 및 제2급 감염병은 500만 원 이하, 제3급 및 제4급 감염병은 300만 원 이하의 벌금에 처하게 됩니다. 동법 제12조 제1항(세대주, 관리인 등 그 밖의 신고의무자의 신고)에 따른 신고를 게을리한 경우와 신고를 하지 아니하도록 한 경우에는 200만 원 이하의 벌금에 처합니다.

(감염병의 예방 및 관리에 관한 법률 제79조의3, 제80조, 제81조)

※ 단, 결핵의 경우 500만 원 이하의 벌금(결핵예방법 제33조 제1호)

실제로 환자를 진단하고도 신고하지 않거나, 뒤늦게 신고하여 유행이 확산되는 경우, 보험 급여 수령의 목적으로 허위로 신고하는 경우 등 지방자치단체의 처벌을 받는 사례가 있사오니 신고 방법을 숙지하시어 예기치 않은 불이익을 당하는 일이 없도록 하여 주십시오.

(출처 : 보건복지부 질병관리본부 '2020 법정감염병 진단 · 신고 기준' , 2020.6)

코로나 선별진료소 및 국민안심병원 최신 리스트

1. 전국 코로나19 검체 채취 가능 선별진료소 목록 (2020년 9월 기준)

서울특별시

시군구	의료기관명	주소	평일 운영시간	토요일 운영시간	일요일/공휴일 운영시간	대표 전화번호
강남구	강남구보건소	서울 강남구 삼성동(삼성2동) 8 강남구보건소	09:00 ~ 20:00	09:00 ~ 19:00	09:00 ~ 19:00	02-3423-5555
강남구	삼성서울병원	서울 강남구 일원로81 삼성서울병원	00:00 ~ 24:00	00:00 ~ 24:00	00:00 ~ 24:00	02-3410-0543
강남구	강남세브란스병원	서울 강남구 언주로211 강남세브란스병원	09:00 ~ 17:00	09:00 ~ 12:30	미운영	02-1599-6114
강동구	강동구보건소	서울 강동구 성내동 541-2	09:00 ~ 18:00	09:00 ~ 16:00	09:00 ~ 16:00	02-3425-6713
강동구	중앙보훈병원	서울 강동구 진황도로 61길 53	09:00 ~ 17:30	미운영	미운영	02-2225-1114
강동구	강동경희대병원	서울 강동구 동남로 892	09:00 ~ 17:00	09:00 ~ 12:00	미운영	02-440-7000
강동구	강동성심병원	서울 강동구 성안로 150	08:30 ~ 16:30	08:30 ~ 11:30	미운영	1588-4100
강북구	강북구보건소	서울 강북구1번제2동232강북보건소	09:00 ~ 18:00	09:00 ~ 18:00	09:00 ~ 18:00	02-901-7704.7706
강서구	강서구보건소	서울 강서구 염창동 275-12 강서보건소	09:00 ~ 18:00	09:00 ~ 18:00	09:00 ~ 18:00	02-2600-5465
강서구	이화여자대학교 서울병원	서울 강서구 공항대로 260	09:30 ~ 12:00	미운영	미운영	1522-7000
관악구	관악구보건소	서울 관악구청룡동1570-1	09:00 ~ 18:00	09:00 ~ 18:00	09:00 ~ 13:00	02-879-7131
관악구	에이치플러스양지병원	서울 관악구 남부순환로 1636	08:30 ~ 17:00	08:30 ~ 12:30	미운영	1877-8875
광진구	광진구보건소	서울 광진구 자양로 117 (자양동)	09:00 ~ 19:00	09:00 ~ 18:00	09:00 ~ 18:00	02-450-1937
광진구	건국대학교병원	서울 광진구 능동로 120-1	09:00 ~ 18:00	09:00 ~ 12:30	미운영	02-1588-1533
구로구	구로구보건소	서울 구로구 구로동(구로제5동) 109-4 구로5동 주민센터	09:00 ~ 18:00	09:00 ~ 18:00	09:00 ~ 18:00	02-860-2012
구로구	고대구로병원	서울 구로동로 148	09:00 ~ 17:30	미운영	미운영	02-2626-1554
구로구	구로성심병원	서울 경인로 427	09:00 ~ 17:30	09:00 ~ 12:30	미운영	02-2067-1500
금천구	금천구보건소	서울 금천구 시흥제1동1020 금천구보건소	09:00 ~ 18:00	09:00 ~ 16:00	09:00 ~ 16:00	02-2627-2717
금천구	희명병원	서울 금천구 시흥대로 244	00:00 ~ 24:00	00:00 ~ 24:00	00:00 ~ 24:00	02-2219-7231
노원구	노원구보건소	서울 노원구 상계6.7동 노원구보건소, 701-1	09:00 ~ 18:00	09:00 ~ 18:00	09:00 ~ 18:00	02-2116-3000
노원구	노원을지대학교병원	서울 노원구 한글비석로 68	00:00 ~ 24:00	미운영	미운영	02-970-8000
노원구	상계백병원	서울 노원구 동일로 1342	00:00 ~ 24:00	00:00 ~ 24:00	미운영	02-950-1114
도봉구	도봉구보건소	서울 도봉구 쌍문동 565	09:00 ~ 18:00	09:00 ~ 18:00	09:00 ~ 18:00	02-2091-4436
동대문구	동대문구보건소	서울 동대문구 용두동39-9	09:00 ~ 18:00	09:00 ~ 15:00	09:00 ~ 15:00	02-2127-4283
동대문구	삼육서울병원	서울 동대문구 망우로 82	09:00 ~ 16:30	미운영	09:00 ~ 16:30	1577-3675
동대문구	서울특별시동부병원	서울 동대문구 무학로124	09:00 ~ 22:00	09:00 ~ 18:00	09:00 ~ 18:00	920-9435/9119
동대문구	서울성심병원	서울 동대문구 왕산로 259	09:00 ~ 16:00	미운영	미운영	966-1616
동대문구	경희의료원	서울 동대문구 경희대로 23	08:30 ~ 17:00	08:30 ~ 12:00	미운영	958-8114

동작구	동작구보건소	서울 동작구 상도2동 176-3	09:00 ~ 18:00	09:00 ~ 15:00	09:00 ~ 15:00	02-820-9465
동작구	서울특별시 보라매병원	서울 동작구 보라매로5길 20	09:00 ~ 17:30	09:00 ~ 12:30	09:00 ~ 12:30	02-870-2114
마포구	마포구보건소	서울 마포구 성산동 370	09:00 ~ 18:00	09:00 ~ 13:00	09:00 ~ 13:00	02-3153-9037
서대문구	서대문구보건소	서울 서대문구 연희동 연희로242 (연희동 165-2)	09:00 ~ 18:00	09:00 ~ 13:00	09:00 ~ 13:00	02-330-1806
서대문구	세브란스병원	서울 연세로 50-1	06:00 ~ 06:00	06:00 ~ 06:00	06:00 ~ 06:00	1599-1004
중구	서울중구보건소	서울 중구 신당동50-5 중구보건소	09:00 ~ 18:00	09:00 ~ 16:00	09:00 ~ 16:00	02-3396-5181
중구	인제대학교서울백병원	서울 중구 마른내로 9 백병원	00:00 ~ 00:00	00:00 ~ 00:00	00:00 ~ 00:00	02-2270-0114
서초구	서초구보건소	서울 서초구 서초동(서초2동) 1376-3	09:00 ~ 20:00	09:00 ~ 18:00	09:00 ~ 18:00	02-2155-8093
서초구	가톨릭대학교 서울성모병원	서울 서초구 반포대로 222	-	-	-	02-1588-1511
서초구	서울특별시 어린이병원	서울 서초구 헌릉로 260	10:00 ~ 15:00	미운영	미운영	02-570-8000
성동구	성동구보건소	서울 성동구 홍익동(왕십리도선동)16-15	9:00 ~ 18:00	9:00 ~ 18:00	9:00 ~ 18:00	02-2286-7172
성동구	한양대학교병원	서울 성동구 왕십리로 222-1 (사근동)	09:00 ~ 17:00	09:00 ~ 12:00	미운영	02-2290-9880
성동구	성동군자의원	서울 성동구 광나루로 323 송정빌딩 2층	09:00 ~ 18:00	미운영	미운영	02-499-7785
성북구	성북구보건소	서울 성북구 월곡제2동46-1 성북구보건소	09:00 ~ 18:00	09:00 ~ 18:00	09:00 ~ 18:00	02-2241-5912
성북구	고려대학교의료원안암병원	서울 고려대로73(안암동 5가)	09:00 ~ 16:00	09:00 ~ 12:30	미운영	02-920-5114
송파구	송파구보건소	서울 송파구 신천동29-5 송파구청, 보건소	9:00 ~ 18:00	9:00 ~ 16:00	9:00 ~ 16:00	02-2147-3479
송파구	서울아산병원	서울 올림픽로43길 88	8:00 ~ 17:00	8:00 ~ 17:00	8:00 ~ 17:00	02-3010-1038
송파구	경찰병원	서울 송이로 123	9:00 ~ 16:00	미운영	미운영	02-3400-1114
양천구	양천구보건소	서울 양천구 신정동(신정6동) 321-5 양천보건소	09:00 ~ 18:00	09:00 ~ 18:00	09:00 ~ 18:00	02-2620-3856
양천구	이화여자대학교의과대학부속목동병원	서울 양천구 안양천로1071	09:00 ~ 16:30	미운영	미운영	02-1666-5000
양천구	서울특별시 서남병원	서울 양천구 신정이펜1로 20	00:00 ~ 24:00	00:00 ~ 24:00	00:00 ~ 24:00	1566-6688
양천구	홍익병원	서울 양천구 목동로225	09:00 ~ 17:00	09:00 ~ 13:00	미운영	02-2693-5555
영등포구	영등포구보건소	서울 영등포구 당산동3가(당산제1동) 385-1	09:00 ~ 18:00	09:00 ~ 18:00	09:00 ~ 18:00	02-2670-4953
영등포구	한림대학교 강남성심병원	서울 영등포구 신길로 1	08:30 ~ 16:30	08:30 ~ 11:30	미운영	1577-5587
영등포구	의료법인 성애병원	서울 영등포구 여의대방로 53길22	09:00 ~ 17:00	미운영	미운영	02-840-7115
영등포구	가톨릭대학교 여의도성모병원	서울 영등포구 63로 10	08:30 ~ 16:30	미운영	미운영	1661-7575
용산구	용산구보건소	서울 용산구 이태원동 34-87	09:00 ~ 18:00	09:00 ~ 18:00	09:00 ~ 18:00	02-2199-6300
용산구	순천향대학교서울병원	서울 용산구 대사관로 59(한남동)	08:30 ~ 17:00	08:30 ~ 12:00	미운영	02-709-9114
은평구	은평구보건소	서울 은평구 녹번동 84 은평구종합청사	09:00 ~ 18:00	09:00 ~ 13:00	09:00 ~ 13:00	02-351-8640~1
은평구	은평성모병원	서울 은평구 통일로1021	08:30 ~ 16:30	미운영	미운영	1811-7755
은평구	서울특별시립 서북병원	서울 은평구 갈현로7길 49	09:00 ~ 18:00	14:00 ~ 18:00	미운영	02-3156-3022
은평구	서울특별시 은평병원	서울 은평구 백련산로 90	10:00 ~ 17:00	미운영	미운영	02-300-8060
은평구	청구성심병원	서울 은평구 통일로 873	00:00 ~ 24:00	00:00 ~ 24:00	00:00 ~ 24:00	02-383-0129
종로구	종로구보건소	서울 종로구 옥인동(청운효자동) 45-30	09:00 ~ 18:00	09:00 ~ 16:00	09:00 ~ 16:00	02-2148-3557
종로구	강북삼성병원	서울 종로구 평동 108	07:30 ~ 17:30	07:30 ~ 12:00	미운영	02-2001-1896
종로구	서울적십자병원	서울 종로구 평동 164	09:00 ~ 17:00	미운영	미운영	02-2002-8650
중랑구	중랑구보건소	서울 중랑구 신내2동662 중랑구청	09:00 ~ 18:00	09:00 ~ 15:00	09:00 ~ 15:00	02-2094-0800
중랑구	서울의료원	서울 중랑구 신내로 156	09:00 ~ 22:00	09:00 ~ 22:00	09:00 ~ 22:00	02-2276-8333

부록

부산광역시

시군구	의료기관명	주소	평일 운영시간	토요일 운영시간	일요일/공휴일 운영시간	대표 전화번호
강서구	부산강서구보건소	부산 강서구 대저2동 1932-1 강서브라이트센터	09:00 ~ 18:00	09:00 ~ 14:00	09:00 ~ 14:00	051-970-3415
강서구	의료법인 갑을녹산재단 갑을녹산병원	부산 녹산산단321로 24-8	09:00 ~ 17:00	09:00 ~ 12:00	미운영	051-974-8449
금정구	금정구보건소	부산 금정구 부곡3동 78	09:00 ~ 18:00	09:00 ~ 13:00	09:00 ~ 13:00	051-519-5051
금정구	세웅병원	부산 금정구 서동로 162(서동)	09:00 ~ 17:30	09:00 ~ 12:30	미운영	051-500-9700
기장군	기장군보건소	부산 기장군 기장읍 기장대로 560	09:00 ~ 18:00	14:00 ~ 18:00	14:00 ~ 18:00	051-709-4812
기장군	동남권원자력의학원	부산 기장군 장안읍 좌동길 40	08:30 ~ 17:30	08:30 ~ 12:30	08:30 ~ 12:30	051-720-5114
기장군	기장병원	부산 기장군 기장읍 대청로72번길 6	09:00 ~ 17:00	09:00 ~ 13:00	미운영	051-723-0171
동래구	동래구보건소	부산 동래구 명륜2동702-54번지	09:00 ~ 17:00	09:00 ~ 13:00	09:00 ~ 13:00	051-555-4000
동래구	대동병원	부산 동래구 충렬대로187	09:00 ~ 16:00	09:00 ~ 11:30	미운영	051-554-1233
남구	부산남구보건소	부산 남구 대연6동1268-3	09:00 ~ 18:00	09:00 ~ 14:00	09:00 ~ 14:00	051-607-6460
남구	부산성모병원	부산 남구 용호로 232번길 25-14	09:00 ~ 16:00	09:00 ~ 12:00	미운영	051-933-7119
동구	부산동구보건소	부산 동구 수정동(수정제2동) 806-74	09:00 ~ 18:00	09:00 ~ 14:00	09:00 ~ 14:00	051-440-6500
동구	좋은문화병원	부산 동구 범일로 119(범일동)	09:00 ~ 17:00	09:00 ~ 13:00	미운영	051-644-2002
동구	김원묵기념봉생병원	부산 동구 중앙대로 401(좌천동)	09:00 ~ 12:00	09:00 ~ 12:00	미운영	051-664-4000
북구	부산북구보건소	부산 북구 금곡대로348	09:00 ~ 18:00	09:00 ~ 14:00	09:00 ~ 14:00	051-309-4500
북구	부민병원	부산 북구 만덕대로 59	09:00 ~ 17:00	09:00 ~ 13:00	미운영	051-330-3000
서구	부산서구보건소	부산 서구 부용동2가(부민동) 86	09:00 ~ 18:00	14:00 ~ 18:00	14:00 ~ 18:00	051-240-4891
서구	동아대학교병원	부산 대신공원로 26	08:00 ~ 17:00	미운영	미운영	051-240-5085
서구	고신대학교복음병원	부산 감천로 262	08:30 ~ 17:00	미운영	미운영	051-990-3233
서구	삼육부산병원	부산 대티로 170	08:30 ~ 17:00	미운영	미운영	051-600-7575
중구	부산중구보건소	부산 중구 대청로1가 중구청 중구로 120	09:00 ~ 18:00	09:00 ~ 14:00	09:00 ~ 14:00	051-600-4962
중구	메리놀병원	부산 중구로 121	11:00 ~ 17:00	11:00 ~ 12:30	미운영	051-461-2348/야2300
부산진구	부산진구보건소	부산 부산진구 범천동(범천제1동) 849-10	09:00 ~ 18:00	09:00 ~ 14:00	09:00 ~ 14:00	051-645-4000
부산진구	인제대학교부산백병원	부산 복지로 75	09:00 ~ 16:00	00:00 ~ 24:00	00:00 ~ 24:00	051-890-8933
사상구	사상구보건소	부산 사상구 감전동 138-8	09:00 ~ 18:00	09:00 ~ 14:00	09:00 ~ 14:00	051-310-4791
사상구	좋은삼선병원	부산 사상구 가야대로 326	09:00 ~ 16:00	09:00 ~ 12:00	미운영	051-322-0900
사상구	부산보훈병원	부산 사상구 백양대로 420 (주례동)	08:30 ~ 17:30	미운영	미운영	051-601-6000
사하구	사하구보건소	부산 사하구 신평2동 647-5	09:00 ~ 18:00	09:00 ~ 14:00	09:00 ~ 14:00	051-220-5741
수영구	수영구보건소	부산 수영구 광안1동 661-1번지	09:00 ~ 18:00	09:00 ~ 14:00	09:00 ~ 14:00	051-752-4000
수영구	좋은강안병원	부산 수영구 수영로 493	09:00 ~ 16:30	09:00 ~ 12:30	미운영	051-625-0900
수영구	BHS한서병원	부산 수영구 수영로 615	15:30 ~ 17:30	미운영	미운영	051-756-0081
연제구	연제구보건소	부산 연제구 연산2동 연제로 2(연산2동 1555)	09:00 ~ 18:00	09:00 ~ 14:00	09:00 ~ 14:00	051-665-4781
영도구	영도구보건소	부산 영도구 청학2동 48-3 영도구청	09:00 ~ 18:00	미운영	미운영	051-419-4931
영도구	영도병원	부산 영도구 태종로 85	09:00 ~ 17:00	9:00 ~ 13:00	미운영	051-419-7873
영도구	해동병원	부산 영도구 태종로 133(봉래동 3가)	08:30 ~ 17:00	미운영	미운영	051-410-6682
해운대구	해운대구보건소	부산 해운대구 좌동 1339	09:00 ~ 17:30	14:00 ~ 17:30	14:00 ~ 17:30	051-746-4000
해운대구	해운대백병원	부산 해운대로875	08:30 ~ 17:00	미운영	미운영	051-797-0100
해운대구	해운대부민병원	부산 해운대로584	09:00 ~ 17:00	09:00 ~ 13:00	미운영	051-602-8000

대구광역시

시군구	의료기관명	주소	평일 운영시간	토요일 운영시간	일요일/공휴일 운영시간	대표 전화번호
달서구	달서구보건소	대구 달서구 월성동(월성2동) 281 달서구보건소	09:00 ~ 12:00	09:00 ~ 12:00	09:00 ~ 12:00	053-667-5751
달서구	계명대학교 동산병원	대구 달서구 달구벌대로 1035	09:00 ~ 12:00	미운영	미운영	1577-6622
달서구	삼일병원	대구 달서구 월배로 446	09:00 ~ 12:00	미운영	미운영	053-659-3100
달서구	구병원	대구 달서구 감삼북길 141	09:00 ~ 12:00	미운영	미운영	053-560-9114
달서구	세강병원	대구 달서구 구마로 220	09:00 ~ 12:00	미운영	미운영	053-215-6200
달성군	달성군 보건소	대구 달성군 현풍읍 하리253-2	09:00 ~ 18:00	09:00 ~ 14:00	09:00 ~ 14:00	053-668-3333
남구	대구광역시 남구보건소	대구 남구 대명2동 2003번지(영선길 34)	09:00 ~ 18:00	09:00 ~ 13:00	09:00 ~ 13:00	053-664-3601
남구	영남대학교병원	대구 남구 현충로 170	08:30 ~ 13:00	미운영	미운영	053-620-3177
남구	내구가톨릭대학교병원	대구 남구 두류공원로17길 33	08:30 ~ 17:30	08:30 ~ 12:30	미운영	053-650-4194
남구	드림병원	대구 남구 대명로 153	08:30 ~ 17:30	08:30 ~ 12:30	미운영	053-640-8800
동구	대구광역시 동구보건소	대구 동구 검사동(동촌동) 1005-8 동구보건소	09:00 ~ 18:00	09:00 ~ 16:00	09:00 ~ 16:00	053-662-3225
동구	대구파티마병원	대구 동구 아양로 99	09:00 ~ 17:00	09:00 ~ 12:00	미운영	053-940-7098
북구	대구광역시 북구보건소	대구 북구 침산3동 521-2 (침산동 북구보건소)	11:00 ~ 17:00	11:00 ~ 16:00	11:00 ~ 16:00	053-665-3204
북구	대구가톨릭대학교 칠곡가톨릭병원	대구 북구 칠곡중앙대로 440	09:00 ~ 17:00	09:00 ~ 12:00	미운영	053-320-2071
서구	대구광역시 서구보건소	대구 서구 평리3동 1230-9(국채보상로257)	09:30 ~ 16:30	09:30 ~ 12:00	미운영	053-663-3176,3178
중구	대구광역시 중구보건소	대구 중구 태평로3가(성내3동) 174-1 중구보건소	09:00 ~ 17:00	09:00 ~ 12:00	09:00 ~ 12:00	053-661-3111
수성구	수성구보건소	대구 수성구 중동266-5(수성로213)	09:00 ~ 18:00	09:00 ~ 12:00	09:00 ~ 12:00	053-666-3266

인천광역시

시군구	의료기관명	주소	평일 운영시간	토요일 운영시간	일요일/공휴일 운영시간	대표 전화번호
강화군	강화군보건소	인천 강화군 강화읍 남산리 324-1 강화군보건소	09:00 ~ 19:00	09:00 ~ 18:00	09:00 ~ 18:00	032-930-4007
강화군	비에스종합병원	인천 중렬사로 31	00:00 ~ 24:00	00:00 ~ 24:00	00:00 ~ 24:00	032-290-0241
계양구	계양구보건소	인천 계양구 계산동1079-1	09:00 ~ 18:00	09:00 ~ 18:00	14:00 ~ 18:00	032-430-7821
계양구	인성의료재단 한림병원	인천 계양구 장재로 722	09:00 ~ 18:00	09:00 ~ 18:00	09:00 ~ 18:00	032-540-9118~9
계양구	메디플렉스 세종병원	인천 계양구 계양문화로 20	09:30 ~ 16:30	09:30 ~ 11:30	미운영	032-240-8000
남동구	인천광역시남동구보건소	인천 남동구 만수동(만수6동) 1008 남동구청	09:00 ~ 20:00	09:00 ~ 20:00	09:00 ~ 20:00	032-466-3808
부평구	인천광역시부평구보건소	인천 부평구 부평4동 442-1번지	09:00 ~ 18:00	09:00 ~ 18:0	09:00 ~ 18:00	032-509-3100
부평구	부평세림병원	인천 부평구 부평대로 175	08:30 ~ 17:00	08:30 ~ 12:30	00:00 ~ 24:00	032-524-0591
부평구	가톨릭대학교 인천성모병원	인천 부평구 동수로 56	08:30 ~ 17:00	08:30 ~ 12:00	미운영	032-1544-9004
부평구	근로복지공단 인천병원	인천 부평구 무네미로 446	08:30 ~ 17:00	미운영	미운영	032-500-0114
연수구	연수구보건소	인천 연수구 청학동 465-2(함박뫼로 13호)	00:00 ~ 20:00	00:00 ~ 18:00	00:00 ~ 18:00	032-749-8174
연수구	나사렛국제병원	인천 연수구 먼우금로 98 (동춘동, 나사렛국제병원)	09:00 ~ 17:30	09:00 ~ 13:00	미운영	032-899-9999
연수구	인천적십자병원	인천 연수구 원인재로 263 (연수동, 인천적십자병원)	08:30 ~ 17:00	08:30 ~ 12:00	미운영	032-899-4000
옹진군	옹진군보건소	인천 미추홀구 매소홀로120	09:00 ~ 20:00	09:00 ~ 18:00	09:00 ~ 18:00	032-899-3130
옹진군	백령병원	인천 백령로 233	09:00 ~ 18:00	09:00 ~ 18:00	09:18 ~ 00:00	032-836-1731
미추홀구	인천광역시미추홀구보건소	인천 미추홀구 도화동(도화1동) 357-1	09:00 ~ 20:00	09:00 ~ 17:00	09:00 ~ 17:00	032-880-5333~5
미추홀구	인천사랑병원	인천 미추홀대로 726	08:30 ~ 17:30	08:30 ~ 12:30	미운영	032-457-2000
미추홀구	현대유비스병원	인천 독배로503	08:30 ~ 17:30	08:30 ~ 12:30	미운영	032-890-5509
동구	인천광역시동구보건소	인천 동구 만석동18-3 인천광역시동구보건소,1동	09:00 ~ 21:00	09:00 ~ 18:00	09:00 ~ 18:00	032-770-5700
동구	인천백병원	인천 동구 샛골로214	00:00 ~ 24:00	00:00 ~ 24:00	00:00 ~ 24:00	1800-7070
서구	인천광역시서구보건소	인천 서구 심곡동(연희동) 246-1 서구보건소 39	09:00 ~ 21:00	09:00 ~ 21:00	09:00 ~ 21:00	032-560-5000
서구	국제성모병원	인천 서구 심곡로100번길 23	00:00 ~ 24:00	00:00 ~ 24:00	00:00 ~ 24:00	032-290-2781
서구	검단탑병원	인천 서구 청마로19번길 5	00:00 ~ 24:00	00:00 ~ 24:00	00:00 ~ 24:00	032-590-0119
서구	나은병원	인천 서구 원적로 23	00:00 ~ 24:00	00:00 ~ 24:00	00:00 ~ 24:00	032-584-4119
서구	성민병원	인천 서구 신석로 70	00:00 ~ 24:00	00:00 ~ 24:00	00:00 ~ 24:00	032-726-1119
서구	온누리병원	인천 서구 완정로 199	00:00 ~ 24:00	00:00 ~ 24:00	00:00 ~ 24:00	032-568-9111
중구	인천광역시중구보건소	인천 중구 전동 2-1	10:00 ~ 18:00	14:00 ~ 18:00	14:00 ~ 18:00	032-760-6050
중구	인천기독병원	인천 중구 답동로 30번길 10	08:30 ~ 17:30	미운영	미운영	032-270-8300
중구	영종 국제도시보건과	인천 중구 운남서로 100-1	10:00 ~ 18:00	14:00 ~ 18:00	미운영	032-760-6888

광주광역시

시군구	의료기관명	주소	평일 운영시간	토요일 운영시간	일요일/공휴일 운영시간	대표 전화번호
광산구	광산구보건소	광주 광산구 광산로29번길 15(송정동)	09:00 ~ 18:00	09:00 ~ 18:00	09:00 ~ 18:00	062-960-8771
광산구	첨단종합병원	광주 광산구 첨단중앙로 170번길 59	09:00 ~ 09:00	09:00 ~ 09:00	09:00 ~ 09:00	062-601-8119
광산구	KS병원	광주 광산구 왕버들로220	09:00 ~ 09:00	09:00 ~ 09:00	09:00 ~ 09:00	062-975-9119
남구	광주남구보건소	광주 남구 봉선로 1	09:00 ~ 18:00	09:00 ~ 18:00	09:00 ~ 18:00	062-607-4344
남구	광주기독병원	광주 남구 양림로 37	09:00 ~ 17:00	미운영	미운영	062-650-5119
동구	광주동구보건소	광주 동구 서석동31번지	09:00 ~ 18:00	09:00 ~ 18:00	09:00 ~ 18:00	062-608-3312
북구	광주북구보건소	광주 북구 중흥2동 359번지	09:00 ~ 18:00	09:00 ~ 18:00	09:00 ~ 18:00	062-410-8112
서구	광주서구보건소	광주 서구 농성동(농성1동) 299 서구보건소	09:00 ~ 18:00	09:00 ~ 18:00	09:00 ~ 18:00	062-350-4148
서구	서광병원	광주 금화로 59번길 6 (금호동)	09:00 ~ 17:00	09:00 ~ 12:00	미운영	062-600-8119,8161

대전광역시

시군구	의료기관명	주소	평일 운영시간	토요일 운영시간	일요일/공휴일 운영시간	대표 전화번호
대덕구	대덕구보건소	대전 대덕구 석봉로 38번길 55	09:00 ~ 17:30	09:00 ~ 12:00	09:00 ~ 12:00	042-608-5431~34
대덕구	근로복지공단 대전병원	대전 대덕구 계족로 637	08:30 ~ 12:30	미운영	미운영	042-670-5377
대덕구	대전보훈병원	대전 대덕구 대청로 82번길 147	08:30 ~ 17:00	미운영	미운영	042-939-0118,0100
동구	대전광역시 동구보건소	대전 동구 가오동 425	09:00 ~ 17:00	09:00 ~ 14:00	09:00 ~ 14:00	042-251-6305
동구	대전한국병원	대전 동구 동서대로1672	09:00 ~ 16:00	09:00 ~ 11:00	미운영	042-606-1500
서구	대전광역시 서구보건소	대전 서구 만년로 340번지	09:00 ~ 17:30	09:00 ~ 12:00	09:00 ~ 12:00	042-288-4520
서구	을지대학교병원	대전 서구 둔산서로 95	08:30 ~ 17:30	08:30 ~ 12:30	미운영	1899-0001
서구	건양대학교병원	대전 서구 관저동로 158	08:30 ~ 17:30	08:30 ~ 12:30	미운영	1577-3330
중구	대전광역시 중구보건소	대전 중구 문화2동785 중구보건소	09:00 ~ 17:00	09:00 ~ 12:00	09:00 ~ 12:00	042-288-8028
중구	대전성모병원	대전 중구 대흥로 64 가톨릭대학교대전성모병원	08:30 ~ 12:00	미운영	미운영	042-220-9817
중구	대전선병원	대전 중구 목중로 29 대전선병원	08:30 ~ 17:30	미운영	미운영	042-220-8166
유성구	대전광역시 유성구보건소	대전 유성구 장대로(온천2동) 282-15	09:30 ~ 17:00	09:30 ~ 12:00	09:30 ~ 12:00	042-611-5000
유성구	유성선병원	대전 북유성대로93	09:00 ~ 17:00	미운영	미운영	042-609-1120

세종특별자치시

시군구	의료기관명	주소	평일 운영시간	토요일 운영시간	일요일/공휴일 운영시간	대표 전화번호
세종특별자치시	세종특별자치시보건소	세종 조치원읍 교리 129-1 16	09:30 ~ 18:00	09:30 ~ 18:00	09:30 ~ 18:00	044-301-2000
세종특별자치시	세종 충남대학교병원	세종 보듬7로20	08:30 ~ 17:30	미운영	미운영	044-995-3400(~2)

울산광역시

시군구	의료기관명	주소	평일 운영시간	토요일 운영시간	일요일/공휴일 운영시간	대표 전화번호
남구	울산남구보건소	울산 남구 삼산동 1538-4번지(삼산동)	09:00 ~ 16:00	미운영	09:00 ~ 12:00	052-226-2805
남구	의)정안의료재단 중앙병원	울산 남구 문수로 480번길 10	10:00 ~ 17:00	10:00 ~ 12:00	미운영	052-226-1303
남구	울산병원	울산 남구 월평로 171번길 13	09:00 ~ 17:00	09:00 ~ 12:00	미운영	052-259-5260
남구	좋은삼정병원	울산 남구 북부순환도로 51	10:00 ~ 16:30	미운영	미운영	052-220-7592
동구	울산동구보건소	울산 동구 화정동 222	09:00 ~ 16:00	미운영	미운영	052-209-4080
북구	울산북구보건소	울산 북구 연암동(효문동) 1082 보건소	09:00 ~ 16:00	미운영	09:00 ~ 12:00	052-289-3450
북구	울산시티병원	울산 북구 산업로 1007	09:00 ~ 16:00	9:00 ~ 12:00	미운영	052-280-9119
중구	울산중구보건소	울산 중구 남외동 603-2	09:00 ~ 16:00	미운영	미운영	052-290-4300
중구	동강병원	울산 중구 태화로 239	09:00 ~ 17:00	미운영	미운영	052-241-1119
울주군	울주군보건소	울산 울주군 삼남면 교동리 1605-1 울주군보건소	09:00 ~ 16:00	미운영	미운영	052-204-2798
울주군	서울산보람병원	울산 울주군 삼남면 중평로 53	09:00 ~ 17:00	09:00 ~ 12:00	미운영	052-255-7114
울주군	KTX역 선별진료소	울산 울주군 삼남면 신화리467	10:00 ~ 18:00	10:00 ~ 18:00	10:00 ~ 18:00	052-229-3562

경기도

시군구	의료기관명	주소	평일 운영시간	토요일 운영시간	일요일/공휴일 운영시간	대표 전화번호
가평군	가평군보건소	경기도 가평군 가평읍 읍내3리624-1	09:00 ~ 18:00	09:00 ~ 18:00	09:00 ~ 18:00	031-582-2488
가평군	HJ매그놀리아국제병원	경기도 가평군 설악면 미사리로267-117	09:00 ~ 18:00	09:00 ~ 18:00	09:00 ~ 18:00	031-589-4300
고양시	고양시덕양구보건소	경기도 고양시 덕양구 주교동 603 덕양구보건소	09:00 ~ 18:00	09:00 ~ 18:00	09:00 ~ 18:00	031-8075-4059
과천시	과천시보건소	경기도 과천시 중앙동 과천시청 관문로 69 (중앙동)	09:00 ~ 18:00	09:00 ~ 12:00	09:00 ~ 12:00	02-2150-3832
광명시	광명시보건소	경기도 광명시 하안1동 230-1 오리로613	09:00 ~ 18:00	미운영	10:00 ~ 14:00	02-2680-2577
광명시	광명성애병원	경기도 광명시 디지털로 36	09:00 ~ 17:30	09:00 ~ 12:00	미운영	02-2680-7119
광주시	광주시보건소	경기도 광주시 경안동 115	09:00 ~ 18:00	09:00 ~ 13:00	09:00 ~ 13:00	031-760-2110
광주시	참조은병원	경기도 광주대로 45	09:00 ~ 22:00	09:00 ~ 22:00	09:00 ~ 22:00	031-767-7575
구리시	구리시보건소	경기도 구리시 인창동 674-3	09:00 ~ 18:00	14:00 ~ 18:00	미운영	031-550-8432
구리시	한양대구리병원	경기도 구리시 경춘로 153	09:00 ~ 17:30	09:00 ~ 12:30	24:00 ~ 24:00	1644-9118
군포시	군포시보건소	경기도 군포시 부곡동 770-1 (군포로221)	09:00 ~ 17:30	09:00 ~ 12:00	미운영	031-3908972
군포시	원광대학교의과대학 산본병원	경기도 군포시 산본로 321	09:00 ~ 12:00	미운영	미운영	031-390-2345
군포시	효산의료재단법인 지샘병원	경기도 군포시 군포로 591	09:00 ~ 17:00	미운영	미운영	031-389-3119
기흥구	기흥구보건소	경기도 용인시 기흥구 신갈동 60-3	09:00 ~ 17:00	09:00 ~ 17:00	09:00 ~ 17:00	031-324-6975
용인시	강남병원	경기도 용인시 기흥구 용구대로 411	09:00 ~ 17:00	09:00 ~ 12:00	미운영	031-300-0119
용인시	용인세브란스병원	경기도 용인시 기흥구 동백죽전대로363	09:00 ~ 17:00	09:00 ~ 12:00	미운영	031-5189-9010
김포시	김포시보건소	경기도 김포시 사우동 김포보건소	09:00 ~ 17:40	09:00 ~ 17:40	09:00 ~ 12:40	031-5186-4051
김포시	김포우리병원	경기도 김포시 감암로 11	09:00 ~ 17:00	09:00 ~ 12:30	09:00 ~ 09:00	031-999-1119
김포시	뉴고려병원	경기도 김포시 김포한강3로 283	09:00 ~ 17:00	미운영	미운영	031-980-9114(408)
김포시	히즈메디병원	경기도 김포시 김포대로681	08:00 ~ 21:00	08:30 ~ 17:00	08:30 ~ 17:00	1588-0223
남양주시	남양주보건소	경기도 남양주시 다산동(다산2동) 3159-7	09:00 ~ 18:00	09:00 ~ 18:00	09:00 ~ 18:00	031-590-4454
남양주시	남양주보건소 동부보건센터	경기도 남양주시 화도읍 비룡로59	09:00 ~ 18:00	09:00 ~ 18:00	09:00 ~ 18:00	031-590-8515
동두천시	동두천시보건소	경기도 동두천시 생연2동714-9 동두천시보건소	09:00 ~ 17:30	미운영	미운영	031-860-3425
안양시	안양시 만안구보건소	경기도 안양시 만안구 안양동(안양6동) 532-1	09:00 ~ 12:00	09:00 ~ 12:00	미운영	031-8045-3472
안양시	샘안양병원	경기도 안양시 만안구 삼덕로 9	10:00 ~ 16:00	미운영	미운영	031-467-9119
성남시	성남시분당구보건소	경기도 성남시 분당구 야탑동(야탑1동) 349	09:00 ~ 17:30	09:00 ~ 11:30	09:00 ~ 11:30	031-729-3990
성남시	분당차병원	경기도 성남시 분당구 야탑로 59(야탑동)	09:00 ~ 17:00	09:00 ~ 12:00	미운영	031-780-5546
성남시	분당제생병원	경기도 성남시 분당구서현로180번길20(서현동)	09:00 ~ 17:00	09:00 ~ 12:00	미운영	031-779-6594
성남시	성남시수정구보건소	경기도 성남시 수정구 신흥동 3435	09:00 ~ 16:00	09:00 ~ 12:00	09:00 ~ 12:00	031-729-3870
성남시	성남시의료원	경기도 성남시 수정구 수정로 171번길 10	09:00 ~ 16:30	미운영	미운영	031-738-7000
성남시	순천의료재단 정병원	경기도 수정구 수정로 76	09:00 ~ 17:30	09:00 ~ 12:00	미운영	031-757-8900
수원시	수원시권선구보건소	경기도 수원시 권선구 탑동 910	09:00 ~ 18:00	09:00 ~ 13:00	09:00 ~ 13:00	031-228-6717
시흥시	시흥시보건소	경기도 시흥시 대야동 484-3 (호현로55)	09:00 ~ 18:00	미운영	09:00 ~ 13:00	031-310-6815~8
시흥시	시흥시화병원	경기도 시흥시 옥구천서로 337	09:00 ~ 24:00	09:00 ~ 24:00	09:00 ~ 24:00	031-8041-5802
시흥시	신천연합병원	경기도 시흥시 복지로 57	08:30 ~ 17:30	미운영	미운영	031-310-6527
시흥시	센트럴병원	경기도 시흥시 공단1대로 237	09:00 ~ 17:00	09:00 ~ 24:00	미운영	031-8041-3752,3968
시흥시	정왕보건지소	경기도 시흥시 정왕대로233번길 19	09:00 ~ 18:00	09:00 ~ 13:00	09:00 ~ 13:00	031-310-5901
안산시	안산시단원보건소	경기도 안산시 단원구 초지동 666-8	09:30 ~ 17:00	14:00 ~ 17:00	미운영	031-481-6363
안산시	고려대학교안산병원	경기도 안산시 단원구 적금로 123	09:00 ~ 16:30	미운영	미운영	031-412-5400
안산시	안산시상록수보건소	경기도 안산시 상록구사1동 1584	09:00 ~ 17:00	13:30 ~ 17:00	미운영	031-481-5894
안산시	근로복지공단안산병원	경기도 안산시 상록구 상록구 구룡로 87	08:30 ~ 17:30	08:30 ~ 12:30	미운영	031-500-1770
안성시	안성시보건소	경기도 안성시 도기동 67-21	09:00 ~ 18:00	09:00 ~ 18:00	09:00 ~ 18:00	031-678-6811
안성시	경기도의료원 안성병원	경기도 안성시 남파로 95(당왕동)	09:00 ~ 18:00	미운영	미운영	031-8046-5000
안성시	안성성모병원	경기도 안성시 시장길 58(서인동)	00:00 ~ 00:00	00:00 ~ 00:00	00:00 ~ 00:00	031-675-6007

안양시	안양시 동안구보건소	경기도 안양시 동안구 비산동 1111번지	09:00 ~ 12:00	미운영	09:00 ~ 12:00	031-8045-4490
안양시	한림대학교성심병원	경기도 안양시 동안구 관평로 170번길11	08:30 ~ 16:30	08:30 ~ 12:00	미운영	031-380-4088,5975
양주시	양주보건소	경기도 양주시 남방동(양주1동) 1-1	09:00 ~ 17:00	09:00 ~ 12:00	미운영	031-8082-7120
양평군	양평보건소	경기도 양평군 양평읍 양근리 마유산로 17번지	09:00 ~ 18:00	09:00 ~ 18:00	미운영	031-770-3490
양평군	양평병원	경기도 양평군 양평읍 중앙로 129	09:00 ~ 18:00	미운영	미운영	031-770-5119
여주시	여주시보건소	경기도 여주시 상동 358-3 여주시보건소	09:00 ~ 18:00	09:00 ~ 18:00	09:00 ~ 18:00	031-887-3598
오산시	오산시보건소	경기도 오산시 오산동 25	09:00 ~ 18:00	09:00 ~ 12:00	미운영	031-8036-6025
오산시	오산한국병원	경기도 오산시 밀머리로1번길 16	09:00 ~ 18:00	09:00 ~ 13:00	미운영	031-379-8300
부천시	부천시보건소	경기도 부천시 중동(중2동) 1119 부천시보건소	09:30 ~ 17:30	09:30 ~ 17:30	미운영	032-625-8881~4
부천시	순천향대학교부속부천병원	경기도 부천시 조마루로 17	09:00 ~ 17:00	09:00 ~ 12:00	미운영	032-621-5114
부천시	가톨릭대학교부천성모병원	경기도 부천시 소사로 327	09:00 ~ 17:00	09:00 ~ 12:00	미운영	032-340-2402
부천시	부천세종병원	경기도 부천시 호헌로 489번길 20	09:00 ~ 17:00	09:00 ~ 12:00	미운영	032-340-1897
의왕시	의왕시보건소	경기도 의왕시 오봉로 34	09:00 ~ 18:00	09:00 ~ 12:00	09:00 ~ 12:00	031-345-3541
의왕시	아가페의료재단 시티병원	경기도 의왕시 오전천로 29	10:00 ~ 12:00	10:00 ~ 12:00	미운영	031-340-2555
의정부시	의정부시보건소	경기도 의정부시 범골로131 의정부시보건소	15:00 ~ 17:00	미운영	미운영	031-870-6094
의정부시	경기도의료원의정부병원	경기도 의정부시 흥선로 142	09:00 ~ 17:00	미운영	미운영	031-828-5143
의정부시	가톨릭대학교의정부성모병원	경기도 의정부시 천보로 271	09:00 ~ 16:30	미운영	미운영	1661-7500
의정부시	추병원	경기도 의정부시 평화로 650	09:30 ~ 17:00	09:30 ~ 12:30	미운영	031-823-8063
의정부시	의정부백병원	경기도 의정부시 금신로 322	08:30 ~ 16:30	08:30 ~ 11:30	미운영	031-842-1211
이천시	이천시보건소	경기도 이천시 증포동 152-2	09:00 ~ 17:00	09:00 ~ 17:00	미운영	031-644-4011
이천시	경기도의료원이천병원	경기도 이천시 경충대로 2742	08:30 ~ 17:30	미운영	미운영	031-630-4200
고양시	일산서구보건소	경기도 고양시 일산서구 일산동 일중로 54	09:00 ~ 18:00	09:00 ~ 18:00	09:00 ~ 12:00	031-8075-4212
고양시	인제대학교일산백병원	경기도 고양시 일산서구 주화로 170	09:00 ~ 17:00	미운영	미운영	031-910-7114
수원시	장안구보건소	경기도 수원시 장안구 조원동 888번지	09:00 ~ 18:00	09:00 ~ 13:00	09:00 ~ 13:00	031-228-5717
수원시	경기도의료원 수원병원	경기도 수원시 장안구 수성로245번길 69	10:00 ~ 16:30	10:00 ~ 16:30	10:00 ~ 16:30	031-888-0190
성남시	성남시중원구보건소	경기도 성남시 중원구 상대원1동 269-10	09:00 ~ 18:00	13:30 ~ 16:30	11:00 ~ 15:00	031-729-3922
성남시	성남중앙병원	경기도 중원구 산성대로 476번길 12	09:00 ~ 17:00	09:00 ~ 12:00	미운영	031-799-5366
처인구	처인구보건소	경기도 용인시 처인구 삼가동 556	09:00 ~ 17:00	09:00 ~ 17:00	09:00 ~ 17:00	031-324-4981
용인시	영문의료재단 다보스병원	경기도 처인구 백옥대로 1082번길 18	00:00 ~ 24:00	00:00 ~ 24:00	00:00 ~ 24:00	031-8021-2130
용인시	용인서울병원	경기도 용인시 처인구 고림로81	08:00 ~ 20:00	08:00 ~ 20:00	08:00 ~ 20:00	031-322-0001
파주시	파주시보건소	경기도 파주시 금촌동(금촌1동)953-1파주시보건소	09:00 ~ 18:00	09:00 ~ 18:00	09:00 ~ 18:00	031-940-9761
파주시	경기도의료원 파주병원	경기도 파주시 중앙로 207	09:00 ~ 18:00	미운영	미운영	031-940-9100
파주시	메디인병원	경기도 파주시 시청로 6	09:00 ~ 18:00	09:00 ~ 13:00	미운영	031-943-1191
수원시	팔달구보건소	경기도 수원시 팔달구 교동 56-1번지	09:00 ~ 18:00	09:00 ~ 13:00	09:00 ~ 13:00	031-228-7716
수원시	성빈센트병원	경기도 수원시 팔달구 중부대로 93 (지동)	09:00 ~ 17:00	미운영	미운영	1577-8588
수원시	동수원병원	경기도 수원시 팔달구 중부대로 165 (우만동)	09:00 ~ 17:00	미운영	미운영	031-210-0114
평택시	평택시평택보건소	경기도 평택동 850(평택5로 56)	09:00 ~ 18:00	09:00 ~ 18:00	09:00 ~ 18:00	031-8024-5559
평택시	의료법인 백송의료재단 굿모닝병원	경기도 평택시 중앙로 338	08:30 ~ 17:30	08:30 ~ 13:00	미운영	031-5182-7582
평택시	의료법인 박애의료재단 박애병원	경기도 평택시 평택2로20번길3	08:30 ~ 17:30	08:30 ~ 13:00	미운영	031-650-9219
평택시	의료법인 양진의료재단 평택성모병원	경기도 평택시 평택로 284	08:30 ~ 17:30	08:30 ~ 12:50	미운영	070-5012-3549
포천시	포천시보건소	경기도 포천시 신읍동 164-3 (포천시보건소)	08:00 ~ 20:00	08:00 ~ 20:00	08:00 ~ 20:00	031-538-4484
포천시	경기도의료원 포천병원	경기도 포천시 포천로 1648	00:00 ~ 24:00	00:00 ~ 24:00	00:00 ~ 24:00	031-539-9119
포천시	소흘보건지소	경기도 포천시 소흘읍 호국로 567	09:00 ~ 18:00	미운영	미운영	031-538-4486
하남시	하남시보건소	경기도 하남시 신장2동 520	09:00 ~ 18:00	09:00 ~ 12:00	미운영	031-790-6555
화성시	화성시보건소	경기도 화성시 동탄산단7길 60	09:00 ~ 17:00	09:00 ~ 17:00	09:00 ~ 17:00	031-5189-1200
화성시	원광종합병원	경기도 화성시 화산북로21	09:00 ~ 18:00	09:00 ~ 13:00	미운영	031-8077-7219

시군구	의료기관명	주소	평일 운영시간	토요일 운영시간	일요일/공휴일 운영시간	대표 전화번호
화성시	화성중앙종합병원	경기도 화성시 향남읍 발안로 5	09:00 ~ 18:00	09:00 ~ 13:00	미운영	031-371-8080
화성시	한림대학교동탄성심병원	경기도 화성시 큰재봉길 7	00:00 ~ 24:00	00:00 ~ 24:00	00:00 ~ 24:00	031-8086-3612,3615
화성시	남양디에스병원	경기도 화성시 남양읍 시청로160번길 46-13	09:00 ~ 18:00	09:00 ~ 18:00	09:00 ~ 18:00	1600-5982
수원시	영통구보건소	경기도 수원시 영통구 영통동 영통로 396	09:00 ~ 18:00	09:00 ~ 13:00	09:00 ~ 13:00	031-228-8785
수원시	아주대학교병원	경기도 수원시 영통구 월드컵로164	00:00 ~ 00:00	00:00 ~ 00:00	00:00 ~ 00:00	031-1688-6114
평택시	평택시송탄보건소	경기도 평택시 서정동 산 12(서정로 295)	09:00 ~ 18:00	09:00 ~ 18:00	09:00 ~ 18:00	031-8024-7236
평택시	박병원	경기도 평택시 송탄로 33	00:00 ~ 24:00	00:00 ~ 24:00	00:00 ~ 24:00	031-666-2600
고양시	일산동구보건소	경기도 고양시 일산동구 마두동 1010번지	09:00 ~ 18:00	09:00 ~ 18:00	09:00 ~ 12:00	031-8075-4135
고양시	국민건강보험공단일산병원	경기도 일산동구 일산로100	00:00 ~ 24:00	00:00 ~ 24:00	00:00 ~ 24:00	031-900-0750
고양시	동국대학교일산불교병원	경기도 고양시 일산동구 동국로 27(식사동)	08:30 ~ 17:30	08:30 ~ 13:00	미운영	031-961-7000
고양시	일산복음병원	경기도 고양시 일산동구 고양대로760	09:00 ~ 17:00	09:00 ~ 12:00	미운영	031-929-0330,0331
용인시	수지구보건소	경기도 용인시 수지구 풍덕천1동 720번지	09:00 ~ 17:00	09:00 ~ 17:00	09:00 ~ 17:00	031-3248566
남양주시	남양주풍양보건소	경기도 남양주시 진접읍 금곡리 1085, 풍양보건소	09:00 ~ 18:00	09:00 ~ 18:00	09:00 ~ 18:00	031-590-5371
남양주시	남양주한양병원	경기도 남양주시 오남읍 양지로47-55	09:00 ~ 09:00	09:00 ~ 09:00	09:00 ~ 09:00	031-510-0119
남양주시	현대병원	경기도 남양주시 진접읍 봉현로21	09:00 ~ 09:00	09:00 ~ 09:00	09:00 ~ 09:00	031-574-9119
연천군	연천군보건의료원	경기도 연천군 전곡읍 은대리 577-36	08:00 ~ 16:30	미운영	미운영	031-839-4062

강원도

시군구	의료기관명	주소	평일 운영시간	토요일 운영시간	일요일/공휴일 운영시간	대표 전화번호
강릉시	강릉시보건소	강원 강릉시 내곡동 413 강릉시보건소	09:00 ~ 17:30	09:00 ~ 17:30	09:00 ~ 17:30	033-660-3050
강릉시	강릉아산병원	강원 방동길 38	09:30 ~ 15:30	미운영	미운영	033-610-4111
강릉시	강릉동인병원	강원 강릉대로419번길 42	00:00 ~ 24:00	00:00 ~ 24:00	00:00 ~ 24:00	033-651-6161
강릉시	강릉고려병원	강원 옥가로 30	10:00 ~ 16:00	10:00 ~ 12:00	미운영	033-649-0333
고성군	고성군보건소	강원 고성군 간성읍 신안리178보건소,가동	09:00 ~ 18:00	09:00 ~ 18:00	09:00 ~ 18:00	033-681-4000
동해시	동해시보건소	강원 동해시 천곡동 840 보건소 동해시보건소	09:00 ~ 18:00	09:00 ~ 18:00	09:00 ~ 18:00	033-530-2402
동해시	의료법인 동해동인병원	강원 동해시 하평로 26	00:00 ~ 24:00	00:00 ~ 24:00	00:00 ~ 24:00	033-530-0119
동해시	근로복지공단 동해병원	강원 동해시 하평로 11	00:00 ~ 24:00	00:00 ~ 24:00	00:00 ~ 24:00	033-530-3119
삼척시	삼척시보건소	강원 삼척시 남양동 347-4	09:00 ~ 18:00	09:00 ~ 18:00	09:00 ~ 18:00	033-570-4649
삼척시	강원도 삼척의료원	강원 삼척시 오십천로 418	09:00 ~ 18:00	09:00 ~ 12:00	미운영	033-570-7545
속초시	속초시보건소	강원 속초시 교동 980(수복로 36)	09:00 ~ 20:00	09:00 ~ 20:00	09:00 ~ 20:00	033-639-2924
속초시	속초의료원	강원 속초시 영랑호반길 3	09:00 ~ 17:00	미운영	미운영	033-630-6122
속초시	속초보광병원	강원 속초시 중앙로11	09:00 ~ 17:30	09:00 ~ 12:30	미운영	033-639-8557
양구군	양구군보건소	강원 양구군 양구읍 하리 34-5 양구군보건소	09:00 ~ 18:00	09:00 ~ 18:00	09:00 ~ 18:00	033-480-2550
양구군	양구성심병원	강원 양구군 양구읍 중심로160	00:00 ~ 00:00	00:00 ~ 00:00	00:00 ~ 00:00	033-480-8800
양양군	양양군보건소	강원 양양군 양양읍 연창리 203-5	09:00 ~ 18:00	09:00 ~ 17:00	09:00 ~ 17:00	033-670-2880
영월군	영월군보건소	강원 영월군 영월읍 하송리246 영월군보건소	09:00 ~ 18:00	09:00 ~ 18:00	09:00 ~ 18:00	033-370-2448
영월군	영월의료원	강원 영월군 영월읍 중앙1로 59 영월의료원	00:00 ~ 24:00	00:00 ~ 24:00	00:00 ~ 24:00	033-370-9129
원주시	원주시보건소	강원 원주시 일산동 211	09:00 ~ 16:00	09:00 ~ 12:00	미운영	033-737-4065
원주시	연세대학교 원주세브란스기독병원	강원 원주시 일산로 20	09:00 ~ 17:30	미운영	미운영	033-741-1641
원주시	원주의료원	강원 원주시 서원대로 387	09:00 ~ 17:30	미운영	미운영	033-760-4701
인제군	인제군보건소	강원 인제군 인제읍 남북리789-1	09:00 ~ 18:00	09:00 ~ 18:00	09:00 ~ 18:00	033-461-2425
정선군	정선군보건소	강원 정선군 정선읍 녹송로 33	09:00 ~ 21:00	09:00 ~ 18:00	09:00 ~ 18:00	033-560-2739
정선군	근로복지공단정선병원	강원 정선군 정선읍 봉양1길 146	08:30 ~ 17:30	08:30 ~ 17:30	08:30 ~ 17:30	033-560-7110
철원군	철원군보건소	강원 철원군 갈말읍 군탄리 960-2	09:00 ~ 18:00	09:00 ~ 18:00	09:00 ~ 18:00	033-450-5950
철원군	철원병원	강원 철원군 갈말읍 명성로 208	18:00 ~ 09:00	18:00 ~ 09:00	18:00 ~ 09:00	033-450-3300
춘천시	춘천시보건소	강원 춘천시 중앙로3가 67	09:00 ~ 18:00	09:00 ~ 18:00	09:00 ~ 18:00	033-250-4688

시군구	의료기관명	주소	평일 운영시간	도요일 운영시간	일요일/공휴일 운영시간	대표 전화번호
춘천시	한림대학교춘천성심병원	강원 춘천시 삭수로 77	08:30 ~ 17:00	08:30 ~ 12:00	미운영	033-240-5219
태백시	태백시보건소	강원 태백시 황지동 20-8	08:00 ~ 21:00	09:00 ~ 18:00	09:00 ~ 18:00	033-552-4000
태백시	근로복지공단태백병원	강원 태백시 보드미길8	00:00 ~ 00:00	00:00 ~ 00:00	00:00 ~ 00:00	033-580-3119
홍천군	홍천군보건소	강원 홍천군 홍천읍 희망리 350 홍천군보건소	09:00 ~ 18:00	09:00 ~ 18:00	09:00 ~ 18:00	033-430-4024
홍천군	홍천아산병원	강원 홍천군 산림공원 1길 17	00:00 ~ 24:00	00:00 ~ 24:00	00:00 ~ 24:00	033-430-5119
횡성군	횡성군보건소	강원 횡성군 횡성읍 읍하리 598 횡성보건소	09:00 ~ 17:00	09:00 ~ 17:00	09:00 ~ 17:00	033-340-5707
횡성군	횡성대성병원	강원 횡성군 횡성읍 횡성로275	09:00 ~ 17:00	09:00 ~ 17:00	09:00 ~ 17:00	033-343-0901
평창군	평창군보건의료원	강원 평창군 평창읍 하리 233 평창군보건의료원	09:00 ~ 18:00	09:00 ~ 18:00	09:00 ~ 18:00	033-330-4800
화천군	화천군보건의료원	강원 화천군 화천읍 중리242-4	09:00 ~ 18:00	09:00 ~ 18:00	09:00 ~ 18:00	033-442-4424

충청북도

시군구	의료기관명	주소	평일 운영시간	도요일 운영시간	일요일/공휴일 운영시간	대표 전화번호
괴산군	괴산군보건소	충북 괴산군 괴산읍 동부리 641 괴산군보건소	09:00 ~ 18:00	09:00 ~ 18:00	09:00 ~ 18:00	043-832-4000
괴산군	괴산성모병원	충북 괴산군 괴산읍 임꺽정로 116	00:00 ~ 24:00	00:00 ~ 24:00	00:00 ~ 24:00	043-830-5400
단양군	단양군보건소	충북 단양군 단양읍 상진리 84 단양군보건소	09:00 ~ 18:00	09:00 ~ 18:00	09:00 ~ 18:00	043-420-3201
단양군	단양군립노인요양병원	충북 단양군 단양읍 별곡6길 10	09:00 ~ 09:00	09:00 ~ 09:00	09:00 ~ 09:00	043-423-8844
보은군	보은군보건소	충북 보은군 보은읍 삼산리 170-2	09:00 ~ 18:00	09:00 ~ 18:00	09:00 ~ 18:00	043-540-5613
보은군	보은한양병원	충북 보은군 보은읍 보은로 102	00:00 ~ 24:00	00:00 ~ 24:00	00:00 ~ 24:00	043-544-1500
영동군	영동군보건소	충북 영동군 영동읍 매천리 444-1	09:00 ~ 18:00	09:00 ~ 18:00	09:00 ~ 18:00	043-740-5612
영동군	영동병원	충북 영동군 영동읍 대학로 106	08:30 ~ 24:00	08:30 ~ 24:00	08:30 ~ 24:00	043-740-9000
옥천군	옥천군보건소	충북 옥천군 옥천읍 삼양리161-45	09:00 ~ 20:00	09:00 ~ 18:00	09:00 ~ 18:00	043-730-2112
옥천군	옥천성모병원	충북 옥천군 옥천읍 성왕로 1195	00:00 ~ 24:00	00:00 ~ 24:00	00:00 ~ 24:00	043-730-7000
음성군	음성군보건소	충북 음성군 음성읍 읍내리 406-4	09:00 ~ 18:00	09:00 ~ 18:00	09:00 ~ 18:00	043-872-2136
음성군	금왕태성병원	충북 음성군 금왕읍 음성로1230번길10	00:00 ~ 24:00	00:00 ~ 24:00	00:00 ~ 24:00	043-883-8800
제천시	제천시보건소	충북 제천시 청전동 110	09:00 ~ 18:00	10:00 ~ 17:00	10:00 ~ 17:00	043-641-3821
제천시	제천서울병원	충북 제천시 숭문로 57	00:00 ~ 24:00	00:00 ~ 24:00	00:00 ~ 24:00	043-642-7609
제천시	명지병원(제천)	충북 제천시 내토로 991	00:00 ~ 24:00	00:00 ~ 24:00	00:00 ~ 24:00	043-640-8373
증평군	증평군보건소	충북 증평군 증평읍 내성리 57-2 증평군보건소	09:00 ~ 18:00	09:00 ~ 18:00	미운영	043-835-4220
진천군	진천군보건소	충북 진천군 진천읍 벽암리 570 진천군보건소	09:00 ~ 18:00	09:00 ~ 18:00	09:00 ~ 18:00	043-539-7334
진천군	건명의료재단 진천성모병원	충북 진천군 중앙북로 36	00:00 ~ 24:00	00:00 ~ 24:00	00:00 ~ 24:00	043-533-1710
청주시	청주시상당보건소	충북 청원군 남일면 효촌리 92-2	08:00 ~ 24:00	08:00 ~ 24:00	08:00 ~ 24:00	043-201-3143
청주시	청주한국병원	충북 청주시 상당구 단재로 106	08:30 ~ 17:00	08:30 ~ 12:30	미운영	043-222-7000
청주시	청주효성병원	충북 청주시 상당구 쇠내로 16	09:00 ~ 17:00	미운영	미운영	043-221-5000
청주시	청주시흥덕보건소	충북 청주시 흥덕구 비하동(강서제1동) 792	09:00 ~ 18:00	09:00 ~ 13:00	09:00 ~ 13:00	043-201-3342,3326
청주시	한마음의료재단하나병원	충북 청주시 흥덕구 2순환로 1262	09:30 ~ 16:30	09:30 ~ 10:30	미운영	043-230-6191
청주시	베스티안병원	충북 흥덕구 오송읍 오송생명1로 191	09:00 ~ 18:00	09:00 ~ 18:00	09:00 ~ 18:00	043-904-8744
청주시	청주시서원보건소	충북 청주시 서원구 사직동(사직1동) 888 서원구청 지하1층	09:00 ~ 18:00	09:00 ~ 13:00	09:00 ~ 13:00	043-201-3242
청주시	충청북도 청주의료원	충북 청주시 서원구 흥덕로 48	00:00 ~ 24:00	00:00 ~ 24:00	00:00 ~ 24:00	043-279-0400
충주시	충주시보건소	충북 충주시 문화로 1655 충주시 건강복지타운	09:00 ~ 20:00	09:00 ~ 18:00	09:00 ~ 18:00	043-850-0460
충주시	건국대학교충주병원	충북 충주시 국원대로82	00:00 ~ 24:00	00:00 ~ 24:00	00:00 ~ 24:00	043-840-8330
충주시	충주의료원	충북 충주시 안림로239-50	00:00 ~ 24:00	00:00 ~ 24:00	00:00 ~ 24:00	043-871-0118
청주시	청주시청원보건소	충북 청주시 청원구 오창읍 각리 639-1	09:00 ~ 18:00	09:00 ~ 13:00	09:00 ~ 13:00	043-201-3442
청주시	청주성모병원	충북 청주시 청원구 주성로173-19	09:00 ~ 16:00	미운영	미운영	043-219-8119

충청남도

시군구	의료기관명	주소	평일 운영시간	토요일 운영시간	일요일/공휴일 운영시간	대표 전화번호
계룡시	계룡시보건소	충남 계룡시 금암동 10-5 계룡시보건소	09:30 ~ 17:00	09:30 ~ 17:00	09:30 ~ 17:00	042-840-3507
공주시	공주시보건소	충남 공주시 교동 120 보건소	09:00 ~ 18:00	09:00 ~ 18:00	09:00 ~ 18:00	041-840-8600
공주시	공주의료원	충남 공주시 무령로 77	00:00 ~ 00:00	00:00 ~ 00:00	00:00 ~ 00:00	041-962-1111
금산군	금산군보건소	충남 금산군 금산읍중 도리203-1 금산군보건소	09:00 ~ 18:00	09:00 ~ 18:00	09:00 ~ 18:00	041-751-6157
논산시	논산시보건소	충남 논산시 관촉동(취암동) 327-2	09:00 ~ 18:00	09:00 ~ 18:00	09:00 ~ 18:00	041-746-8042
논산시	의료법인백제병원	충남 논산시 시민로294번길 14	00:00 ~ 23:59	00:00 ~ 23:59	00:00 ~ 23:59	041-730-8882
당진시	당진시보건소	충남 당진시 채운동 1040	09:00 ~ 18:00	09:00 ~ 18:00	09:00 ~ 18:00	041-360-6004
당진시	당진종합병원	충남 당진시 반촌로 5-15	00:00 ~ 00:00	00:00 ~ 00:00	00:00 ~ 00:00	070-7332-8248
보령시	보령시보건소	충남 보령시 남포면 봉덕리39-1	09:00 ~ 18:00	09:00 ~ 18:00	09:00 ~ 18:00	041-930-0900
보령시	보령아산병원	충남 보령시 죽성로 136	09:00 ~ 18:00	09:00 ~ 18:00	09:00 ~ 18:00	041-930-5333
부여군	부여군보건소	충남 부여군 부여읍 구아리 137-2	09:00 ~ 18:00	09:00 ~ 18:00	09:00 ~ 18:00	041-830-8600
부여군	건양대학교 부여병원	충남 부여군 부여읍 계백로 200	06:00 ~ 22:00	06:00 ~ 22:00	06:00 ~ 22:00	041-837-1200
부여군	성요셉연합의원	충남 부여군 부여읍 사비로 78	08:00 ~ 17:00	08:00 ~ 12:00	미운영	041-835-7582
서산시	서산시보건소	충남 서산시 예천동(석남동) 496-1	09:00 ~ 18:00	09:00 ~ 18:00	09:00 ~ 18:00	041-661-8100
서산시	충청남도서산의료원	충남 서산시 중앙로 149	09:00 ~ 12:00	미운영	미운영	041-689-7119
서천군	서천군보건소	충남 서천군 서천읍 군사리 799	09:00 ~ 18:00	09:00 ~ 18:00	09:00 ~ 18:00	041-950-6940
서천군	서해병원	충남 서천군 서천읍 서천로 184	00:00 ~ 24:00	00:00 ~ 24:00	00:00 ~ 24:00	041-951-8282
아산시	아산시보건소	충남 아산시 번영로224번길 20	09:00 ~ 18:00	09:00 ~ 18:00	09:00 ~ 18:00	041-537-3311
아산시	아산충무병원	충남 아산시 문화로381	00:00 ~ 24:00	00:00 ~ 24:00	00:00 ~ 24:00	041-536-6666
아산시	현대병원	충남 아산시 시민로 388	09:00 ~ 16:00	09:00 ~ 16:00	09:00 ~ 16:00	041-546-3636
예산군	예산군보건소	충남 예산군 예산읍 예산리 777 예산군청	09:00 ~ 18:00	09:00 ~ 18:00	09:00 ~ 18:00	041-339-6062
예산군	예산종합병원	충남 예산군 예산읍 금오대로 94	00:00 ~ 24:00	00:00 ~ 24:00	00:00 ~ 24:00	041-330-4000
천안시	의료법인 영서의료재단 천안충무병원	충남 천안시 서북구 다가말3길 8	08:30 ~ 17:30	08:30 ~ 13:00	00:00 ~ 24:00	041-570-7519
천안시	학교법인동은학원 순천향대학교부속천안병원	충남 천안시 동남구 순천향6길 31	09:00 ~ 17:00	09:00 ~ 12:30	미운영	1577-7523
천안시	충청남도천안의료원	충남 천안시 동남구 충절로 537	10:00 ~ 16:00	10:00 ~ 16:00	10:00 ~ 16:00	041-570-7033
천안시	천안우리병원	충남 천안시 동남구 남부대로 350 (청당동)	14:00 ~ 17:00	미운영	미운영	041-590-9000
천안시	천안시동남구보건소	충남 천안시 동남구 문화동 112-14	09:00 ~ 18:00	09:00 ~ 18:00	09:00 ~ 18:00	041-521-2661
홍성군	홍성군보건소	충남 홍성군 홍성읍 문화로106	09:00 ~ 18:00	09:00 ~ 18:00	09:00 ~ 18:00	041-632-2588
홍성군	홍성의료원	충남 홍성군 홍성읍 조양로 224	08:30 ~ 17:30	미운영	미운영	041-630-6119
청양군	청양군보건의료원	충남 청양군 청양읍	24:00 ~ 24:00	24:00 ~ 24:00	24:00 ~ 24:00	041-942-3401
태안군	태안군보건의료원	충남 태안군 태안읍 평천리 698-6	00:01 ~ 24:00	00:01 ~ 24:00	00:01 ~ 24:00	041-671-5224

전라북도

시군구	의료기관명	주소	평일 운영시간	토요일 운영시간	일요일/공휴일 운영시간	대표 전화번호
고창군	고창군보건소	전북 고창군 고창읍 율계리 101(전봉준로 90)	09:00 ~ 18:00	미운영	미운영	063-560-8716
고창군	고창병원	전북 고창군 고창읍 화신1길 9	00:00 ~ 24:00	00:00 ~ 24:00	00:00 ~ 24:00	063-560-5600
군산시	군산시보건소	전북 군산시 수송동 851-1	09:00 ~ 18:00	09:00 ~ 18:00	09:00 ~ 18:00	063-463-4000
군산시	군산의료원	전북 군산시 의료원로27	00:00 ~ 24:00	00:00 ~ 24:00	00:00 ~ 24:00	063-472-5119
군산시	동군산병원	전북 군산시 149	00:00 ~ 24:00	00:00 ~ 24:00	00:00 ~ 24:00	063-440-0516
김제시	김제시보건소	전북 김제시 요촌동 423-2	09:00 ~ 22:00	09:00 ~ 22:00	09:00 ~ 22:00	063-540-1300
남원시	남원시보건소	전북 남원시 조산동(금동) 455 남원시보건소	09:00 ~ 21:00	09:00 ~ 18:00	09:00 ~ 18:00	063-625-1339
남원시	남원의료원	전북 남원시 충정로365	24:00 ~ 24:00	24:00 ~ 24:00	24:00 ~ 24:00	063-620-1347
부안군	부안군보건소	전북 부안군 부안읍 봉덕리 551-2	09:00 ~ 18:00	09:00 ~ 18:00	09:00 ~ 18:00	063-580-3062
부안군	부안성모병원	전북 부안군 부안읍 오정2길 24	00:00 ~ 24:00	00:00 ~ 24:00	00:00 ~ 24:00	063-581-5100
완주군	완주군보건소	전북 완주군 삼례읍 삼봉8로10-10 완주군보건소	09:00 ~ 20:00	09:00 ~ 18:00	09:00 ~ 18:00	063-290-3015
익산시	익산시보건소	전북 익산시 신동142-8	08:00 ~ 22:00	08:00 ~ 22:00	08:00 ~ 22:00	063-859-4811
익산시	익산병원	전북 익산시 무왕로 969	00:00 ~ 24:00	00:00 ~ 24:00	00:00 ~ 24:00	063-840-9112
전주시	전주시보건소	전북 전주시 완산구 중앙동4가 30-1(전라감영로 33)	09:00 ~ 22:00	09:00 ~ 18:00	09:00 ~ 18:00	063-281-6341
전주시	대자인병원	전북 전주시 덕진구 견훤로 390	09:00 ~ 17:00	미운영	미운영	063-220-2000
전주시	전주병원	전북 전주시 완산구 한두평3길 13	08:30 ~ 17:30	미운영	미운영	063-220-7280
전주시	호성전주병원	전북 전주시 덕진구 동부대로 895	09:00 ~ 17:00	미운영	미운영	063-240-8894
전주시	예수병원	전북 전주시 완산구 서원로365	09:00 ~ 17:00	미운영	미운영	063-230-8282
정읍시	정읍시보건소	전북 정읍시 수성동958-2	08:00 ~ 18:00	09:00 ~ 18:00	09:00 ~ 18:00	063-539-6112
정읍시	정읍아산병원	전북 정읍시 충정로606-22	00:00 ~ 24:00	00:00 ~ 24:00	00:00 ~ 24:00	063-530-6230
진안군	진안군보건소	전북 진안군 진안읍 군상리 90-15	08:30 ~ 18:00	미운영	미운영	063-430-8523
진안군	진안군의료원	전북 진안군 진안읍 진무로 1145	00:00 ~ 12:00	00:00 ~ 12:00	00:00 ~ 12:00	063-430-7119
무주군	무주군보건의료원	전북 무주군 무주읍 당산리701	24:00 ~ 24:00	24:00 ~ 24:00	24:00 ~ 24:00	063-320-8330
순창군	순창군보건의료원	전북 순창군 순창읍 교성리 419-1	09:00 ~ 24:00	09:00 ~ 24:00	09:00 ~ 24:00	063-650-5352
임실군	임실군보건의료원	전북 임실군 임실읍 이도리 270-8	09:00 ~ 20:00	09:00 ~ 18:00	09:00 ~ 18:00	063-640-3119
장수군	장수군보건의료원	전북 장수군 장수읍 장수리 425 장수보건의료원	00:00 ~ 24:00	00:00 ~ 24:00	00:00 ~ 24:00	063-350-2662

전라남도

시군구	의료기관명	주소	평일 운영시간	토요일 운영시간	일요일/공휴일 운영시간	대표 전화번호
강진군	강진군보건소	전남 강진군 강진읍 목리 11	09:00 ~ 21:00	09:00 ~ 18:00	09:00 ~ 18:00	061-430-3553
강진군	강진의료원	전남 강진군 강진읍 탐진로 5	00:00 ~ 24:00	00:00 ~ 24:00	00:00 ~ 24:00	061-433-2167
고흥군	고흥군보건소	전남 고흥군 고흥읍 등암리 1258-21번지	09:00 ~ 18:00	09:00 ~ 18:00	09:00 ~ 18:00	061-830-6688
고흥군	고흥종합병원	전남 고흥군 고흥읍 고흥로 1935	00:00 ~ 24:00	00:00 ~ 24:00	00:00 ~ 24:00	061-830-3119
고흥군	녹동현대병원	전남 고흥군 도양읍 차경구렁목길 215	00:00 ~ 24:00	00:00 ~ 24:00	00:00 ~ 24:00	061-840-1119
광양시	광양시보건소	전남 광양시 광양읍 칠성리 70 광양만권경제자유구역청, 광양시제2청사	09:00 ~ 18:00	09:00 ~ 18:00	09:00 ~ 18:00	061-797-4015
광양시	광양사랑병원	전남 광양시 공영로 71	09:00 ~ 11:30	09:00 ~ 11:30	미운영	061-797-7119
나주시	나주시보건소	전남 나주시 이창동740-1	09:00 ~ 18:00	09:00 ~ 18:00	09:00 ~ 18:00	061-339-2164
담양군	담양군보건소	전남 담양군 담양읍 만성리 135	09:00 ~ 18:00	09:00 ~ 18:00	09:00 ~ 18:00	061-380-3967
담양군	담양사랑병원	전남 담양군 담양읍 천변7길 19	00:00 ~ 24:00	00:00 ~ 24:00	00:00 ~ 24:00	061-380-9119
목포시	목포시보건소	전남 목포시 산정동1676	09:00 ~ 18:00	09:00 ~ 18:00	09:00 ~ 18:00	061-277-4000
목포시	목포한국병원	전남 목포시 영산로 483	00:00 ~ 24:00	00:00 ~ 24:00	00:00 ~ 24:00	061-270-5900

목포시	목포기독병원	전남 목포시 백년대로 303	00:00 ~ 24:00	00:00 ~ 24:00	00:00 ~ 24:00	061-260-7211
목포시	목포중앙병원	전남 목포시 영산로 627	00:00 ~ 24:00	00:00 ~ 24:00	00:00 ~ 24:00	061-280-3167
목포시	목포시의료원	전남 목포시 이로로 18	00:00 ~ 24:00	00:00 ~ 24:00	00:00 ~ 24:00	061-260-6342
목포시	세안종합병원	전남 목포시 고하대로 795-2	00:00 ~ 24:00	00:00 ~ 24:00	00:00 ~ 24:00	061-260-6666
목포시	전남중앙병원	전남 목포시 고하대로 724	00:00 ~ 24:00	00:00 ~ 24:00	00:00 ~ 24:00	061-260-3555
무안군	무안군보건소	전남 무안군 무안읍 성동리 712-1	09:00 ~ 18:00	09:00 ~ 18:00	09:00 ~ 18:00	061-450-5021
무안군	대송의료재단 무안병원	전남 무안군 무안읍 몽탄로 65	00:00 ~ 24:00	00:00 ~ 24:00	00:00 ~ 24:00	061-450-3119
보성군	보성군보건소	전남 보성군 보성읍 보성리 827	08:30 ~ 18:00	09:00 ~ 18:00	09:00 ~ 18:00	061-850-8816
보성군	보성아산병원	전남 보성군 미력면 가평길 36-17	00:00 ~ 24:00	00:00 ~ 24:00	00:00 ~ 24:00	061-850-3606
보성군	벌교삼호병원	전남 보성군 벌교읍 남하로 12	08:00 ~ 22:00	08:00 ~ 22:00	08:00 ~ 22:00	061-859-5051
순천시	순천시보건소	전남 순천시 석현동 36-1	09:00 ~ 18:00	09:00 ~ 18:00	09:00 ~ 18:00	061-749-6680
순천시	순천 성가롤로병원	전남 순천시 순광로 221	08:30 ~ 11:30	08:30 ~ 11:30	08:30 ~ 11:30	061-720-2061
순천시	순천의료원	전남 순천시 서문성터길 2	00:00 ~ 24:00	00:00 ~ 24:00	00:00 ~ 24:00	061-759-9139
순천시	순천병원	전남 순천시 조례1길 24(조례동)	09:00 ~ 17:30	09:00 ~ 24:00		061-720-7126
신안군	신안군보건소	전남 신안군 압해읍 신장리 462-10	09:00 ~ 18:00		09:00 ~ 18:00	061-240-8084
여수시	여수시보건소	전남 여수시 시청서4길 47(학동, 여수시보건소)	09:00 ~ 18:00	09:00 ~ 18:00	09:00 ~ 18:00	061-659-4248
여수시	여천전남병원	전남 여수시 무선로 95	09:00 ~ 17:00	09:00 ~ 13:00	미운영	061-690-6118,611
여수시	여수전남병원	전남 여수시 좌수영로 49(광무동,전남병원)	09:00 ~ 17:00	09:00 ~ 13:00	미운영	061-640-7118
여수시	여수한국병원	전남 여수시 여천체육공원길 10	09:00 ~ 17:30	09:00 ~ 12:30	미운영	061-689-9119
여수시	여수제일병원	전남 여수시 쌍봉로 70	09:00 ~ 18:00	09:00 ~ 13:00	미운영	061-689-8119
영광군	영광군보건소	전남 영광군 영광읍 남천리 326-5	09:00 ~ 18:00	09:00 ~ 18:00	09:00 ~ 18:00	061-350-5552
영광군	영광종합병원	전남 영광군 영광읍 와룡로 3	00:00 ~ 00:00	00:00 ~ 00:00	00:00 ~ 00:00	061-350-8129
영광군	영광기독병원	전남 영광군 영광읍 신남로 265	00:00 ~ 00:00	00:00 ~ 00:00	00:00 ~ 00:00	061-350-3119
영암군	영암군보건소	전남 영암군 영암읍 춘양리525 영암군보건소	00:00 ~ 23:59	00:00 ~ 23:59	00:00 ~ 23:59	061-470-6536
장흥군	장흥군보건소	전남 장흥군 장흥읍 흥성로 49	09:00 ~ 20:00	09:00 ~ 20:00	09:00 ~ 20:00	061-860-6481
장흥군	장흥종합병원	전남 장흥군 장흥읍 흥성로 92	00:00 ~ 24:00	00:00 ~ 24:00	00:00 ~ 24:00	061-862-8300
진도군	진도군보건소	전남 진도군 진도읍 남동리 776-26번지	00:00 ~ 24:00	00:00 ~ 24:00	00:00 ~ 24:00	061-540-6074
함평군	함평군보건소	전남 함평군 함평읍 기각리 253	09:00 ~ 18:00	09:00 ~ 18:00	09:00 ~ 18:00	061-320-2417
함평군	함평성심병원	전남 함평군 함평읍 영수길 132	00:00 ~ 24:00	00:00 ~ 24:00	00:00 ~ 24:00	061-324-0001
해남군	해남군보건소	전남 해남군 해남읍 해리 186	09:00 ~ 18:00	09:00 ~ 18:00	09:00 ~ 18:00	061-531-3745
해남군	해남종합병원	전남 해남군 해남읍 해남로 45	00:00 ~ 24:00	00:00 ~ 24:00	00:00 ~ 24:00	061-530-0119
해남군	해남우리종합병원	전남 해남군 옥천면 해남로 597	00:00 ~ 24:00	00:00 ~ 24:00	00:00 ~ 24:00	061-530-7119
화순군	화순군보건소	전남 화순군 화순읍 삼천리 719번지	09:00 ~ 18:00	09:00 ~ 18:00	09:00 ~ 18:00	061-379-5341
화순군	전남화순대학교병원	전남 화순군 화순읍 서양로 322	00:00 ~ 24:00	00:00 ~ 24:00	00:00 ~ 24:00	061-379-8884
화순군	화순성심병원	전남 화순군 화순읍 만연로 31	09:00 ~ 18:00	미운영	미운영	061-370-9114
곡성군	곡성군보건의료원	전남 곡성군 곡성읍 읍내리 220	09:00 ~ 18:00	09:00 ~ 18:00	09:00 ~ 18:00	061-360-7681
곡성군	곡성사랑병원	전남 곡성군 곡성읍 곡성로 761	00:00 ~ 24:00	00:00 ~ 24:00	00:00 ~ 24:00	061-360-6008
구례군	구례군보건의료원	전남 구례군 구례읍 동편제길 30	09:00 ~ 20:00	09:00 ~ 18:00	09:00 ~ 18:00	061-780-2673
구례군	구례병원	전남 구례군 구례읍 동편제길 4	09:00 ~ 09:00	09:00 ~ 09:00	09:00 ~ 09:00	061-780-3231
완도군	완도군보건의료원	전남 완도군 완도읍 죽청리 483-8 완도보건의료원 본관	09:00 ~ 18:00	09:00 ~ 18:00	09:00 ~ 18:00	061-550-6767
완도군	대성병원	전남 완도군읍 청해진동로 63	00:00 ~ 24:00	00:00 ~ 24:00	00:00 ~ 24:00	061-553-4567
장성군	장성군보건소	전남 장성군 장성읍 영천리 1475-4	09:00 ~ 18:00	09:00 ~ 18:00	09:00 ~ 18:00	061-390-8308
장성군	장성병원	전남 장성군 장성읍 역전로 171	00:00 ~ 24:00	00:00 ~ 24:00	00:00 ~ 24:00	061-390-9000

경상북도

시군구	의료기관명	주소	평일 운영시간	토요일 운영시간	일요일/공휴일 운영시간	대표 전화번호
경산시	경산시보건소	경북 경산시 중방동 708-5 (경산시보건소)	09:00 ~ 18:00	09:00 ~ 18:00	09:00 ~ 18:00	053-810-6314
경산시	경산중앙병원	경북 경산시 경안로 11	09:00 ~ 18:00	09:00 ~ 12:30	미운영	053-715-0119
경산시	세명병원	경북 경산시 경안로 208	09:00 ~ 17:30	09:00 ~ 13:00	미운영	053-819-8500
경주시	경주시보건소	경북 경주시 동천동 987	09:00 ~ 17:00	10:00 ~ 17:00	10:00 ~ 17:00	054-760-2080
고령군	고령군보건소	경북 고령군 대가야읍 지산리 232-8	09:00 ~ 18:00	09:00 ~ 18:00	09:00 ~ 18:00	054-954-1300
고령군	고령영생병원	경북 고령군 대가야읍 중앙로33	00:00 ~ 24:00	00:00 ~ 24:00	00:00 ~ 24:00	054-955-2661
구미시	구미보건소	경북 구미시 지산동853-12	09:00 ~ 16:00	09:00 ~ 16:00	09:00 ~ 16:00	054-480-4958
구미시	순천향대학교구미병원	경북 구미시 1공단로 179	09:00 ~ 16:00	09:30 ~ 11:30	미운영	054-468-9119
구미시	구미차병원	경북 구미시 신시로10길12	09:30 ~ 16:30	미운영	미운영	054-450-9997
군위군	군위군보건소	경북 군위군 군위읍 군청로70 군위군보건소	09:30 ~ 17:30	09:30 ~ 17:30	09:30 ~ 17:30	054-380-7447
김천시	김천시보건소	경북 김천시 신음동1204	09:00 ~ 17:00	09:00 ~ 17:00	09:00 ~ 17:00	054-433-4000
김천시	김천제일병원	경북 김천시 신음1길12	09:00 ~ 18:00	09:00 ~ 13:00	미운영	054-420-9300
김천시	김천의료원	경북 김천시 모암길24	10:00 ~ 16:00	10:00 ~ 12:00	미운영	054-429-8114
문경시	문경시보건소	경북 문경시 점촌동(점촌1동) 232 문경시보건소	09:00 ~ 18:00	미운영	미운영	054-550-8208
문경시	문경제일병원	경북 문경시 당교3길 25	00:00 ~ 24:00	00:00 ~ 24:00	00:00 ~ 24:00	054-550-7700
문경시	문경중앙병원	경북 문경시 중앙로117-18	00:00 ~ 24:00	00:00 ~ 24:00	00:00 ~ 24:00	054-550-2011
봉화군	봉화군보건소	경북 봉화군 봉화읍 내성리 285 봉화군보건소	09:00 ~ 18:00	09:00 ~ 18:00	09:00 ~ 18:00	054-673-4000
봉화군	봉화해성병원	경북 봉화군 보밑길3 봉화해성병원	12:00 ~ 12:00	12:00 ~ 12:00	12:00 ~ 12:00	054-674-0011
상주시	상주시보건소	경북 상주시 무양동 33-4	09:00 ~ 18:00	09:00 ~ 18:00	09:00 ~ 18:00	054-535-4000
상주시	상주적십자병원	경북 상주시 상서문로 53	00:00 ~ 24:00	00:00 ~ 24:00	00:00 ~ 24:00	054-534-3501
상주시	상주성모병원	경북 상주시 냉림서성길	00:00 ~ 24:00	00:00 ~ 24:00	00:00 ~ 24:00	054-530-7123
구미시	구미시선산보건소	경북 구미시 선산읍 동부리544-1	09:00 ~ 16:00	미운영	미운영	054-480-4130
성주군	성주군보건소	경북 성주군 성주읍 경산리 436-1	09:00 ~ 18:00	10:00 ~ 18:00	10:00 ~ 18:00	054-930-8122
안동시	안동시보건소	경북 안동시 북문동(중구동) 58 안동시보건소	09:00 ~ 18:00	09:00 ~ 18:00	09:00 ~ 18:00	054-840-5999,5917
안동시	안동병원	경북 안동시 앙실로 11 (수상동)	09:00 ~ 17:00	09:00 ~ 12:30	미운영	054-840-0119
안동시	안동성소병원	경북 안동시 서동문로99	00:00 ~ 24:00	00:00 ~ 24:00	00:00 ~ 24:00	054-850-8114
안동시	경상북도안동의료원	경북 안동시 태사2길 55	09:00 ~ 16:30	09:00 ~ 11:30	미운영	054-850-6100
영덕군	영덕군보건소	경북 영덕군 영덕읍 군청길 53	미운영	09:00 ~ 17:00	09:00 ~ 17:00	054-730-6894
영덕군	영덕아산병원	경북 영덕읍 영덕로 1621	09:00 ~ 17:00	미운영	미운영	054-730-0119
영양군	영양군보건소	경북 영양군 영양읍 동부리 동서대로 82번지	08:00 ~ 18:00	미운영	미운영	054-680-5196
영주시	영주시보건소	경북 영주시 휴천동(휴천2동) 466-6	09:00 ~ 19:00	09:00 ~ 18:00	09:00 ~ 18:00	054-631-4000
영주시	영주적십자병원	경북 영주시 대학로 327	00:00 ~ 24:00	미운영	미운영	054-630-0100
영천시	영천시보건소	경북 영천시 문내동152-1	09:00 ~ 18:00	09:00 ~ 18:00	09:00 ~ 18:00	054-339-7979
영천시	영남대학교 영천병원	경북 영천시 오수1길 10	00:00 ~ 24:00	00:00 ~ 24:00	00:00 ~ 24:00	054-330-7575
예천군	예천군보건소	경북 예천군 예천읍 노상리 125-1	09:00 ~ 18:00	09:00 ~ 18:00	09:00 ~ 18:00	054-650-8042
예천군	예천권병원	경북 예천읍 시장로 136	00:00 ~ 24:00	00:00 ~ 24:00	00:00 ~ 24:00	054-654-6611
의성군	의성군보건소	경북 의성군 의성읍 도서리104-1	09:00 ~ 09:00	09:00 ~ 18:00	09:00 ~ 18:00	054-830-6660
의성군	공생병원	경북 의성군 의성읍 문소3길 96	09:00 ~ 18:00	미운영	미운영	054-834-3881
청도군	청도군보건소	경북 화양읍 산성강변길 472	09:00 ~ 18:00	09:00 ~ 18:00	09:00 ~ 18:00	054-370-2696
칠곡군	칠곡군보건소	경북 칠곡군 왜관읍 석전2리 262-1	09:00 ~ 18:00	09:00 ~ 18:00	09:00 ~ 18:00	054-979-8223
남구	포항시남구보건소	경북 포항시 남구 인덕동(제철동) 161-1	09:00 ~ 18:00	09:00 ~ 18:00	09:00 ~ 18:00	054-270-4004
포항시	세명기독병원	경북 포항시 남구 대도동 94-8	08:30 ~ 17:30	08:30 ~ 12:30	미운영	054-275-0005
포항시	포항성모병원	경북 포항시 남구 대잠동길 17	09:00 ~ 16:30	09:00 ~ 11:30	미운영	054-260-8019

시군구	의료기관명	주소	평일 운영시간	토요일 운영시간	일요일/공휴일 운영시간	대표 전화번호
포항시	포항시북구보건소	경북 포항시 북구 장성동 1363	09:00 ~ 18:00	09:00 ~ 18:00	09:00 ~ 18:00	054-270-4114
포항시	포항의료원	경북 포항시 북구 용흥로 36	10:00 ~ 16:00	11:00 ~ 12:00	미운영	054-247-0551
울릉군	울릉군보건의료원	경북 울릉군 울릉읍 울릉순환로 396-18	09:00 ~ 17:50	미운영	미운영	054-790-6871
울진군	울진군보건소	경북 울진군 울진읍 현내항길 71	08:30 ~ 17:30	08:30 ~ 17:30	08:30 ~ 17:30	054-783-1250
청송군	청송군보건의료원	경북 청송군 청송읍 금곡리 1056-54	00:00 ~ 24:00	00:00 ~ 24:00	00:00 ~ 24:00	054-870-7100
청송군	경북북부제2교도소부속의원	경북 청송군 진보면 양정길 110	00:00 ~ 24:00	00:00 ~ 24:00	00:00 ~ 24:00	054-870-2575

경상남도

시군구	의료기관명	주소	평일 운영시간	토요일 운영시간	일요일/공휴일 운영시간	대표 전화번호
거제시	거제시보건소	경남 거제시 양정동 981	00:00 ~ 00:00	00:00 ~ 00:00	00:00 ~ 00:00	055-639-6000
거제시	거붕백병원	경남 거제시 계룡로5길 14	00:00 ~ 24:00	00:00 ~ 24:00	00:00 ~ 24:00	055-733-0119
거제시	대우병원	경남 거제시 두모길16	00:00 ~ 24:00	00:00 ~ 24:00	00:00 ~ 24:00	055-680-8119
거제시	맑은샘병원	경남 거제시 연초면 거제대로 4477	08:30 ~ 17:30	08:30 ~ 12:30	미운영	055-736-1004
거창군	거창군보건소	경남 거창군 거창읍 송정리 332-3 보건소	09:00 ~ 22:00	09:00 ~ 22:00	09:00 ~ 22:00	055-940-8335
거창군	거창적십자병원	경남 거창군 거창읍 중앙로91	00:00 ~ 24:00	00:00 ~ 24:00	00:00 ~ 24:00	055-944-3251
고성군	고성군보건소	경남 고성군 고성읍 대독리 4 고성군보건소	08:00 ~ 20:00	08:00 ~ 20:00	08:00 ~ 20:00	055-670-4013
김해시	김해시보건소	경남 김해시 외동(내외동) 1261-3	09:00 ~ 18:00	09:00 ~ 18:00	09:00 ~ 18:00	055-330-4481
김해시	김해중앙병원	경남 김해시 분성로 94-8 (외동)	08:30 ~ 17:30	08:30 ~ 12:30	미운영	055-330-6007
김해시	갑을장유병원	경남 김해시 장유로 167-13 (부곡동)	09:00 ~ 17:30	09:00 ~ 12:30	11:00 ~ 18:00	055-310-6114
김해시	조은금강병원	경남 김해시 김해대로 1814-37 (삼계동)	09:00 ~ 18:00	09:00 ~ 12:00	미운영	055-330-0392
남해군	남해군보건소	경남 남해군 남해읍 북변리 458-1	09:00 ~ 22:00	09:00 ~ 18:00	09:00 ~ 18:00	055-860-8740
남해군	이도의료재단 남해병원	경남 남해군 남해읍 화전로 169	09:00 ~ 24:00	09:00 ~ 24:00	09:00 ~ 24:00	055-863-2201
창원시	창원시 마산보건소	경남 창원시 마산합포구 해운동 61-1	09:00 ~ 18:00	09:00 ~ 18:00	09:00 ~ 18:00	055-225-5941
창원시	삼성창원병원	경남 창원시 마산회원구 팔용로 158	09:00 ~ 17:00	미운영	미운영	055-233-6121
창원시	경상남도마산의료원	경남 창원시 마산합포구 3.15대로 231	08:30 ~ 17:30	미운영	미운영	055-249-1116
창원시	SMG연세병원	경남 창원시 마산합포구 3.15대로 76	09:00 ~ 17:30	09:00 ~ 12:30	미운영	055-240-7777
밀양시	밀양시보건소	경남 밀양시 삼문동 159-1 (삼문중앙로41)	09:00 ~ 18:00	09:00 ~ 18:00	09:00 ~ 18:00	055-359-7015
밀양시	밀양윤병원	경남 밀양시 삼문중앙로 32	00:00 ~ 24:00	00:00 ~ 24:00	00:00 ~ 24:00	055-354-2200
사천시	사천시보건소	경남 사천시 용현면 덕곡리 사천시청 501번지	09:00 ~ 22:30	09:00 ~ 22:30	09:00 ~ 22:30	055-831-3620
사천시	의료법인숭연의료재단 삼천포서울병원	경남 사천시 남일로 33(동금동)	00:00 ~ 24:00	00:00 ~ 24:00	00:00 ~ 24:00	055-830-9009
사천시	삼천포제일병원	경남 사천시 중앙로136	00:00 ~ 24:00	00:00 ~ 24:00	00:00 ~ 24:00	055-830-2965
양산시	양산시보건소	경남 양산시 중부동 707-2(삽량로 169)	09:00 ~ 18:00	11:00 ~ 15:00	11:00 ~ 15:00	055-392-5220
양산시	베데스다병원	경남 신기로 28	09:00 ~ 17:00	09:00 ~ 13:00	미운영	055-384-9901
양산시	양산부산대학교병원	경남 금오로 20	09:00 ~ 17:00	미운영	미운영	055-360-3366
의령군	의령군보건소	경남 의령군 의령읍 서동리 534	09:00 ~ 22:00	09:00 ~ 18:00	09:00 ~ 18:00	055-570-4040
의령군	의령병원	경남 의령군 의령읍 의병로14길 10	00:00 ~ 24:00	00:00 ~ 24:00	00:00 ~ 24:00	055-573-4100
진주시	진주시보건소	경남 진주시 초전동(초장동)348-2 1층	00:00 ~ 24:00	00:00 ~ 24:00	00:00 ~ 24:00	055-749-5714
진주시	제일병원	경남 진주대로885	00:00 ~ 24:00	00:00 ~ 24:00	미운영	055-756-2900
진주시	고려병원	경남 진주시 동진로2	00:00 ~ 24:00	00:00 ~ 24:00	00:00 ~ 24:00	055-751-2525

진주시	반도병원	경남 진주시 남강로701	09:00 ~ 17:00	09:00 ~ 13:00	미운영	055-749-0200
진주시	진주복음병원	경남 진주시 진양호로370	09:00 ~ 18:00	09:00 ~ 13:00	미운영	055-749-7119
진주시	진주세란병원	경남 진주대로829	00:00 ~ 24:00	00:00 ~ 24:00	00:00 ~ 24:00	055-760-7575
진주시	한일병원	경남 진주시 범골로 17	00:00 ~ 24:00	00:00 ~ 24:00	00:00 ~ 24:00	055-750-1333
창원시	창원시 진해보건소	경남 창원시 진해구 풍호동 1 진해보건소	09:00 ~ 18:00	09:00 ~ 18:00	09:00 ~ 18:00	055-225-6160
창원시	연세에스병원	경남 창원시 진해구 해원로32길 13	09:00 ~ 14:30	미운영	미운영	055-548-7700
창원시	세광병원	경남 창원시 진해구 중원동로 55-1	09:00 ~ 18:00	09:00 ~ 13:00	미운영	055-540-3700
창녕군	창녕군보건소	경남 창녕군 창녕읍 교리 996-1 창녕군보건소	09:00 ~ 18:00	09:00 ~ 18:00	09:00 ~ 18:00	055-530-6217
창녕군	태황의료재단한성병원	경남 창녕군 창녕읍 교리1길 2	00:00 ~ 24:00	00:00 ~ 24:00	00:00 ~ 24:00	055-530-5119
창원시	창원시 창원보건소	경남 창원시 의창구 신월동 창원보건소 96-2	09:00 ~ 18:00	09:00 ~ 12:00	09:00 ~ 12:00	055-225-4281
창원시	창원경상대학교병원	경남 창원시 성산구 삼정자로11	09:00 ~ 17:00	미운영	미운영	055-214-1000
창원시	창원파티마병원	경남 창원시 의창구 창이대로 45	09:00 ~ 17:00	09:00 ~ 12:00	미운영	055-270-1020
창원시	한마음창원병원	경남 창원시 성산구 원이대로 682번길 21	09:00 ~ 17:00	09:00 ~ 12:00	미운영	055-267-2000
통영시	통영시보건소	경남 통영시 무전동 401-1 통영시보건소	09:00 ~ 22:00	09:00 ~ 22:00	09:00 ~ 22:00	055-650-6055
통영시	통영적십자병원	경남 통영시 중앙로97	09:00 ~ 18:00	09:00 ~ 12:30	미운영	055-644-8901
하동군	하동군보건소	경남 하동군 하동읍 군청로 31 하동보건소	09:00 ~ 21:00	09:00 ~ 18:00	09:00 ~ 18:00	055-882-4000
하동군	새하동병원	경남 하동군 하동읍 화심길 39	00:00 ~ 24:00	00:00 ~ 24:00	00:00 ~ 24:00	055-880-4200
함안군	함안군보건소	경남 함안군 가야읍 말산리 100번지	09:00 ~ 22:00	09:00 ~ 22:00	09:00 ~ 22:00	055-580-3113
함안군	영동병원	경남 함안군 칠원읍 용산2길 45-13	09:00 ~ 18:00	09:00 ~ 12:00	미운영	055-586-2000
함양군	함양군보건소	경남 함양군 함양읍 용평리630-3	09:00 ~ 18:00	09:00 ~ 18:00	09:00 ~ 18:00	055-960-8040
함양군	함양성심병원	경남 함양군 함양읍 고운로 70	09:00 ~ 09:00	09:00 ~ 09:00	09:00 ~ 09:00	055-963-4322
합천군	합천군보건소	경남 합천군 합천읍 합천리 524-1	08:00 ~ 22:00	09:00 ~ 22:00	09:00 ~ 22:00	055-930-3683
산청군	산청군보건의료원	경남 산청군 산청읍 지리 중앙로97	01:00 ~ 24:00	01:00 ~ 24:00	01:00 ~ 24:00	055-970-7582

제주특별자치도

시군구	의료기관명	주소	평일 운영시간	토요일 운영시간	일요일/공휴일 운영시간	대표 전화번호
서귀포시	서귀포시(서귀포보건소)	제주 서귀포시 서홍동 447-3	09:00 ~ 18:00	미운영	미운영	064-760-6092
서귀포시	서귀포열린병원	제주 서귀포시 일주동로 8638	09:00 ~ 18:00	09:00 ~ 11:00	미운영	064-762-8001
서귀포시	서귀포의료원	제주 서귀포시 장수로47	00:00 ~ 24:00	00:00 ~ 24:00	00:00 ~ 24:00	064-730-3518
서귀포시	서귀포시(서부보건소)	제주 서귀포시 대정읍 하모리 767-8	09:00 ~ 16:00	09:00 ~ 16:00	09:00 ~ 16:00	064-760-6292
제주시	제주시제주보건소	제주 제주시 도남동 567-1	09:00 ~ 18:00	미운영	미운영	064-728-1410
제주시	제주한라병원	제주 도령로 65	00:00 ~ 24:00	00:00 ~ 24:00	00:00 ~ 24:00	064-740-5158
제주시	한마음병원	제주 연신로 52	00:00 ~ 24:00	00:00 ~ 24:00	00:00 ~ 24:00	064-750-9119
제주시	한국병원	제주 서광로 193	00:00 ~ 24:00	00:00 ~ 24:00	00:00 ~ 24:00	064-750-0119
제주시	중앙병원	제주 월랑로 91	00:00 ~ 24:00	00:00 ~ 24:00	00:00 ~ 24:00	064-786-7119
제주시	제주시(동부보건소)	제주 구좌읍 김녕로14길 6	09:00 ~ 18:00	미운영	미운영	064-728-4392
제주시	제주시(서부보건소)	제주 제주시 한림읍 한림리 966-1번지 (한림리)	09:00 ~ 18:00	09:00 ~ 18:00	09:00 ~ 18:00	064-728-4142

2. 전국 코로나 승차검진 선별진료소 목록 (2020년 9월 기준)

시도	시군구	의료기관명	주소	평일 운영시간	토요일 운영시간	일요일/공휴일 운영시간	대표 전화번호
서울	강서구	이화여자대학교 서울병원	서울 강서구 공항대로 260	09:30 ~ 12:00	미운영	미운영	1522-7000
서울	금천구	희명병원	서울 금천구 시흥대로 244	00:00 ~ 24:00	00:00 ~ 24:00	00:00 ~ 24:00	02-2219-7231
부산	강서구	부산강서구보건소	부산 강서구 대저2동 1932-1 강서브라이트센터 보건소	09:00 ~ 18:00	9:00 ~ 14:00	09:00 ~ 14:00	051-970-3415
부산	북구	부산북구보건소	부산 북구 금곡대로348	09:00 ~ 18:00	09:00 ~ 14:00	09:00 ~ 14:00	051-309-4500
부산	서구	삼육부산병원	부산 대티로 170	08:30 ~ 17:00	미운영	미운영	051-600-7575
대구	남구	영남대학교병원	대구 남구 현충로 170	08:30 ~ 13:00	미운영	미운영	053-620-3177
대구	수성구	수성구보건소	대구 수성구 중동266-5(수성로213)	09:00 ~ 18:00	09:00 ~ 12:00	09:00 ~ 12:00	053-666-3266
대전	동구	대전한국병원	대전 동구 동서대로1672	09:00 ~ 16:00	09:00 ~ 11:00	미운영	042-606-1500
대전	유성구	대전광역시 유성구보건소	대전 유성구 장대동(온천2동) 282-15 유성구보건소	09:30 ~ 17:00	09:30 ~ 12:00	09:30 ~ 12:00	042-611-5000
경기	과천시	과천시보건소	경기 과천시 중앙동 과천시청 관문로 69 (중앙동)	09:00 ~ 18:00	09:00 ~ 12:00	09:00 ~ 12:00	02-2150-3832
경기	안산시	안산시단원보건소	경기 안산시 단원구 초지동 666-8 안산시 단원보건소	09:30 ~ 17:00	14:00 ~ 17:00	미운영	031-481-6363
경기	안성시	안성시보건소	경기 안성시 도기동 67-21	09:00 ~ 18:00	09:00 ~ 18:00	09:00 ~ 18:00	031-678-6811
경기	수원시	경기도의료원 수원병원	경기 수원시 장안구 수성로245번길 69	10:00 ~ 16:30	10:00 ~ 16:30	10:00 ~ 16:30	031-888-0190
경기	파주시	파주시보건소	경기 파주시 금촌동(금촌1동)953-1 파주시보건소	09:00 ~ 18:00	09:00 ~ 18:00	09:00 ~ 18:00	031-940-9761
경기	평택시	의료법인 백송의료재단 굿모닝병원	경기 평택시 중앙로 338	08:30 ~ 17:30	08:30 ~ 13:00	미운영	031-5182-7582
경기	화성시	화성시보건소	경기 화성시 동탄산단7길 60	09:00 ~ 17:00	09:00 ~ 17:00	09:00 ~ 17:00	031-5189-1200
경기	평택시	박병원	경기 평택시 송탄로 33	00:00 ~ 24:00	00:00 ~ 24:00	00:00 ~ 24:00	031-666-2600
강원	영월군	영월군보건소	강원 영월군 영월읍 하송리246 영월군보건소	09:00 ~ 18:00	09:00 ~ 18:00	09:00 ~ 18:00	033-370-2448
강원	인제군	인제군보건소	강원 인제군 인제읍 남북리789-1	09:00 ~ 18:00	09:00 ~ 18:00	09:00 ~ 18:00	033-461-2425
충북	괴산군	괴산군보건소	충북 괴산군 괴산읍 동부리 641 괴산군보건소	09:00 ~ 18:00	09:00 ~ 18:00	09:00 ~ 18:00	043-832-4000
충북	보은군	보은군보건소	충북 보은군 보은읍 삼산리 170-2	09:00 ~ 18:00	09:00 ~ 18:00	09:00 ~ 18:00	043-540-5613
충북	진천군	진천군보건소	충북 진천군 진천읍 벽암리 570 진천군보건소 본관	09:00 ~ 18:00	09:00 ~ 18:00	09:00 ~ 18:00	043-539-7334
충북	청주시	청주시상당보건소	충북 청원군 남일면 효촌리 92-2	08:00 ~ 24:00	08:00 ~ 24:00	08:00 ~ 24:00	043-201-3143
충북	청주시	충청북도 청주의료원	충북 청주시 서원구 흥덕로 48	00:00 ~ 24:00	00:00 ~ 24:00	00:00 ~ 24:00	043-279-0400
충북	충주시	충주시보건소	충북 충주시 문화동 1655 충주시 건강복지타운	09:00 ~ 20:00	09:00 ~ 18:00	09:00 ~ 18:00	043-850-0460
충북	충주시	건국대학교충주병원	충북 충주시 국원대로82	00:00 ~ 24:00	00:00 ~ 24:00	00:00 ~ 24:00	043-840-8330
충남	공주시	공주시보건소	충남 공주시 교동 120 보건소	09:00 ~ 18:00	09:00 ~ 18:00	09:00 ~ 18:00	041-840-8600
충남	보령시	보령시보건소	충남 보령시 남포면 봉덕리39-1	09:00 ~ 18:00	09:00 ~ 18:00	09:00 ~ 18:00	041-930-0900

전남	광양시	광양시보건소	전남 광양시 광양읍 칠성리 70 광양만권경제자유구역청, 광양시제2청사	09:00 ~ 18:00	09:00 ~ 18:00	09:00 ~ 18:00	061-797-4015
전남	담양군	담양군보건소	전남 담양군 담양읍 만성리 135	09:00 ~ 18:00	09:00 ~ 18:00	09:00 ~ 18:00	061-380-3967
전남	무안군	무안군보건소	전남 무안군 무안읍 성동리 712-1	09:00 ~ 18:00	09:00 ~ 18:00	09:00 ~ 18:00	061-450-5021
전남	무안군	대송의료재단 무안병원	전남 무안군 무안읍 몽탄로 65	00:00 ~ 24:00	00:00 ~ 24:00	00:00 ~ 24:00	061-450-3119
전남	여수시	여수시보건소	전남 여수시 시청서4길 47(학동, 여수시보건소)	09:00 ~ 18:00	09:00 ~ 18:00	09:00 ~ 18:00	061-659-4248
전남	영광군	영광군보건소	전남 영광군 영광읍 남천리 326-5	09:00 ~ 18:00	09:00 ~ 18:00	09:00 ~ 18:00	061-350-5552
전남	영암군	영암군보건소	전남 영암군 영암읍 춘양리525 영암군보건소	00:00 ~ 23:59	00:00 ~ 23:59	00:00 ~ 23:59	061-470-6536
전남	함평군	함평군보건소	전남 함평군 함평읍 기각리 253	09:00 ~ 18:00	09:00 ~ 18:00	09:00 ~ 18:00	061-320-2417
전남	구례군	구례군보건의료원	전남 구례군 구례읍 동편제길 30	09:00 ~ 20:00	09:00 ~ 18:00	09:00 ~ 18:00	061-780-2673
전남	장성군	장성군보건소	전남 장성군 장성읍 영천리 1475-4	09:00 ~ 18:00	09:00 ~ 18:00	09:00 ~ 18:00	061-390-8308
경북	김천시	김천시보건소	경북 김천시 신음동1284	09:00 ~ 17:00	09:00 ~ 17:00	09:00 ~ 17:00	054-433-4000
경북	김천시	김천제일병원	경북 김천시 신음1길12	09:00 ~ 18:00	09:00 ~ 13:00	미운영	054-420-9300
경북	문경시	문경시보건소	경북 문경시 점촌동(점촌1동) 232 문경시보건소	09:00 ~ 18:00	미운영	미운영	054-550-8208
경북	문경시	문경중앙병원	경북 문경시 중앙로117-18	00:00 ~ 24:00	00:00 ~ 24:00	00:00 ~ 24:00	054-550-2011
경북	영덕군	영덕군보건소	경북 영덕군 영덕읍 군청길 53	미운영	09:00 ~ 17:00	09:00 ~ 17:00	054-730-6894
경북	예천군	예천군보건소	경북 예천군 예천읍 노상리 125-1 예천군보건소 보건소	09:00 ~ 18:00	09:00 ~ 18:00	09:00 ~ 18:00	054-650-8042
경남	김해시	김해시보건소	경남 김해시 외동(내외동) 1261-3 김해시 보건소	09:00 ~ 18:00	09:00 ~ 18:00	09:00 ~ 18:00	055-330-4481
경남	진주시	진주시보건소	경남 진주시 초전동(초장동)348-2 1층 진주시보건소	00:00 ~ 24:00	00:00 ~ 24:00	00:00 ~ 24:00	055-749-5714
경남	진주시	한일병원	경남 진주시 범골로 17	00:00 ~ 24:00	00:00 ~ 24:00	00:00 ~ 24:00	055-750-1333
제주	제주시	제주시(서부보건소)	제주 제주시 한림읍 한림리 966-1번지 (한림리)	09:00 ~ 18:00	09:00 ~ 18:00	09:00 ~ 18:00	064-728-4142

3. 전국 국민안심병원 현황 목록 (2020년 9월 기준)

서울특별시

시군구	의료기관명	주소	신청유형 (A:외래진료, B:외래진료및입원)	대표 전화번호
강남구	연세대학교강남세브란스병원	서울특별시 강남구 언주로211	B	02-2019-2114
강남구	강남차병원	서울특별시 강남구 논현로 566	A	02-3468-3000
강남구	강남베드로병원	서울특별시 강남구 남부순환로2633 2649	A	02-1544-7522
강남구	나누리병원	서울특별시 강남구 언주로 731	A	1688-9797
강남구	하나이비인후과병원	서울특별시 강남구 역삼로245	A	02-6925-1111
강남구	자생한방병원	서울특별시 강남구 강남대로 546	A	1577-0007
강남구	리봄한방병원	서울특별시 강남구 학동로50길 7	A	02-546-1358
강동구	중앙보훈병원	서울특별시 강동구 진황도로 61길 53	B	02-2225-1111
강동구	강동성심병원	서울특별시 강동구 성안로 150	A	1588-4100
강동구	강동경희대학교병원	서울특별시 강동구 동남로 892	B	02-440-8114
강동구	남기세병원	서울특별시 강동구 천호대로 1133	A	1577-2533
강서구	이화여자대학교서울병원	서울특별시 강서구 공항대로260	B	1522-7000
강서구	나누리병원	서울특별시 강서구 가로공원로 187	A	1688-9797
관악구	에이치플러스양지병원	서울특별시 관악구 남부순환로1636	A	02-1877-8875
관악구	심정병원	서울특별시 관악구 남부순환로1485	A	02-1588-3330
광진구	건국대학교병원	서울특별시 광진구 능동로 120-1	B	02-1588-1533
광진구	혜민병원	서울특별시 광진구 자양로 85	A	02-2049-9000
구로구	고려대학교구로병원	서울특별시 구로구 구로동로 148	B	02-2626-1114
구로구	구로성심병원	서울특별시 구로구 경인로 427	A	02-2067-1500
구로구	우리아이들병원	서울특별시 구로구 새말로15	A	02-858-0100
금천구	희명병원	서울특별시 금천구 시흥대로 244	B	02-804-0002
노원구	인제대학교 상계백병원	서울특별시 노원구 동일로1342	A	02-950-1114
노원구	노원을지대학교병원	서울특별시 노원구 한글비석로 68	A	02-970-8000
노원구	한국원자력의학원원자력병원	서울특별시 노원구 노원로 75	A	02-970-2114
도봉구	한일병원	서울특별시 도봉구 우이천로 308	A	02-901-3114
도봉구	바로선병원	서울특별시 도봉구 도봉로 628	A	1666-5853
동대문구	삼육서울병원	서울특별시 동대문구 망우로82	B	02-1577-3675
동대문구	경희대학교병원	서울특별시 동대문구 경희대로23	B	02-958-8114

동대문구	서울성심병원	서울특별시 동대문구 왕산로259	A	02-966-1616
동작구	중앙대학교병원	서울특별시 동작구 흑석로102	B	02-6299-1114
동작구	서울특별시보라매병원	서울특별시 동작구 보라매로 5길 20	A	02-870-2114
동작구	더본병원	서울특별시 동작구 동작대로67	A	02-587-2299
서대문구	연세대학교신촌세브란스병원	서울특별시 서대문구 연세로 50-1	B	02-1599-1004
서대문구	동신병원	서울특별시 서대문구 연희로 272	A	02-396-9161
서초구	가톨릭대학교 서울성모병원	서울특별시 서초구 반포대로 222	B	02-1588-1511
성동구	한양대학교병원	서울특별시 성동구 왕십리로222-1	B	02-2290-8114
성북구	고려대학교안암병원	서울특별시 성북구 인촌로 73	B	02-920-5114
성북구	성북우리아이들병원	서울특별시 성북구 동소문로46길10	A	02-912-0100
송파구	경찰병원	서울특별시 송파구 송이로123	A	02-3400-1114
양천구	이화여자대학교목동병원	서울특별시 양천구 안양천로 1071	B	02-2650-5114
양천구	홍익병원	서울특별시 양천구 목동로 225	A	02-2693-5555
양천구	메디힐병원	서울특별시 양천구 남부순환로 331	A	02-2604-7551
영등포구	가톨릭대학교 여의도성모병원	서울특별시 영등포구 63로 10	B	1661-7575
영등포구	한림대학교 강남성심병원	서울특별시 영등포구 신길로1	B	02-829-5114
영등포구	성애병원	서울특별시 영등포구 여의대방로53길 22	A	1811-8114
영등포구	대림성모병원	서울특별시 영등포구 시흥대로 657	A	02-829-9000
영등포구	명지성모병원	서울특별시 영등포구 도림로 156	A	1899-1475
영등포구	영등포병원	서울특별시 영등포구 당산로3길10	A	02-2632-0013~8
영등포구	새길병원	서울특별시 영등포구 영중로 59	A	02-1522-0075
용산구	순천향대학교부속서울병원	서울특별시 용산구 대사관로 59	B	02-709-9114
은평구	은평성모병원	서울특별시 은평구 통일로 1021	B	1811-7755
은평구	청구성심병원	서울특별시 은평구 통일로 873	A	02-353-5511~9
은평구	본서부병원	서울특별시 은평구 은평로 133	A	02-3156-5000
종로구	서울대학교병원	서울특별시 종로구 대학로101	B	02-1588-5700
종로구	강북삼성병원	서울특별시 종로구 새문안로29	B	02-2001-2001
종로구	서울적십자병원	서울특별시 종로구 새문안로 9	A	02-2002-8000
종로구	세란병원	서울특별시 종로구 통일로 256	A	02-737-0181
중구	인제대학교 서울백병원	서울특별시 중구 마른내로9	A	02-2270-0114
중구	국립중앙의료원	서울특별시 중구 을지로 245	A	02-2260-7114
중랑구	동부제일병원	서울특별시 중랑구 망우로511	A	02-437-5011
중랑구	서울의료원	서울특별시 중랑구 신내로 156	B	02-2276-7000
중랑구	녹색병원	서울특별시 중랑구 사가정로 49길 53	A	02-490-2000

부산광역시

시군구	의료기관명	주소	신청유형 (A:외래진료, B:외래진료및입원)	대표 전화번호
강서구	갑을녹산병원	부산광역시 강서구 녹산산단 321로 24-8	A	051-974-8300
금정구	세웅병원	부산광역시 금정구 서동로 162	A	051-500-9700
기장군	동남권원자력의학원	부산광역시 기장군 장안읍 좌동길40	A	051-720-5114
기장군	기장병원	부산광역시 기장군 기장읍 대청로72번길 6	A	051-723-0171
남구	부산성모병원	부산광역시 남구 용호로 232번길 25-14	A	051-933-7114
남구	부산고려병원	부산광역시 남구 수영로 238	A	051-930-3000
동구	김원묵기념봉생병원	부산광역시 동구 중앙대로 401	A	051-664-4000
동구	좋은문화병원	부산광역시 동구 범일로119	A	051-644-2002
동래구	대동병원	부산광역시 동래구 충렬대로 187	A	051-554-1233
동래구	동래봉생병원	부산광역시 동래구 안연로 109번길 27	A	051-520-5500
북구	부민병원	부산광역시 북구 만덕대로59	A	051-330-3000
북구	구포성심병원	부산광역시 북구 낙동대로1786	A	051-333-2001
사상구	좋은삼선병원	부산광역시 사상구 가야대로326	A	051-322-0900
사상구	서부산센텀병원	부산광역시 사상구 새벽로 226	A	1644-5530
서구	부산대학교병원	부산광역시 서구 구덕로 179	B	051-240-7000
서구	삼육부산병원	부산광역시 서구 대티로170	A	051-242-9751
서구	동아대학교병원	부산광역시 서구 대신공원로 26	B	051-240-2000
수영구	좋은강안병원	부산광역시 수영구 수영로493	A	051-625-0900
수영구	부산센텀병원	부산광역시 수영구 수영로 677	A	051-750-5000
연제구	부산광역시의료원	부산광역시 연제구 월드컵대로 359	B	051-507-3000
연제구	한양류마디병원	부산광역시 연제구 과정로272(연산동)	A	051-752-1990
영도구	해동병원	부산광역시 영도구 태종로133	A	051-412-6161
영도구	영도병원	부산광역시 영도구 태종로85	A	051-412-8881
영도구	에스병원	부산광역시 영도구 동삼로 55-1	A	051-412-7000
진구	온종합병원	부산광역시 진구 가야대로 721	A	051-607-0114
해운대구	효성시티병원	부산광역시 해운대구 해운대로 135	A	051-709-3000

인천광역시

시군구	의료기관명	주소	신청유형 (A:외래진료, B:외래진료및입원)	대표 전화번호
강화군	비에스종합병원	인천광역시 강화군 강화읍 충렬사로 31	A	032-290-0001
계양구	한림병원	인천광역시 계양구 장제로722	B	032-540-9114
계양구	메디플렉스 세종병원	인천광역시 계양구 계양문화로20	B	032-240-8000
계양구	더드림병원	인천광역시 계양구 계양대로 123	A	032-282-7575
남동구	길병원	인천광역시 남동구 남동대로 774번길 21	B	032-460-3114
동구	인천광역시의료원	인천광역시 동구 방축로 217	A	032-580-6000
동구	인천백병원	인천광역시 동구 샛골로 214	A	032-765-7070
미추홀구	인천사랑병원	인천광역시 미추홀구 미추홀대로 726	A	032-457-2000
미추홀구	현대유비스병원	인천광역시 미추홀구 독배로503	A	032-888-7575
미추홀구	인천바로병원	인천광역시 미추홀구 인주대로458	A	032-722-8585
미추홀구	나누리병원	인천광역시 미추홀구 인주대로 485	A	1688-9797
미추홀구	성모윌병원	인천광역시 미추홀구 경인로 488	A	032-421-0075
부평구	가톨릭대학교 인천성모병원	인천광역시 부평구 동수로 56	B	032-1544-9004
부평구	부평세림병원	인천광역시 부평구 부평대로 175	B	032-524-0591
부평구	한길안과병원	인천광역시 부평구 부평대로 35	A	032-503-3322
부평구	나누리병원	인천광역시 부평구 장제로 156	A	1688-9797
서구	뉴성민병원	인천광역시 서구 신석로 70	A	032-726-1000
서구	나은병원	인천광역시 서구 원적로23	B	032-584-0114
서구	검단탑병원	인천광역시 서구 청마로19번길5	A	032-590-0114
서구	온누리병원	인천광역시 서구 완정로 119	A	032-567-6200
서구	가톨릭관동대학교 국제성모병원	인천광역시 서구 심곡로100번길 25	B	1600-8291
연수구	나사렛국제병원	인천광역시 연수구 먼우금로 98	A	032-899-9999
연수구	인천적십자병원	인천광역시 연수구 원인재로263	A	032-899-4000
중구	인천기독병원	인천광역시 중구 답동로30번길10	A	032-270-8000
중구	인하대학교병원	인천광역시 중구 인항로 27	B	032-890-2114

대구광역시

시군구	의료기관명	주소	신청유형 (A:외래진료, B:외래진료및입원)	대표 전화번호
남구	영남대학교병원	대구광역시 남구 현충로 170	A	053-623-8001
남구	드림병원	대구광역시 남구 대명로 153	A	053-640-8800
달서구	구병원	대구광역시 달서구 감삼북길 141	A	053-560-9114
달서구	삼일병원	대구광역시 달서구 월배로 446	B	053-659-3100
달서구	나사렛종합병원	대구광역시 달서구 월배로97	A	053-643-1400
달서구	참조은병원	대구광역시 달서구 월배로 404	A	053-630-8000
달서구	세강병원	대구광역시 달서구 구마로 220	A	053-620-6248
동구	대구파티마병원	대구광역시 동구 아양로99	A	053-1688-7770
북구	대구가톨릭대학교칠곡가톨릭병원	대구광역시 북구 칠곡중앙대로440	A	053-320-2500
서구	서대구병원	대구광역시 서구 국채보상로 200	A	053-558-5800
수성구	천주성삼병원	대구광역시 수성구 달구벌대로 3190	A	053-790-1000
중구	경북대학교병원	대구광역시 중구 동덕로 130	A	053-420-5114
중구	곽병원	대구광역시 중구 국채보상로 531	A	053-252-2401
중구	푸른병원	대구광역시 중구 태평로 102	A	053-471-2800
중구	우리들병원	대구광역시 중구 국채보상로 648	A	053-212-3000

광주광역시

시군구	의료기관명	주소	신청유형 (A:외래진료, B:외래진료및입원)	대표 전화번호
광산구	첨단종합병원	광주광역시 광산구 첨단중앙로 170번길 59	A	062-601-8114
광산구	KS병원	광주광역시 광산구 왕버들로 220	A	062-975-9000
남구	광주기독병원	광주광역시 남구 양림로 37	B	062-650-5000
동구	전남대학교병원	광주광역시 동구 제봉로42	B	1899-0000
서구	서광병원	광주광역시 서구 금화로 59번길6	A	062-600-8000

대전광역시

시군구	의료기관명	주소	신청유형 (A:외래진료, B:외래진료및입원)	대표 전화번호
동구	대전한국병원	대전광역시 동구 동서대로1672	A	042-606-1000
서구	대전을지대학교병원	대전광역시 서구 둔산서로95	B	042-259-1000
서구	건양대학교병원	대전광역시 서구 가수원동 관저동로 158	B	1577-3330
유성구	유성선병원	대전광역시 유성구 북유성대로93	A	042-1588-7011
중구	가톨릭대학교 대전성모병원	대전광역시 중구 대흥로64	B	042-220-9114
중구	대전선병원	대전광역시 중구 목중로29	B	042-220-8114

세종특별자치시

시군구	의료기관명	주소	신청유형 (A:외래진료, B:외래진료및입원)	대표 전화번호
	엔케이세종병원	세종특별자치시 한누리대로 161	A	044-850-7700

울산광역시

시군구	의료기관명	주소	신청유형 (A:외래진료, B:외래진료및입원)	대표 전화번호
남구	울산병원	울산광역시 남구 월평로171번길 13	A	052-259-5000
남구	좋은삼정병원	울산광역시 남구 북부순환도로 51	A	052-220-7500
남구	중앙병원	울산광역시 남구 문수로 480번길 10	A	052-226-1100
동구	울산대학교병원	울산광역시 동구 방어진순환도로877	B	052-250-7000
북구	울산시티병원	울산광역시 북구 산업로1007	A	052-280-9000
북구	울산엘리야병원	울산광역시 북구 호계로 285	A	052-290-2100
울주군	서울산보람병원	울산광역시 울주군 삼남면 중평로 53	A	052-255-7114
중구	동강병원	울산광역시 중구 태화로 239	A	052-241-1114

경기도

시군구	의료기관명	주소	신청유형 (A:외래진료, B:외래진료및입원)	대표 전화번호
고양시 덕양구	명지병원	경기도 고양시 덕양구 화수로 14번길 55	B	031-810-5114
고양시 덕양구	자인메디병원	경기도 고양시 덕양구 덕양구 중앙로555	A	031-930-3114
고양시 일산동구	국민건강보험공단 일산병원	경기도 고양시 일산동구 일산로100	B	031-900-0114
고양시 일산동구	국립암센터	경기도 고양시 일산동구 일산로323	A	031-920-0001
고양시 일산동구	동국대학교 일산불교병원	경기도 고양시 일산동구 동국로27	B	031-961-7000
고양시 일산동구	일산차병원	경기도 고양시 일산동구 중앙로 1205	A	031-782-8300
고양시 일산동구	일산복음의료재단	경기도 고양시 일산동구 고양대로 760	A	031-977-5000
고양시 일산서구	인제대학교 일산백병원	경기도 고양시 일산서구 주화로170	B	031-910-7114
광명시	광명성애병원	경기도 광명시 디지털로 36	A	02-2680-7114
광주시	참조은병원	경기도 광주시 광주대로45	A	031-767-7575
광주시	더플러스병원	경기도 광주시 경안로40	A	031-763-7582
구리시	한양대학교구리병원	경기도 구리시 경춘로153	B	031-560-2114
구리시	원진녹색병원	경기도 구리시 동구릉로 65	A	031-550-1111
군포시	원광대학교의과대학산본병원	경기도 군포시 산본로 321	A	031-390-2300
군포시	지샘병원	경기도 군포시 군포로 591	A	031-389-3000
김포시	김포우리병원	경기도 김포시 감암로11	B	031-999-1000
김포시	뉴고려병원	경기도 김포시 김포한강3로283	B	031-980-9114
김포시	히즈메디병원	경기도 김포시 김포대로 681	B	1588-0223
남양주시	남양주한양병원	경기도 남양주시 오남읍 양지로47-55	B	031-510-0114
남양주시	중앙대의료원교육협력현대병원	경기도 남양주시 진접읍 봉현로21	B	031-574-9119
남양주시	베리굿병원	경기도 남양주시 별내5로5번길5	A	031-567-8585
부천시	세종병원	경기도 부천시 호현로489번길 28	B	1599-6677

부천시	가톨릭대학교 부천성모병원	경기도 부천시 소사로327	B	032-1577-0675
부천시	순천향대학교부속부천병원	경기도 부천시 조마루로170	B	032-621-5114
부천시	다니엘종합병원	경기도 부천시 중동로 361	A	032-670-0001
부천시	예손병원	경기도 부천시 부천로 206	A	1666-7582
부천시	부천우리병원	경기도 부천시 원종동 277-14	A	032-672-4100
성남시 분당구	차의과학대학교분당차병원	경기도 성남시 분당구 야탑로 59	A	1577-4488
성남시 분당구	분당제생병원	경기도 성남시 분당구 서현로 180번길 20	B	031-779-0000
성남시 분당구	분당서울대학교병원	경기도 성남시 분당구 구미로 173번길 82	B	031-1588-3369
성남시 분당구	분당척병원	경기도 성남시 분당구 성남대로932	A	1599-7500
성남시 수정구	정병원	경기도 성남시 수정구 수정로 76	A	031-750-6000
성남시 수정구	지우병원	경기도 성남시 수정구 수정로 183	A	1544-6686
성남시 중원구	성남중앙병원	경기도 성남시 중원구 산성대로 476번길	A	1577-7986
성남시 중원구	바른마디병원	경기도 성남시 중원구 광명로 330	A	031-735-9110
수원시 권선구	화홍병원	경기도 수원시 권선구 호매실로90번길 98	A	1588-0097
수원시 권선구	제이에스병원	경기도 수원시 권선구 금곡로196번길 76	A	1800-5446
수원시 영통구	아주대학교병원	경기도 수원시 영통구 월드컵로 164	B	031-1688-6114
수원시 영통구	나누리수원병원	경기도 수원시 영통구 중부대로 295	A	1688-9797
수원시 팔달구	가톨릭대학교 성빈센트병원	경기도 수원시 팔달구 중부대로 93	B	1577-8588
수원시 팔달구	동수원병원	경기도 수원시 팔달구 중부대로 165	A	031-210-0114
수원시 팔달구	윌스기념병원	경기도 수원시 팔달구 경수대로 437	A	031-223-2233
시흥시	신천연합병원	경기도 시흥시 복지로 57	A	031-310-6300
시흥시	센트럴병원	경기도 시흥시 공단1대로237	A	031-8041-3531
시흥시	시화병원	경기도 시흥시 옥구천서로337	A	031-432-2600
안산시	근로복지공단안산병원	경기도 안산시 구룡로 87	A	031-500-1114
안산시 단원구	고려대학교안산병원	경기도 안산시 단원구 적금로 123	B	031-412-5114
안산시 단원구	의료법인 플러스의료재단 단원병원	경기도 안산시 단원구 원포공원1로 20	A	031-8040-6600
안산시 단원구	온누리병원	경기도 안산시 단원구 선부로 201	A	031-412-2200
안산시 상록구	사랑의병원	경기도 안산시 상록구 예술광장로 69	A	031-439-3000
안성시	안성성모병원	경기도 안성시 시장길58	A	031-675-6007
안성시	경기도의료원안성병원	경기도 안성시 남파로95	A	031-8046-5000
안양시 동안구	한림대학교성심병원	경기도 안양시 동안구 관평로170번길 22	A	031-380-1500
안양시 동안구	안양윌스기념병원	경기도 안양시 동안구 경수대로 560	A	031-460-1114
안양시 만안구	안양샘병원	경기도 안양시 만안구 삼덕로 9	A	031-467-9114
여주시	세종여주병원	경기도 여주시 청심로 39	B	031-880-7700
오산시	오산한국병원	경기도 오산시 밀머리로 1번길 16	A	1566-3534
용인시 기흥구	연세대학교 용인세브란스병원	경기도 용인시 기흥구 동백죽전대로 363	B	1899-1004
용인시 기흥구	강남병원	경기도 용인시 기흥구 중부대로411	B	031-300-0114
용인시 처인구	다보스병원	경기도 용인시 처인구 처인구백옥대로1082번길 18	A	031-8021-2114
의정부시	가톨릭대학교 의정부성모병원	경기도 의정부시 천보로 271	B	031-1661-7500
의정부시	의정부백병원	경기도 의정부시 금신로 322	A	031-856-8111
의정부시	추병원	경기도 의정부시 평화로 650	A	031-845-7777
이천시	경기도의료원 이천병원	경기도 이천시 경충대로 2742 번길	B	031-630-4200
이천시	이천엘리야병원	경기도 이천시 장호원읍 서동대로 8793	A	1800-4275
파주시	메디인병원	경기도 파주시 시청로6	A	031-1566-1991
평택시	박애병원	경기도 평택시 평택2로20번길3	B	031-652-2121
평택시	평택굿모닝병원	경기도 평택시 중앙로338	B	031-659-7700
평택시	평택성모병원	경기도 평택시 평택로284	A	031-1800-8800
평택시	박병원	경기도 평택시 송탄로 33	B	031-666-2600

시군구	의료기관명	주소	신청유형 (A:외래진료, B:외래진료및입원)	대표 전화번호
하남시	하남SD병원	경기도 하남시 덕풍공원로 41	A	031-793-2882
화성시	화성중앙종합병원	경기도 화성시 향남읍 발안로5	A	031-352-8114
화성시	한림대학교 동탄성심병원	경기도 화성시 큰재봉길7	B	031-8086-3000
화성시	원광종합병원	경기도 화성시 화산북로21	A	031-8077-7200
화성시	화성디에스병원	경기도 화성시 남양읍 시청로 160번길 46-13	B	1600-5982

강원도

시군구	의료기관명	주소	신청유형 (A:외래진료, B:외래진료및입원)	대표 전화번호
강릉시	강릉고려병원	강원도 강릉시 옥가로 30	A	033-649-0100
강릉시	강릉아산병원	강원도 강릉시 사천면 방동길 38	B	033-610-3114
삼척시	강원도삼척의료원	강원도 삼척시 오십천로 418	A	033-572-1141
원주시	원주의료원	강원도 원주시 서원대로 387	A	033-760-4500
원주시	성지병원	강원도 원주시 원인로 22	A	033-760-3114
춘천시	한림대학교춘천성심병원	강원도 춘천시 삭주로77	A	033-240-5000
춘천시	강원대학교병원	강원도 춘천시 백령로156	B	033-258-2000
홍천군	홍천아산병원	강원도 홍천군 홍천읍 산림공원1길 17	A	033-430-5151

충청북도

시군구	의료기관명	주소	신청유형 (A:외래진료, B:외래진료및입원)	대표 전화번호
제천시	제천서울병원	충청북도 제천시 숭문로57	A	043-642-7606
제천시	제천명지병원	충청북도 제천시 내토로 991	A	043-640-8114
제천시	제천성지병원	충청북도 제천시 의림대로 284(청천동 39-1)	A	1899-1188
진천군	진천성모병원	충청북도 진천군 진천읍 중앙북로24	B	043-533-1711
청주시 상당구	한국병원	충청북도 청주시 상당구 단재로106	A	043-222-7000
청주시 상당구	효성병원	충청북도 청주시 상당구 쇠내로 16	A	043-221-5000
청주시 서원구	청주의료원	충청북도 청주시 서원구 흥덕로 48	B	043-279-0114
청주시 청원구	청주성모병원	충청북도 청주시 청원구 주성구 173-19	A	043-219-8000
청주시 흥덕구	하나병원	충청북도 청주시 흥덕구 2순환로 1262(가경동)	A	043-230-6114
청주시 흥덕구	베스티안병원	충청북도 청주시 흥덕구 오송읍 오송생명1로 191	A	043-910-7575
충주시	건국대학교 충주병원	충청북도 충주시 국원대로 82	A	043-840-8200

충청남도

시군구	의료기관명	주소	신청유형 (A:외래진료, B:외래진료및입원)	대표 전화번호
논산시	백제병원	충청남도 논산시 시민로294번길14	A	041-730-8888
당진시	당진종합병원	충청남도 당진시 반촌로 5-15	A	041-357-0100
서산시	서산중앙병원	충청남도 서산시 수석산업로5	A	041-661-1000
아산시	아산충무병원	충청남도 아산시 문화로 381(모종동)	B	041-536-6666
아산시	현대병원	충청남도 아산시 시민로 388	A	041-546-3636
예산군	예산종합병원	충청남도 예산군 예산읍 금오대로 94	A	041-330-4000
천안시 동남구	충청남도천안의료원	충청남도 천안시 동남구 충절로 537	A	041-570-7114
천안시 동남구	단국대학교병원	충청남도 천안시 동남구 망향로 201	B	041-1588-0063
천안시 동남구	순천향대학교 부속 천안병원	충청남도 천안시 동남구 순천향6길 31	B	1577-7523
천안시 동남구	천안우리병원	충청남도 천안시 동남구 남부대로 350	A	041-590-9000
천안시 서북구	천안충무병원	충청남도 천안시 서북구 다가말3길8	B	041-570-7555
천안시 서북구	연세나무병원	충청남도 천안시 서북구 불당21로	A	041-537-0000
천안시 서북구	서울대전병원	충청남도 천안시 서북구 불당33길 18	A	041-415-0001

전라북도

시군구	의료기관명	주소	신청유형 (A:외래진료, B:외래진료및입원)	대표 전화번호
고창군	고창종합병원	전라북도 고창군 고창읍 화신1길9	A	063-560-5600
군산시	군산의료원	전라북도 군산시 의료원로 27	A	063-472-5000
군산시	동군산병원	전라북도 군산시 조촌로 149	B	063-440-0300
익산시	익산병원	전라북도 익산시 무왕로 969	A	063-840-9114
전주시 덕진구	전북대학교병원	전라북도 전주시 덕진구 건지로 20	A	063-250-1114
전주시 덕진구	전주고려병원	전라북도 전주시 덕진구 안덕원로 367	A	063-240-7300
전주시 덕진구	대자인병원	전라북도 전주시 덕진구 견록로390	A	063-240-2000
전주시 덕진구	호성전주병원	전라북도 전주시 덕진구 동부대로 895	A	063-240-8800
전주시 완산구	예수병원	전라북도 전주시 완산구 서원로365	A	063-230-8114
전주시 완산구	전주병원	전라북도 전주시 완산구 한두평3길13	A	063-220-7200
진안군	진안군의료원	전라북도 진안군 진안읍 진무로 1145	A	063-430-7000

전라남도

시군구	의료기관명	주소	신청유형 (A:외래진료, B:외래진료및입원)	대표 전화번호
고흥군	고흥종합병원	전라남도 고흥군 고흥읍 고흥로 1935	A	061-835-6000
고흥군	녹동현대병원	전라남도 고흥군 도양읍 차경구렁목길 215	B	061-840-1200
목포시	목포시의료원	전라남도 목포시 이로로 18	A	061-260-6500
목포시	목포한국병원	전라남도 목포시 영산로 483	B	061-270-5500
목포시	목포기독병원	전라남도 목포시 백년대로303	B	061-280-7500
목포시	목포중앙병원	전라남도 목포시 영산로 623번지	B	061-280-3000
목포시	목포현대병원	전라남도 목포시 용당로 322-1	A	061-272-7588
순천시	성가롤로병원	전라남도 순천시 순광로 221	B	061-720-2000
여수시	여천전남병원	전라남도 여수시 무선로 95	A	061-690-6000
여수시	여수전남병원	전라남도 여수시 좌수영로49	A	061-640-7575
여수시	여수한국병원	전라남도 여수시 여천체육공원길10	A	061-653-2000
장흥군	장흥종합병원	전라남도 장흥군 장흥읍 흥성로74	A	061-862-8300

경상북도

시군구	의료기관명	주소	신청유형 (A:외래진료, B:외래진료및입원)	대표 전화번호
경산시	경산중앙병원	경상북도 경산시 경안로 11	A	053-715-0100
경산시	세명병원	경상북도 경산시 경안로 208	A	053-819-8364
경주시	동국대학교 경주병원	경상북도 경주시 동대로87	A	054-748-9300
구미시	차의과학대학교부속구미차병원	경상북도 구미시 신시로10길 12	A	054-450-9700
구미시	순천향대학교부속구미병원	경상북도 구미시 1공단로 179	B	054-468-9114
구미시	바른유병원	경상북도 구미시 역전로 28	A	054-457-8676
김천시	김천제일병원	경상북도 김천시 신음1길 12	A	054-420-9300
문경시	문경제일병원	경상북도 문경시 당교3길 25	A	054-550-7700
상주시	상주적십자병원	경상북도 상주시 상서문로 53	A	054-534-3501
상주시	상주성모병원	경상북도 상주시 냉림서성길7	A	054-532-5001
안동시	안동성소병원	경상북도 안동시 서동문로99	A	054-850-8114
안동시	안동병원	경상북도 안동시 앙실로11	A	054-840-1004
영주시	영주적십자병원	경상북도 영주시 대학로 327	A	054-630-0100
포항시 남구	포항성모병원	경상북도 포항시 남구 대잠동길 17	A	054-272-0151
포항시 남구	포항세명기독병원	경상북도 포항시 남구 남구 포스코대로351	B	054-275-0005
포항시 남구	에스포항병원	경상북도 포항시 남구 희망대로 352	A	054-289-9000
포항시 북구	좋은선린병원	경상북도 포항시 북구 대신로 43	A	054-245-5000
포항시 북구	포항우리병원	경상북도 포항시 북구 포스코대로 256	A	054-240-6000

경상남도

시군구	의료기관명	주소	신청유형 (A:외래진료, B:외래진료및입원)	대표 전화번호
거제시	거봉백병원	경상남도 거제시 계룡로 5길 14	A	055-733-0000
거제시	대우병원	경상남도 거제시 도모길16	B	055-680-8114
거제시	맑은샘병원	경상남도 거제시 연초면 거제대로 4477	A	055-736-1004
밀양시	밀양병원	경상남도 밀양시 밀양대로 1823	A	055-351-3993
밀양시	밀양윤병원	경상남도 밀양시 삼문중앙로32	A	055-354-2200
사천시	삼천포서울병원	경상남도 사천시 남일로 33	A	055-835-9900
양산시	양산부산대학교병원	경상남도 양산시 양산시 물금읍 금오로 20	B	055-1577-7512
양산시	웅상중앙병원	경상남도 양산시 서창로 59	A	1600-7582
진주시	진주고려병원	경상남도 진주시 동진로2	A	055-751-2500
진주시	경상대학교병원	경상남도 진주시 강남로 79	B	055-750-8000
진주시	진주제일병원	경상남도 진주시 진주대로 885	A	055-750-7123
진주시	한일병원	경상남도 진주시 범골로 17	A	055-759-7777
진주시	반도병원	경상남도 진주시 남강로 701	A	055-747-6000
진주시	진주세란병원	경상남도 진주시 진주대로 829	A	055-760-7578
진주시	진주복음병원	경상남도 진주시 진양호로 370	A	055-743-2580
진주시	진주바른병원	경상남도 진주시 동진로7	A	055-790-3000
창원시 마산합포구	창원제일종합병원	경상남도 창원시 마산합포구 3.15대로 238	A	055-223-9000
창원시 마산합포구	에스엠지연세병원	경상남도 창원시 마산합포구 3.15대로 76	B	055-243-0100
창원시 마산회원구	청아병원	경상남도 창원시 마산회원구 내서읍 광려천서로 67	A	055-230-1500
창원시 마산회원구	365병원	경상남도 창원시 마산회원구 3.15대로 686	A	055-248-0365
창원시 마산회원구	마산서울병원	경상남도 창원시 마산회원구 3.15대로 653	A	055-299-7000
창원시 성산구	한마음창원병원	경상남도 창원시 성산구 원이대로682번길 21	A	055-267-2000
창원시 성산구	CNA서울아동병원	경상남도 창원시 성산구 마디미서로 54	A	055-262-8511
창원시 성산구	창원경상대학교병원	경상남도 창원시 성산구 삼정자로 11	A	055-214-1000
창원시 진해구	연세에스병원	경상남도 창원시 진해구 해원로32번길 13	A	055-548-7700
함양군	함양성심병원	경상남도 함양군 함양읍 고운로 70	A	055-963-4322

제주특별자치도

시군구	의료기관명	주소	신청유형 (A:외래진료 B:외래진료밎입원)	대표 전화번호
제주시	제주한라병원	제주특별자치도 제주시 도령로 65	B	064-740-5000
제주시	제주대학교병원	제주특별자치도 제주시 아란13길 15	B	064-717-1114
제주시	한마음병원	제주특별자치도 제주시 연신로 52	A	064-750-9000
제주시	중앙병원	제주특별자치도 제주시 월랑로 91	A	064-786-7000

사고현장에서 꼭 필요한 위기 대처 매뉴얼

위기상황 긴급연락망

범죄 (경찰청) : 112

간첩 (경찰청) : 113

간첩 (국정원) : 111

구조, 구급, 응급, 재난 (소방서) : 119

재난 신고 : 1588-3650

소방방재청 : 02-2100-2114 **(주간),**
02-2100-5599 **(야간)**

해양긴급 : 122

미아, 실종, 가출 : 182

아동학대 : 1577-1391

여성긴급 : 1366

학교폭력 · 여성폭력 (경찰청) : 117

사이버테러 : 118

수도고장 : 121

전기고장 (한국전력공사) : 123

전기안전상담 : 1588-7500

가스안전공사 : 1544-4500

기상예보 : 131

국가교통정보센터 : 1333

(휴대폰 이용 시 : 지역번호+1333)

한국도로공사 : 1588-2504

교통민원 (경찰청) : 1566-0112

산림청 : 1588-3249

법률상담(대한법률구조공단) : 132

정부통합민원서비스 : 110

산행 및 도로에서 나의 현재 위치를 알려주는 방법

전봇대는 전국에 850만 개, 도심지 30m · 농촌지역 50m 이하 간격으로 설치되어 있다. 낯선 곳 외딴 곳 등에서 갑작스런 사고로 구조를 요청할 일이 생길 때는 당황하지 말고 주변에 가까운 전봇대를 찾는다. 그리고 112와 119에 전봇대에 있는 위치 번호를 "여기 전봇대 번호가 9497B821 입니다"라고 말하면 현재 나의 위치를 알릴 수 있다. 위치와 주소를 모를 때 당황하지 않고 전봇대 전주 보호찰을 기억한다면 많은 도움이 될 것이다.

긴급한 상황, 누구의 안내를 따라야 할까?

위험구역 안내판을 결코 무시하지 말자 원칙과 기본에 충실해야 하는 대표적인 예는 각종 안내판이다. 강이나 하천의 물놀이 금지구역, 해안의 안전선과 부표, 산행 시 입산 금지구역, 캠핑 시 야영 금지구역, 군사구역과 철책선 등 곳곳의 출입금지 안내판과 위험구역 표시 안내판을 준수하기만 해도 안전사고의 상당수를 줄일 수 있다.

전문 구조요원이라면 믿고 따르자 자격을 확실히 갖춘 전문 구조요원이나 안전요원(해수욕장의 구조요원, 산악구조대, 곳곳의 단속요원 등)의 안내 및 안내방송은 그대로 따르는 것이 안전을 확보하는 길이다. 이러한 전문요원들은 인명을 구조하고 위험을 최소화하는 전문지식을 갖추고 있는 인력이므로, 이들의 난속을 피하며 개별 행동을 하기보다는 믿고 따르는 것이 더 안전하다.

화재 등 대형사고 시 젊고 건강한 남성이 앞장서자 화재나 건물 붕괴처럼 각종 대형 사고와 재난을 당했을 때는 건물 파편, 잔해, 불길 등 인체에 직접적인 위해를 가하는 물리적 요소들이 곳곳에서 엄습한다. 이런 경우에는 되도록 젊고 체력 좋은 남성이 앞장서서 탈출로를 열고 장해물을 치우며 어린이와 노약자와 여성을 보호하는 것이 더 많은 인명 구조에 유리하다. 폭설로 고립되어 근처 대피소를 찾거나 산에서 조난당한 경우에도 건장한 남성이 움직이는 것이 시간을 더 절약해준다.

학생의 단체활동 중에는 인솔 교사의 역할이 중요 유치원, 학교 등 어린이와 청소년의 단체활동 중 사고가 났을 경우 인솔 교사가 어떻게 대처하느냐에 따라 학생들의 안전이 좌우된다고 해도 과언이 아니다. 유치원 및 초중고 일선 교사들은 안전과 인명구조에 대한 기본적인 지식을 갖춤은 물론이고 정기적인 안전교육을 받아두어 유사시 학생들의 안전을 지킬 수 있어야 한다.

지하철·열차 사고 시 선로로의 탈출은 위험할 수 있다 최근 기계 결함과 안전불감증, 화재, 폭설 등의 원인으로 지하철과 열차의 충돌 및 추돌사고가 잦아지고 있는 가운데, 열차 측의 믿을 만한 안내와 정보를 얻지 못한 승객들이 자력으로 탈출하거나 대피하는 상황이 반복되었다. 그러나 많은 인파가 선로로 탈출해 우왕좌왕할 경우 반대쪽 선로에서 오는 열차에 치이는 등 2차 사고 발생 위험이 매우 크다. 따라서 부득이하게 열차에서 탈출했을 경우에는 반대 선로로 가지 말고 열차 진행 방향의 터널 쪽으로 대피해야 하며, 이후에는 비상유도등을 따라 환기구 쪽으로 나와야 한다.

비행기에서는 승무원의 안내가 절대적이다 항공 승무원은 비상사태 때 승객 전원을 90초 안에 탈출시키는 훈련을 받은 인명구조 전문가이기도 하다. 승무원이 받는 탈출 훈련은 1차 합격자가 예비승무원의 20%에 불과할 정도로 까다롭고 엄격하다. 승무원들은 비상 시 충격방지 자세를 안내하고, 비상구 개방, 탈출로 확보를 통해 가장 효율적인 탈출을 돕게 된다. 따라서 항공기에서는 개별 행동을 자제하고 승무원의 안내를 믿고 따를수록 생존 확률을 높일 수 있다.

선박에서 사고가 났다면? 선박, 열차 등 대형 운송수단에서 사고가 났을 때 원칙적으로는 승무원이나 선장의 안내에 따르는 것이 맞다. 단, 신속한 대처가 이뤄지지 않고 있다고 판단될 경우에는 승객들 스스로 질서를 유지하고 구명조끼를 입는 등의 기본적인 조치를 취한 후 구조가 쉬운 장소로 이동하는 것도 하나의 방법이다. 비상시의 안전을 위해서는 승객 개개인도 자신이 탑승하게 될 운송수단에 대한 기본적인 안전지식과 비상시 탈출요령을 미리 숙지할 필요가 있다.

내가 직접 사람들을 이끌어야 한다면? 만약 믿을 만한 안내자나 없거나 구조전문가가 도착하지 않은 위기상황에서 다른 사람들과 함께 생존해야 한다면, 이성을 잃고 공포에 떨거나 혼자 살아남기 위해 개인행동을 하기보다는 자기 자신과 타인을 모두 구조하겠다는 의지를 가지고 침착하게 스스로 리더의 마음가짐을 갖는 것도 중요하다. 평소 알고 있던 생존 및 재난에 대한 기본 지식을 최대한 떠올려 활용하고, 약자를 배려하고, 다른 사람과 힘을 합쳐 의논해보고, 각자가 가지고 있는 지식과 장점을 총동원하여 어려운 상황을 극복하려는 긍정적인 태도를 갖는 것이 관건이다.

긴급 대피 직전 무엇을 챙겨야 할까?

1. 어디로 어떻게 대피할 것인가?
- 유사시 인근 대피소가 어디에 있는지 미리 알아둔다.
- 대피 장소까지 가는 경로를 미리 알아둔다.
- 지역의 주민 대피소 위치와 각 기관 연락처 리스트를 잘 보이는 곳에 둔다.
- 탈출하거나 대피해야 할 경우 전기, 가스, 수도 공급을 차단해야 하므로 평소에 차단 방법을 숙지해 둔다.

2. 가족을 어떻게 챙길 것인가?
- 가족들이 연락 없이 헤어졌을 경우 다시 만날 장소를 2곳 정도 정해둔다.
- 타 지역 친척이나 지인의 연락처와 주소를 교환해 두어, 자신이나 다른 가족이 행방불명되었을 경우 비상연락을 할 수 있도록 대비한다.
- 휴대폰 분실이나 파손을 대비해 가족 및 중요한 지인의 연락처는 평소 외워둔다.
- 어르신, 장애인, 어린이 등 몸이 불편하거나 약한 가족 구성원이 있을 경우 누가 어떻게 돌볼 것인지 를 정해둔다.
- 비상상황 시 가축이나 애완동물 처리 방법을 미리 정해둔다.

3. 무엇을 챙길 것인가?
- 신분증, 여권, 각종 계약서와 문서, 보험증서, 가족사진, 증권, 채권, 유언장 등의 원본 및 복사본을 일 목요연하게 보관해두어 비상시 쉽게 찾을 수 있게 해둔다.
- 대피 직전 약간의 시간 여유가 있다면 비상물품을 챙긴다.
: 3일치 비상식량, 식수, 휴대용 조명기구, 양초와 성냥, 라이터, 휴대용 라디오, 건전지, 의약품, 침낭, 양말, 위생용품(수건, 화장지, 세면도구, 생리용품), 아기용품(기저귀, 젖병 등), 호루라기 등
- 재난 발생 시 은행 전산망 고장 혹은 현금인출 불가능 상황에 대비하여 현금(1달 생활비 이상) 및 현금 대용의 귀금속(금반지, 금목걸이 등 소형), 외화(달러, 엔화, 유로화)를 구비해 둔다.

재난 발생 시 휴대폰 사용 방법은?

휴대폰이 멀쩡하고 안테나가 떠 있다.
➡ 119와 지인에게 위치와 상황을 신고하고 문자메시지를 보낸다.

휴대폰은 멀쩡하지만 안테나가 뜨지 않는다.
➡ 구조대에서 위치 추적을 할 수 있도록 전원을 주기적으로 껐다 켠다. 대형 재난 시에는 통신사에서 인근에 기지국을 추가할 수 있으므로 이 경우 안테나가 뜨지 않았다가도 뜰 수 있으므로 포기하지 않는다.

배터리가 매우 부족하다.
➡ 일단 전원을 꺼두어 배터리를 아끼고, 만 하루 정도 지나도 구조되지 않았을 경우 다시 전원을 켜 연락을 시도한다.

통화를 시도했으나 잡음이 심하고 자주 끊긴다.
➡ 통화가 어렵거나 끊길 경우 문자메시지를 보내 놓는다. 통화가 원활하지 않더라도 문자 메시지는 시간차를 두고서라도 도착하게 된다.

통화량이 폭주하여 연결이 거의 어렵다.
➡ 다양한 SNS(메신저, 카카오톡, 트위터 등)를 활용하여 자신의 상황과 현재 처한 상태를 외부에 전달한다.

재난이나 사고로 고립되어 현재 나의 위치를 모른다.
➡ 스마트폰에 깔려 있는 위치확인 서비스(내비게이션, GPS 등)를 활용하면 현재 자신의 위치를 파악할 수 있다.

외출이나 여행 시 휴대폰 배터리 부족을 대비하려면?
➡ 소형 시거잭 충전기(이동 시 휴대폰, 태블릿PC 등을 충전할 수 있다), 자동차용 시거잭 충전기(자동차에 키를 꽂고 ACC ON으로 돌리면 전원을 공급받을 수 있다), 파워뱅크(캠핑 등 전기가 없는 야외에서 전기를 쓸 수 있는 전기공급장치) 등 다양한 충전 장치를 시중에서 판매하고 있으므로 평소 마련해두었다가 만약의 사태에 활용할 수 있다.

위급상황을 대비한 가정 상비약품 및 용품

✚ 응급처치용품

붕대(압박붕대, 탄성붕대, 망사붕대, 삼각건)

거즈, 탈지면, 멸균 거즈, 화상 거즈, 반창고, 일회용 밴드, 습윤밴드

도구 : 가위, 핀셋, 족집게, 면봉, 체온계

✚의약품

해열, 진통, 소염제(예: 타이레놀, 펜잘, 게보린, 아스피린 등), 종합감기약, 증상별 감기약(열, 콧물, 기침), 소화제, 지사제, 제산제, 변비약, 항생제(페니실린 계열, 세팔로스포린 계열), 항히스타민제(예: 지르텍, 베나드릴, 페니라민), 구충제, 어린이 전용 해열 시럽, 좌약, 우황청심환, 전해질 용액

바르는 약 : 소독약(소독용 알코올, 요오드팅크, 과산화수소수, 붕산 등), 암모니아수, 물파스, 찜질용 파스, 바르는 소염진통제, 항생제 연고(예: 박트로반, 후시딘, 테라마이신안연고), 항히스타민, 스테로이드 연고(예: 리도맥스, 트리코트), 화상연고, 지혈제, 안약, 입안 상처용 연고, 곤충 퇴치제, 모기약, 자외선 차단제, 생리식염수

※ 먹는 약과 바르는 약은 유효기간과 용도를 확인하고 약품 상자에 메모해놓는다.

✚ 비상용품

호루라기, 마스크, 방진 마스크, 방독면, 방호 안경, 장갑, 일회용 우의, 판초 우의, 고무장화, 건전지를 사용하는 손전등, 랜턴, 양초, 성냥, 라이터, 라디오, 배터리, 일회용 손난로, 다용도 나이프, 야전삽, 다용도 끈, 로프, 접착테이프, 단열 시트, 텐트, 나침반, 지도, 생수, 정수 알약, 죽염, 설탕, 식염 정제, 취사도구(버너, 부탄가스), 30일분 식량(쌀, 라면, 밀가루, 통조림), 3일분 비상식량(고열량 에너지바, 비타민제 등), 생활용품(담요, 내의, 면수건, 세면도구, 위생용품, 기저귀 등), 비누, 합성세제

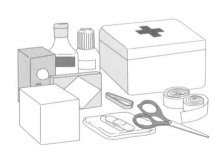

공공장소에서 자동제세동기 사용하기

유리박스를 열어 시작 버튼을 누르고 안내 멘트에 따른다.
1. 환자의 의식이 없을 경우, 목젖 옆 손가락 두 개 떨어진 부위를 검지로 10초가량 눌러 심장박동을 체크한다. 심박이 없으면 즉시 119에 신고하고 AED 박스를 연다.
2. AED를 꺼내 환자의 머리 옆에 두고 시작 버튼을 누른다.
3. 안내 멘트에 따라 진행한다.

소화기 사용법

일반 소화기 (분말 소화기)
1. 불 난 곳으로 소화기를 가지고 간다.
2. 소화기 몸체를 잡은 상태에서 손잡이 부분에 있는 안전핀을 뽑는다.(손잡이를 잡은 상태에서 안전핀을 빼면 잘 빠지지 않음)
3. 불이 난 쪽으로 호스를 향하게 한다. 야외에 있을 경우 바람을 등지고 선다.
4. 손잡이를 단단히 움켜쥐고 빗자루로 쓸 듯이 뿌린다.
5. 지하공간이나 밀폐된 공간에서 사용 시 질식 우려가 있으므로, 방사된 가스는 마시지 말고 즉시 환기시킨다.

옥내 소화전
1. 소화전함의 문을 열고 관창(노즐 : 물 뿌리는 부분)과 호스를 꺼낸다.
2. 호스의 접힌 부분을 꼬이지 않게 펼친다. 이때 2인 이상이 협조하는 것이 좋다.
3. 소화전함에 있는 개폐 밸브를 왼쪽 방향으로 돌려 개방한다.
4. 관창(노즐)을 잡고 불이 나는 쪽을 향해 뿌린다.

투척용 소화기
1. 보호용 커버를 벗긴다.
2. 약제통을 꺼낸다.
3. 불이 나는 곳을 향해 투척한다.

상황별 응급처치 요령

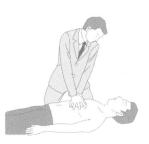

호흡 · 맥박 정지 → 심폐소생술

가슴 압박+기도 확보+인공호흡

(가슴 압박 : 인공호흡 = 30 : 2)

1. 환자의 의식과 심박을 확인하고 119에
   신고한다.
2. 가슴 압박 30회
3. 기도 확보 → 인공호흡 2회

참고자료

1 코로나19 바이러스 주요 참고자료

1. 재난정신건강정보센터 (www.traomainfo.org)
2. 한국트라우마스트레스학회 (www.kstss.kr)
3. 질병관리본부 〈올바른 마스크 사용법〉, 〈접이형 제품 착용법〉, 〈컵형 제품 착용법〉,
   〈자가 격리 대상자의 가족 및 동거인을 위한 생활수칙〉, 〈코로나19 행동수칙〉,
   〈코로나19 의료기관수칙〉, 〈감염병 심각단계 국가 기관별 임무〉, 〈법정 감염병 종류〉,
   〈코로나 발생 현황〉, 〈전국 코로나19 선별진료소〉, 〈전국 코로나19 승차검진 선별진료소〉,
   〈전국 국민안심병원 목록〉
4. WHO
   〈국가별 코로나 확진자수〉
5. 국회 입법조사처
   〈코로나 19 대응 종합 보고서〉 2020
6. 감사원
   〈메르스 예방 및 대응실태〉 2016
7. 농림수산식품부
   〈구제역 백서〉 2003
8. 대통령실 〈바람직한 국가 위기 관리체계〉 2009, 〈국가 위기관리기본지침〉 2010
9. 대한의사협회
   〈메르스 백서〉 2016
10. 보건복지부
    〈감염병 위기관리 표준 매뉴얼〉 2014, 〈메르스 대응지침〉 2015,
    〈2015 메르스 백서: 메르스로부터 교훈을 얻다〉 2016, 〈라돈 유입 경로〉,
    〈건물의 라돈 농도 저감 방법〉, 〈감염병 예방관리 매뉴얼〉 2016
    〈2020 법정 감염병 진단·신고 기준〉 2020
11. 행정안전부
    〈재난관리기준(행정안전부 교시 제2010-17호)〉 2010,
    〈보건복지부,질병관리본부 조직개편 전·후 달라지는 점〉
12. 미국치과협회(ADA)
    〈마스크 착용과 감염 가능성〉

2 언론사 참고자료 및 기업자료

1   한국경제신문 코로나 특별취재팀
    〈코로나 빅뱅, 뒤바뀐 미래〉 2020

2   매일경제
    〈여름철 코로나19 예방 마스크 착용 어떻게〉 2020.06,
    〈여름철 감염병을 예방하기 위한 수칙〉 2020.08,
    〈코로나19 백신 출시 어떻게 출시되는가〉 2020

3   이데일리
    〈마스크 하루 썼는데 세균 득실득실〉 2020.07

4   헬스조선
    〈감염병을 옮기는 국내 모기〉 2020.07 〈인도 빈민가, 세계최고 집단면역..〉 2020

5   서울신문
    〈WHO 집단면역 · 사람 죽도록..〉 2020

6   뉴스1
    〈현대의학 방역체계를 무너뜨린 신종코로나〉 2020.07, 〈성공사례였던 베트남도..〉 2020.07

7   세계일보
    〈미국은 아직도 1차 대유행 중〉 2020.07

8   뉴시스
    〈코로나 팬데믹, 발생 반 년이 지나도..〉 2020.08

9   MT30
    〈발열을 자동 감지하는 열화상 카메라〉

10 블루텍AI
    〈안면인식 체온측정 카메라〉

11 코비체크
    〈비대면 안면인식 열화상 카메라〉

12 다민테크놀러지
    〈얼굴인식 체온체크〉

13 카데시인코퍼레이션
    〈광물의학에서 발견한...퓨리톤〉

14 선 쉴드
    〈라돈을 막는 친환경 페인트〉 2020

3 참고도서

1   생존 매뉴얼 365 / 김학영 · 지영환 / 모아북스

2   여성안전매뉴얼 365 / 권승연 · 조은원 / 모아북스

3   공복과 절식 / 양우원 / 모아북스

4   건강기능식품학 / 송봉준 · 이영미 · 서영호 · 김태근 / 모아북스

5   면역력, 내 몸을 살린다 / 김윤선 / 모아북스

6   프로폴리스, 내 몸을 살린다 / 이명주 / 모아북스

7   반갑다 호전반응 / 정용준 / 모아북스

8   바이러스 행성 / 칼 짐머 / 위즈덤하우스

9   바이러스 / 메릴린 루싱크 / 더숲

10   과학동아 2020.07 / 동아사이언스

11   우리가 몰랐던 바이러스 이야기 / 대한바이러스학회 / 범문에듀케이션

12   모르면 독이 되는 독과 약의 비밀 / 사이토 가쓰히로 / 아르고나인

13   절대 생존을 위한 재난 대비 / 아베 나오미 / 넥서스BOOKS

14   마음치료 처방전 / 김슬기 / 홍익출판사

15   미생물과의 공존 / 김혜성 / 파라사이언스

16   우리는 어떻게 화학물질에 중독되는가 / 로랑 슈발리에 / 흐름출판

17   우리 집에 화학자가 산다 / 김민경 / (주)휴머니스트 출판그룹

18   신종플루 예방치료 대체요법 / 윤승천 / 건강신문사

19   건강 다이제스트 2015.12 / 건강 다이제스트

20   살인바이러스의 비밀 / 하타나카 마사카즈 / 꾸벅

21   역사 속의 질병, 사회 속의 질병 / 서울대학교병원 의학역사문화원 / 솔빛길

22   화학물질, 비밀은 위험하다 / 김신범 / 포도밭

23   깨끗한 공기의 불편한 진실 / 마크 R. 스넬러 / 더난출판

걷다 느끼다 쓰다

이해사 지음
365쪽 | 15,000원

독한 시간

최보기 지음
248쪽 | 13,800원

독서로 말하라

노충덕 지음
240쪽 | 14,000원

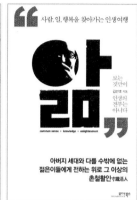

앎

김선호 지음
208쪽 | 12,500원

공부유감

이창순 지음
250쪽 | 14,000원

책속의 향기가
운명을 바꾼다

다이애나 홍 지음
257쪽 | 12,000원

베스트셀러 절대로
읽지 마라

김욱 지음
288쪽 | 13,500원

놓치기 아까운
젊은날의 책들

최보기 지음
248쪽 | 13,000원

삶을 업그레이드하는 더 나은 삶 **모아북스의 경제 · 경영 · 자기계발 도서** ──────

**4차산업혁명의
패러다임**

장성철 지음
248쪽 | 15,000원

**백년기업 성장의
비결**

문승열 · 장제훈 지음
268쪽 | 15,000원

**성장을 주도하는
10가지 리더십**

안희만 지음
272쪽 | 15,000원

드림빌더

김종규 지음
272쪽 | 13,000원

최고의 칭찬

이창우 지음
276쪽 | 15,000원

아바타 수입

김종규 지음
224쪽 | 12,500원

핫 팁

노경환 지음
298쪽 | 14,000원

살아남는 자의 힘

이창우 지음
216쪽 | 13,000원

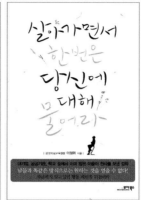

리더의 격 (양장)

김종수 지음
244쪽 | 15,000원

**감사, 감사의 습관이
기적을 만든다**

정상교 지음
242쪽 | 13,000원

**살아가면서 한번은
당신에 대해 물어라**

이철휘 지음
252쪽 | 14,000원

**어떻게 삶을 주도할
것인가**

이 훈 지음
276쪽 | 15,000원

인생반전

이내화 · 김종수 지음
240쪽 | 14,000원

**헤매고 넘어지고
뒤집기**

기우정 지음
228쪽 | 13,500원

감사의 재발견

윤 국 지음
308쪽 | 15,000원

**1등이 아니라 1호가
되라 (양장)**

이내화 지음
272쪽 | 15,000원

암에 걸려도 살 수 있다

조기용 지음
247쪽 | 15,000원

암에 걸린 지금이 행복합니다

곽희정 · 이형복 지음
246쪽 | 15,000원

효소 건강법

임성은 지음
261쪽 | 12,000원

20년 젊어지는 비법 1, 2

우병호 지음
1권: 380쪽, 2권 : 392쪽 |
각 15,000원

공복과 절식

현대 의학의 발전으로 인해 인간의
수명은 100세 시대가 되었다. 과도
한 식이요법으로 인해 건강을 해칠
수 있으며, 하루 몇 끼만 먹는 것이
중요하지 않고 무엇을 먹는가가 중
요하다. 식이요법의 기본이자 건강
의 기본인 공복과 절식에 대해 상세
하고 친절한 안내서이다.

양우원 지음
274쪽 | 14,000원

정력의 재발견

정력의 실체와 함께 누구나 쉽게
적용할 수 있는 효과적인 정력 증
진 노하우를 알려준다. 정력은 남
자의 인생을 활기차고 행복하게
만들 수 있는 핵심이다. 더 멋지고
더 당당한 남성이 되고 싶다면 이
책을 만나야 한다

양우원 지음
264쪽 | 14,500원

내 몸을 살린다 (세트)

❶ 누구나 쉽게 접할 수 있게 내용을 담았습니다.
일상속의 작은 습관들과 평상시의 노력만으로도 건강한 상태를
유지할 수 있도록 새로운 건강 지표를 제시합니다.
❷ 한권씩 읽을때마다 건강 주치의가 됩니다.
오랜 시간 검증된 다양한 치료법, 과학적 · 의학적 수치를 통해
현대인이라면 누구나 쉽게 적용할수있도록 구성되어 건강관리에
도움을 줍니다.
❸ 요즘 외국의 건강도서들이 주류를 이루고 있습니다.
가정의학부터 영양학, 대체의학까지 다양한 분야의 국내 전문가들
이 집필하여, 우리의 인체 환경에 맞는 건강법을 제시합니다.

정윤상 외 24인 지음
전 25권 세트 | 75,000원

바이러스 대처 매뉴얼

초판 1쇄 인쇄 2020년 10월 08일   **2쇄** 발행 2020년 11월 27일
1쇄 발행 2020년 10월 20일

지은이	최용선 • 지영환
발행인	이용길
발행처	모아북스 MOABOOKS

기획총괄	정윤상
업무총괄	모드원
홍보진행	김선아
표지디자인	홍시
책임편집	이룸
일러스트	허재호
마케팅	양우원, 김유태
전자책	비전팩토리
관리	양성인
협찬	소리아스마트협동조합

출판등록번호	제 10-1857호
등록일자	1999. 11. 15
등록된 곳	경기도 고양시 일산동구 호수로(백석동) 358-25 동문타워 2차 519호
대표 전화	0505-627-9784
팩스	031-902-5236
홈페이지	www.moabooks.com
이메일	moabooks@hanmail.net
ISBN	979-11-5849-139-0 13690

이 도서의 국립중앙도서관 출판예정도서목록(CIP)은 서지정보유통지원시스템 홈페이지(http://seoji.nl.go.kr)와 국가자료공동목록시스템(http://www.nl.go.kr/kolisnet)에서 이용하실 수 있습니다. (CIP제어번호 : CIP2020040009)

모아북스 MOABOOKS 는 독자 여러분의 다양한 원고를 기다리고 있습니다.
(보내실 곳 : moabooks@hanmail.net)